Théatre De P. Corneille
by Pierre Corneille

Address:
HardPress
8345 NW 66TH ST #2561
MIAMI FL 33166-2626
USA
Email: info@hardpress.net

Corres
1970

THÉATRE

DE

P. CORNEILLE,

avec les commentaires de VOLTAIRE.

NOUVELLE ÉDITION,

ornée de trente-cinq figures.

TOME QUATRIÈME.

A PARIS,

CHEZ BOSSANGE, MASSON et BESSON.

1797.

L'ILLUSION,

COMIQUE,

COMEDIE EN CINQ ACTES.

A MADAMOISELLE

M. F. D. R.

MADEMOISELLE,

Voici un étrange monstre que je vous dédie, Le premier acte n'est qu'un prologue, les trois suivans font une comédie imparfaite, le dernier est une tragédie ; et tout cela cousu ensemble fait une comédie. Qu'on en nomme l'invention bizarre et extravagante tant qu'on voudra, elle est nouvelle ; et souvent la grace de la nouveauté parmi nos François n'est pas un petit degré de bonté. Son succès ne m'a point fait de honte sur le théâtre ; et j'ose dire que la représentation de cette pièce ca-

pricieuse ne vous a point déplu ; puisque vous m'avez commandé de vous en adresser l'épitre quand elle iroit sous la presse. Je suis au désespoir de vous la présenter en si mauvais état qu'elle en est méconnoissable : la quantité de fautes que l'imprimeur a ajoutées aux miennes la déguise, ou pour mieux dire la change entièrement. C'est l'effet de mon absence de Paris, d'où mes affaires m'ont rappelé sur le point qu'il l'imprimoit, et m'ont obligé d'en abandonner les épreuves à sa discrétion. Je vous conjure de ne la lire point que vous n'ayez pris la peine de corriger ce que vous trouverez marqué ensuite de cette épitre. Ce n'est pas que j'y aye employé toutes les fautes qui s'y sont coulées, le nombre en est si grand qu'il eût épouvanté le lecteur ; j'ai seulement choisi celles qui peuvent apporter quelque corruption notable au sens, et qu'on ne peut pas deviner aisément. Pour les autres qui ne sont que contre la rime, ou l'orthographe, ou la ponctuation, j'ai cru que le lecteur judicieux y suppléeroit sans beaucoup de difficulté, et qu'ainsi il n'étoit pas besoin d'en charger cette première feuille. Cela *m'apprendra à ne hasarder plus de pièces à l'impression durant mon absence. Ayez assez de bonté pour ne dédaigner pas celle-ci , toute déchirée qu'elle est ; et vous m'obligerez d'autant à demeurer toute ma vie ,*

MADEMOISELLE,

Le plus fidelle et le plus passionné
de vos serviteurs.

P. CORNEILLE.

ACTEURS.

ALCANDRE, magicien.

PRIDAMANT, père de Clindor.

DORANTE, ami de Pridamant.

MATAMORE, capitan gascon, amoureux d'Isabelle.

CLINDOR, suivant du capitan, et amant d'Isabelle.

ADRASTE, gentilhomme, amoureux d'Isabelle.

GÉRONTE, père d'Isabelle.

ISABELLE, fille de Géronte.

LYSE, servante d'Isabelle.

Geolier de Bordeaux.

Page du capitan.

CLINDOR, représentant THÉAGENE, seigneur anglois.

ISABELLE, réprésentant HIPPOLYTE femme de Théagène.

LYSE, représentant CLARINE suivante d'Hippolyte.

ÉRASTE, écuyer de Florilame.

Troupe de domestiques d'Adraste.

Troupe de domestiques de Florilame.

La scène est en Touraine, en une campagne proche de la grotte d'un magicien.

L'ILLUSION.

L'ILLUSION.
ACTE PREMIER.
SCENE I.
PRIDAMANT, DORANTE.

DORANTE.

Ce mage, qui d'un mot renverse la nature,
N'a choisi pour palais que cette grotte obscure :
La nuit qu'il entretient sur cet affreux séjour,
N'ouvrant son voile épais qu'aux rayons d'un faux jour,
De leur éclat douteux n'admet en ces lieux sombres
Que ce qu'en peut souffrir le commerce des ombres.
N'avancez pas ; son art au pied de ce rocher
A mis de quoi punir qui s'en ose approcher ;
Et cette large bouche est un mur invisible
Où l'air en sa faveur devient inaccessible,
Et lui fait un rempart dont les funestes bords
Sur un peu de poussière étalent mille morts.
Jaloux de son repos plus que de sa défense,
Il perd qui l'importune, ainsi que qui l'offense ;
Malgré l'empressement d'un curieux desir,
Il faut, pour lui parler, attendre son loisir.
Chaque jour il se montre ; et nous touchons à l'heure
Où pour se divertir il sort de sa demeure.

PRIDAMANT,

J'en attends peu de chose, et brûle de le voir.
J'ai de l'impatience, et je manque d'espoir.

Ce fils, ce cher objet de mes inquiétudes,
Qu'ont éloigné de moi des traitemens trop rudes,
Et que depuis dix ans je cherche en tant de lieux,
A caché pour jamais sa présence à mes yeux.
Sous ombre qu'il prenoit un peu trop de licence,
Contre ses libertés je roidis ma puissance :
Je croyois le dompter à force de punir,
Et ma sévérité ne fit que le bannir.
Mon ame vit l'erreur dont elle étoit séduite :
Je l'outrageois présent, et je pleurai sa fuite ;
Et l'amour paternel me fit bientôt sentir
D'une injuste rigueur un juste repentir.
Il l'a fallu chercher. J'ai vu dans mon voyage
Le Pô, le Rhin, la Meuse, et la Seine, et le Tage.
Toujours le même soin travaille mes esprits ;
Et ces longues erreurs ne m'en ont rien appris.
Enfin, au désespoir de perdre tant de peine,
Et n'attendant plus rien de la prudence humaine,
Pour trouver quelque borne à tant de maux soufferts,
J'ai déjà sur ce point consulté les enfers.
J'ai vu les plus fameux en la haute science
Dont vous dites qu'Alcandre a tant d'expérience ;
On m'en faisoit l'état que vous faites de lui,
Et pas un d'eux n'a pu soulager mon ennui.
L'enfer devient muet quand il me faut répondre,
Ou ne me répond rien qu'afin de me confondre.

DORANTE.

Ne traitez pas Alcandre en homme du commun ;
Ce qu'il sait en son art n'est connu de pas un.

Je ne vous dirai point qu'il commande au tonnerre,
Qu'il fait enfler les mers, qu'il fait trembler la terre;
Que de l'air, qu'il mutine en mille tourbillons,
Contre ses ennemis il fait des bataillons;
Que de ses mots savans les forces inconnues
Transportent les rochers, font descendre les nues;
Et briller dans la nuit l'éclat de deux soleils;
Vous n'avez pas besoin de miracles pareils.
Il suffira pour vous qu'il lit dans les pensées,
Qu'il connoît l'avenir et les choses passées :
Rien n'est secret pour lui dans tout cet univers,
Et pour lui nos destins sont des livres ouverts.
Moi-même, ainsi que vous, je ne pouvois le croire;
Mais si tôt qu'il me vit, il me dit mon histoire;
Et je fus étonné d'entendre le discours
Des traits les plus cachés de toutes mes amours.

PRIDAMANT.

Vous m'en dites beaucoup.

DORANTE.

J'en ai vu davantage.

PRIDAMANT.

Vous essayez en vain de me donner courage :
Mes soins et mes travaux verront sans aucun fruit
Clorre mes tristes jours d'une éternelle nuit.

DORANTE.

Depuis que j'ai quitté le séjour de Bretagne
Pour venir faire ici le noble de campagne,
Et que deux ans d'amour, par une heureuse fin,
M'ont acquis Silvérie et ce château voisin,

De pas un que je sache il n'a déçu l'attente :
Quiconque le consulte en sort l'ame contente.
Croyez-moi, son secours n'est pas à négliger.
D'ailleurs il est ravi quand il peut m'obliger ;
Et j'ose me vanter qu'un peu de mes prières
Vous obtiendra de lui des faveurs singulières.

PRIDAMANT.

Le sort m'est trop cruel pour devenir si doux.

DORANTE.

Espérez mieux. Il sort, et s'avance vers nous.
Regardez-le marcher. Ce visage si grave,
Dont le rare savoir tient la nature esclave,
N'a sauvé toutefois des ravages du tems
Qu'un peu d'os et de nerfs qu'ont décharnés cent ans.
Son corps, malgré son âge, a les forces robustes,
Le mouvement facile, et les démarches justes :
Des ressorts inconnus agitent le vieillard,
Et font de tous ses pas des miracles de l'art.

SCENE II.

ALCANDRE, PRIDAMANT, DORANTE.

DORANTE.

GRAND démon du savoir, de qui les doctes veilles
Produisent chaque jour de nouvelles merveilles,
A qui rien n'est secret dans nos intentions,
Et qui vois, sans nous voir, toutes nos actions,

Si de ton art divin le pouvoir admirable
Jamais en ma faveur se rendit secourable,
De ce père affligé soulage les douleurs :
Une vieille amitié prend part en ses malheurs.
Rennes, ainsi qu'à moi, lui donna la naissance,
Et presque entre ses bras j'ai passé mon enfance :
Là, son fils, pareil d'âge et de condition,
S'unissant avec moi d'étroite affection....

A L C A N D R E.

Dorante, c'est assez, je sais ce qui l'amène ;
Ce fils est aujourd'hui le sujet de sa peine.
Vieillard, n'est-il pas vrai que son éloignement
Par un juste remords te gêne incessamment ;
Qu'une obstination à te montrer sévère
L'a banni de ta vue, et cause ta misère ;
Qu'en vain, au repentir de ta sévérité,
Tu cherches en tous lieux ce fils si maltraité ?

P R I D A M A N T.

Oracle de nos jours, qui connois toutes choses,
En vain de ma douleur je cacherois les causes ;
Tu sais trop quelle fut mon injuste rigueur,
Et vois trop clairement les secrets de mon cœur.
Il est vrai, j'ai failli ; mais pour mes injustices
Tant de travaux en vain sont d'assez grands supplices.
Donne enfin quelque borne à mes regrets cuisans,
Rends-moi l'unique appui de mes débiles ans :
Je le tiendrai rendu si j'en ai des nouvelles ;
L'amour pour le trouver me fournira des ailes.

Où fait-il sa retraite ? En quels lieux dois-je aller ?
Fût-il au bout du monde, on m'y verra voler.

ALCANDRE.

Commencez d'espérer; vous saurez par mes charmes
Ce que le ciel vengeur refusoit à vos larmes.
Vous reverrez ce fils plein de vie et d'honneur ;
De son bannissement il tire son bonheur.
C'est peu de vous le dire ; en faveur de Dorante,
Je veux vous faire voir sa fortune éclatante.
Les novices de l'art, avec tous leurs encens,
Et leurs mots inconnus qu'ils feignent tout-puissans,
Leurs herbes, leurs parfums, et leurs cérémonies,
Apportent au métier des longueurs infinies,
Qui ne sont, après tout, qu'un mystère pipeur
Pour se faire valoir et pour vous faire peur.
Ma baguette à la main j'en ferai davantage.

(*Il donne un coup de baguette, et on tire un*
rideau, derrière lequel sont en parade les
plus beaux habits des comédiens.)

Jugez de votre fils par un tel équipage.
Hé bien ! celui d'un prince a-t-il plus de splendeur ?
Et pouvez-vous encor douter de sa grandeur ?

PRIDAMANT.

D'un amour paternel vous flattez les tendresses ;
Mon fils n'est point de rang à porter ces richesses ;
Et sa condition ne sauroit consentir
Que d'une telle pompe il s'ose revêtir.

ALCANDRE.

Sous un meilleur destin sa fortune rangée ;
Et sa condition avec le tems changée,
Personne maintenant n'a de quoi murmurer
Qu'en public de la sorte il aime à se parer.

PRIDAMANT.

A cet espoir si doux j'abandonne mon ame.
Mais parmi ces habits je vois ceux d'une femme ;
Seroit-il marié ?

ALCANDRE.

Je vais de ses amours
Et de tous ses hasards vous faire les discours.
Toutefois, si votre ame étoit assez hardie,
Sous une illusion vous pourriez voir sa vie
Et tous ses accidens devant vous exprimés
Par des spectres pareils à des corps animés ;
Il ne leur manquera ni gestes ni parole.

PRIDAMANT.

Ne me soupçonnez point d'une crainte frivole.
Le portrait de celui que je cherche en tous lieux
Pourroit-il par sa vue épouvanter mes yeux ?

ALCANDRE, à Dorante.

Mon cavalier, de grace, il faut faire retraite,
Et souffrir qu'entre nous l'histoire en soit secrette.

PRIDAMANT.

Pour un si bon ami je n'ai point de secrets.

DORANTE, à Pridamant.

Il nous faut sans réplique accepter ses arrêts.

Je vous attends chez moi.

ALCANDRE, *à Dorante*.

Ce soir, si bon lui semble
Il vous apprendra tout quand vous serez ensemble.

SCENE III.

ALCANDRE, PRIDAMANT.

ALCANDRE.

VOTRE fils tout d'un coup ne fut pas grand seigneur ;
Toutes ses actions ne vous font pas honneur ;
Et je serois marri d'exposer sa misére
En spectacle à des yeux autres que ceux d'un père.
Il vous prit quelque argent : mais ce petit butin
A peine lui dura du soir jusqu'au matin ;
Et, pour gagner Paris, il vendit par la plaine
Des brevets à chasser la fièvre et la migraine ,
Dit la bonne aventure, et s'y rendit ainsi.
Là comme on vit d'esprit, il en vécut aussi.
Dedans saint Innocent il se fit secrétaire.
Après, montant d'état, il fut clerc d'un notaire.
Ennuyé de la plume, il la quitta soudain ,
Et fit danser un singe au fauxbourg saint Germain.
Il se mit sur la rime, et l'essai de sa veine
Enrichit les chanteurs de la Samaritaine.
Son style prit après de plus beaux ornemens ;
Il se hasarda même à faire des romans,

Des chansons pour Gautier, des pointes pour Guillaume.
Depuis il trafiqua des chapelets, de baume,
Vendit du mitridate en maître opérateur,
Revint dans le palais, et fut solliciteur.
Enfin jamais Buscon, Lazarille de Tormes,
Sayavèdre et Gusman, ne prirent tant de formes.
C'étoit là pour Dorante un honnête entretien !

PRIDAMANT.

Que je vous suis tenu de ce qu'il n'en sait rien !

ALCANDRE.

Sans vous faire rien voir je vous en fais un conte
Dont le peu de longueur épargne votre honte.
Las de tant de métiers sans honneur et sans fruit,
Quelque meilleur destin à Bordeaux l'a conduit ;
Et là, comme il pensoit au choix d'un exercice,
Un brave du pays l'a pris à son service.
Ce guerrier amoureux en a fait son agent ;
Cette commission l'a remeublé d'argent :
Il sait avec adresse, en portant les paroles,
De la vaillante dupe attraper les pistoles ;
Même de son agent il s'est fait son rival,
Et la beauté qu'il sert ne lui veut point de mal.
Lorsque de ses amours vous aurez vu l'histoire,
Je vous le veux montrer plein d'éclat et de gloire,
Et la même action qu'il pratique aujourd'hui.

PRIDAMANT.

Que déjà cet espoir soulage mon ennui !

ALCANDRE.

Il a caché son nom en battant la campagne ,
Et s'est fait de Clindor le sieur de la Montagne :
C'est ainsi que tantôt vous l'entendrez nommer.
Voyez tout sans rien dire et sans vous alarmer.
Je tarde un peu beaucoup pour votre impatience ;
N'en concevez pourtant aucune défiance :
C'est qu'un charme ordinaire a trop peu de pouvoir
Sur les spectres parlans qu'il faut vous faire voir.
Entrons dedans ma grotte , afin que j'y prépare
Quelques charmes nouveaux pour un effet si rare.

Fin du premier acte.

ACTE SECOND.

SCENE I.

ALCANDRE, PRIDAMANT.

ALCANDRE.

Quoi qui s'offre à vos yeux, n'en ayez point d'effroi :
De ma grotte sur-tout ne sortez qu'après moi ;
Sinon vous êtes mort. Voyez déjà paroître
Sous deux fantômes vains votre fils et son maître.

PRIDAMANT.

O dieux ! je sens mon ame après lui s'envoler.

ALCANDRE.

Faites-lui du silence, et l'écoutez parler.

*(Alcandre et Pridamant se retirent dans un
des côtés du théâtre.)*

SCENE II.

MATAMORE, CLINDOR.

CLINDOR.

Quoi ! monsieur, vous rêvez ! et cette ame hautaine,
Après tant de beaux faits, semble être encore en peine !
N'êtes-vous point lassé d'abattre des guerriers ?
Et vous faut-il encor quelques nouveaux lauriers ?

MATAMORE.

Il est vrai que je rêve, et ne saurois résoudre
Lequel je dois des deux le premier mettre en poudre,
Du grand sophi de Perse, ou bien du grand mogor.

CLINDOR.

Eh! de grace, monsieur, laissez-les vivre encor.
Qu'ajouteroit leur perte à votre renommée ?
D'ailleurs, quand auriez-vous rassemblé votre armée ?

MATAMORE.

Mon armée! Ah poltron! ah traître! pour leur mort
Tu crois donc que ce bras ne soit pas assez fort ?
Le seul bruit de mon nom renverse les murailles,
Défait les escadrons, et gagne les batailles.
Mon courage invaincu contre les empereurs
N'arme que la moitié de ses moindres fureurs.
D'un seul commandement que je fais aux trois parques
Je dépeuple l'état des plus heureux monarques;
Le foudre est mon canon, les destins mes soldats;
Je couche d'un revers mille ennemis à bas.
D'un souffle je réduis leurs projets en fumée :
Et tu m'oses parler cependant d'une armée!
Tu n'auras plus l'honneur de voir un second Mars;
Je vais t'assassiner d'un seul de mes regards,
Veillaque. Toutéfois je songe à ma maîtresse,
Ce penser m'adoucit. Va, ma colère cesse ;
Et ce petit archer qui dompte tous les dieux
Vient de chasser la mort qui logeoit dans mes yeux.
Regarde, j'ai quitté cette effroyable mine
Qui massacre, détruit, brise, brûle, extermine;

Et pensant au bel œil qui tient ma liberté,
Je ne suis plus qu'amour, que grace, que beauté.

CLINDOR.

O dieux! en un moment, que tout vous est possible!
Je vous vois aussi beau que vous étiez terrible,
Et ne crois point d'objet si ferme en sa rigueur
Qu'il puisse constamment vous refuser son cœur.

MATAMORE.

Je te le dis encor, ne sois plus en alarme :
Quand je veux j'épouvante; et quand je veux je charme;
Et, selon qu'il me plait, je remplis tour à tour
Les hommes de terreur, et les femmes d'amour.
Du tems que ma beauté m'étoit inséparable,
Leurs persécutions me rendoient misérable;
Je ne pouvois sortir sans les faire pâmer;
Mille mouroient par jour à force de m'aimer.
J'avois des rendez-vous de toutes les princesses;
Les reines à l'envi mendioient mes caresses:
Celle d'Ethiopie, et celle du Japon,
Dans leurs soupirs d'amour ne mêloient que mon nom.
De passion pour moi deux sultanes troublèrent;
Deux autres pour me voir du serrail s'échappèrent:
J'en fus mal quelque tems avec le grand seigneur.

CLINDOR.

Son mécontentement n'alloit qu'à votre honneur.

MATAMORE.

Ces pratiques nuisoient à mes desseins de guerre;
Et pouvoient m'empêcher de conquérir la terre.

D'ailleurs, j'en devins las, et pour les arrêter
J'envoyai le destin dire à son Jupiter.
Qu'il trouvât un moyen qui fît cesser les flâmes
Et l'importunité dont m'accabloient les dames;
Qu'autrement ma colère iroit dedans les cieux
Le dégrader soudain de l'empire des dieux,
Et donneroit à Mars à gouverner son foudre.
La frayeur qu'il en eut le fit bientôt résoudre;
Ce que je demandois fut prêt en un moment;
Et depuis je suis beau quand je veux seulement.

CLINDOR.

Que j'aurois sans cela de poulets à vous rendre!

MATAMORE.

De quelle que ce soit garde-toi bien d'en prendre,
Sinon de.....Tu m'entends? Que dit-elle de moi?

CLINDOR.

Que vous êtes des cœurs et le charme et l'effroi;
Et que, si quelque effet peut suivre vos promesses,
Son sort est plus heureux que celui des déesses.

MATAMORE.

Ecoute. En ce tems-là, dont tantôt je parlois,
Les déesses aussi se rangeoient sous mes lois;
Et je te veux conter une étrange aventure
Qui jeta du désordre en toute la nature,
Mais désordre aussi grand qu'on en voie arriver.
Le soleil fut un jour sans se pouvoir lever;
Et ce visible dieu que tant de monde adore,
Pour marcher devant lui ne trouvoit point d'aurore.

On la cherchoit par-tout, au lit du vieux Titon,
Dans les bois de Céphale, au palais de Memnon;
Et, faute de trouver cette belle fourrière,
Le jour jusqu'à midi se passa sans lumière.

CLINDOR.

Où pouvoit être alors la reine des clartés?

MATAMORE.

Au milieu de ma chambre à m'offrir ses beautés,
Elle y perdit son tems, elle y perdit ses larmes;
Mon cœur fut insensible à ses plus puissans charmes;
Et tout ce qu'elle obtint pour son frivole amour
Fut un ordre précis d'aller rendre le jour.

CLINDOR.

Cet étrange accident me revient en mémoire;
J'étois lors en Méxique où j'en appris l'histoire;
Et j'entendis conter que la Perse en courroux
De l'affront de son dieu murmuroit contre vous.

MATAMORE.

J'en ouis quelque chose, et je l'eusse punie,
Mais j'étois engagé dans la Transilvanie,
Où ses ambassadeurs, qui vinrent l'excuser,
A force de présens me surent appaiser.

CLINDOR.

Que la clémence est belle en un si grand courage!

MATAMORE.

Contemple, mon ami, contemple ce visage;
Tu vois un abrégé de toutes les vertus.
D'un monde d'ennemis sous mes pieds abattus,

Dont la race est périe, et la terre déserte ;
Pas un qu'à son orgueil n'a jamais dû sa perte.
Tous ceux qui font hommage à mes perfections
Conservent leurs états par leurs soumissions.
En Europe, où les rois sont d'une humeur civile,
Je ne leur rase point de château ni de ville ;
Je les souffre régner. Mais chez les Africains,
Par-tout où j'ai trouvé des rois un peu trop vains,
J'ai détruit leurs pays pour punir leurs monarques,
Et leurs vastes déserts en sont de bonnes marques :
Ces grands sables qu'à peine on passe sans horreur
Sont d'assez beaux effets de ma juste fureur.

CLINDOR.

Revenons à l'amour, voici votre maîtresse.

MATAMORE.

Ce diable de rival l'accompagne sans cesse.

CLINDOR.

Où vous retirez-vous ?

MATAMORE.

        — Ce fat n'est pas vaillant,
Mais il a quelque humeur qui le rend insolent.
Peut-être qu'orgueilleux d'être avec cette belle
Il seroit assez vain pour me faire querelle.

CLINDOR.

Ce seroit bien courir lui-même à son malheur.

MATAMORE.

Lorsque j'ai ma beauté, je n'ai point de valeur.

CLINDOR.

Cessez d'être charmant, et faites-vous terrible.

MATAMORE.

Mais tu n'en prévois pas l'accident infaillible.
Je ne saurois me faire effroyable à demi ;
Je tûrois ma maîtresse avec mon ennemi.
Attendons en ce coin l'heure qui les sépare.

CLINDOR.

Comme votre valeur votre prudence est rare.

SCENE III.

ADRASTE, ISABELLE.

ADRASTE.

Hélas ! s'il est ainsi, quel malheur est le mien ?
Je soupire, j'endure, et je n'avance rien ;
Et, malgré les transports de mon amour extrème,
Vous ne voulez pas croire encor que je vous aime !

ISABELLE.

Je ne sais pas, monsieur, de quoi vous me blâmez.
Je me connois aimable, et crois que vous m'aimez ;
Dans vos soupirs ardens j'en vois trop d'apparence,
Et quand bien de leur part j'aurois moins d'assurance
Pour peu qu'un honnête homme ait vers moi du crédit,
Je lui fais la faveur de croire ce qu'il dit.
Rendez-moi la pareille ; et puisqu'à votre flâme
Je ne déguise rien de ce que j'ai dans l'âme,

Faites moi la faveur de croire sur ce point
Que, bien que vous m'aimiez, je ne vous aime point.

ADRASTE.

Cruelle, est-ce là donc ce que vos injustices
Ont réservé de prix à de si longs services ?
Et mon fidelle amour est-il si criminel
Qu'il doive être puni d'un mépris éternel ?

ISABELLE.

Nous donnons bien souvent de divers noms aux choses :
Des épines pour moi vous les nommez des roses :
Ce que vous appelez service, affection,
Je l'appelle supplice et persécution.
Chacun dans sa croyance également s'obstine.
Vous pensez m'obliger d'un feu qui m'assassine ;
Et ce que vous jugez digne d'un plus haut prix,
Ne mérite à mon gré que haine et que mépris.

ADRASTE.

N'avoir que du mépris pour des flâmes si saintes,
Dont j'ai reçu du ciel les premières atteintes !
Oui, le ciel, au moment qu'il me fit respirer,
Ne me donna de cœur que pour vous adorer.
Mon ame vint au jour pleine de votre idée ;
Avant que de vous voir vous l'avez possédée ;
Et quand je me rendis à des regards si doux,
Je ne vous donnai rien qui ne fût tout à vous,
Rien que l'ordre du ciel n'eût déjà fait tout vôtre.

ISABELLE.

Le ciel m'eût fait plaisir d'en enrichir une autre.

Il vous fit pour m'aimer, et moi pour vous haïr :
Gardons-nous bien tous deux de lui désobéir.
Vous avez, après tout, bonne part à sa haine,
Ou d'un crime secret il vous livre à la peine ;
Car je ne pense pas qu'il soit tourment égal
Au supplice d'aimer qui vous traite si mal.

ADRASTE.

La grandeur de mes maux vous étant si connue,
Me refuserez-vous la pitié qui m'est due ?

ISABELLE.

Certes j'en ai beaucoup, et vous plains d'autant plus
Que je vois ces tourmens tout-à-fait superflus,
Et n'avoir pour tout fruit d'une longue souffrance
Que l'incommode honneur d'une triste constance.

ADRASTE.

Un père l'autorise, et mon feu maltraité
Enfin aura recours à son autorité.

ISABELLE.

Ce n'est pas le moyen de trouver votre compte ;
Et d'un si beau dessein vous n'aurez que la honte.

ADRASTE.

J'espère voir pourtant, avant la fin du jour,
Ce que peut son vouloir au défaut de l'amour.

ISABELLE.

Et moi j'espère voir, avant que le jour passe,
Un amant accablé de nouvelle disgrace.

ADRASTE.

Hé quoi ! cette rigueur ne cessera jamais ?

ISABELLE.

Allez trouver mon père, et me laissez en paix.

ADRASTE.

Votre ame au repentir de sa froideur passée
Ne la veut point quitter sans être un peu forcée :
J'y vais tout de ce pas, mais avec des sermens
Que c'est pour obéir à vos commandemens.

ISABELLE.

Allez continuer une vaine poursuite.

SCENE IV.

MATAMORE, ISABELLE, CLINDOR.

MATAMORE.

Hé bien ! dès qu'il m'a vu, comme a-t-il pris la fuite ?
M'a-t-il bien su quitter la place au même instant ?

ISABELLE.

Ce n'est pas honte à lui, les rois en font autant,
Du moins si ce grand bruit qui court de vos merveilles
N'a trompé mon esprit en frappant mes oreilles.

MATAMORE.

Vous le pouvez bien croire, et, pour le témoigner,
Choisissez en quels lieux il vous plaît de régner ;
Ce bras tout aussitôt vous conquête un empire ;
J'en jure par lui-même, et cela c'est tout dire.

ISABELLE.

Ne prodiguez pas tant ce bras toujours vainqueur ;
Je ne veux point régner que dessus votre cœur.
Toute l'ambition que me donne ma flâme
C'est d'avoir pour sujets les desirs de votre ame.

MATAMORE.

Ils vous sont tout acquis ; et pour vous faire vóir
Que vous avez sur eux un absolu pouvoir ,
Je n'écouterai plus cette humeur de conquête ;
Et laissant tous les rois leurs couronnes en tête ,
J'en prendrai seulement deux ou trois pour valets ,
Qui viendront à genoux vous rendre mes poulets.

ISABELLE.

L'éclat de tels suivans attireroit l'envie ,
Sur le rare bonheur où je coule ma vie ;
Le commerce discret de nos affections
N'a besoin que de lui pour ses commissions.

MATAMORE.

Vous avez ,Dieu me sauve, un esprit à ma mode ;
Vous trouvez comme moi la grandeur incommode.
Les sceptres les plus beaux n'ont rien pour moi d'exquis
Je les rends aussitôt que je les ai conquis ;
Et me suis vu charmer quantité de princesses ,
Sans que jamais mon cœur les voulût pour maîtresses.

ISABELLE:

Certes, en ce point seul je manque un peu de foi.
Que vous ayez quitté des princesses pour moi !

Que vous leur refusiez un cœur dont je dispose !

MATAMORE, *montrant Clindor.*

Je crois que la Montagne en saura quelque chose.
Viens çà. Lorsqu'en la Chine, en ce fameux tournoi,
Je donnai dans la vue aux deux filles du roi,
Que te dit-on en cour de cette jalousie
Dont pour moi toutes deux eurent l'ame saisie ?

CLINDOR.

Par vos mépris enfin l'une et l'autre mourut.
J'étois lors en Egypte, où le bruit en courut ;
Et ce fut en ce tems que la peur de vos armes
Fit nager le grand Caire en un fleuve de larmes.
Vous veniez d'assommer dix géans en un jour ;
Vous aviez désolé les pays d'alentour,
Rasé quinze châteaux, applani deux montagnes,
Fait passer par le feu villes, bourgs et campagnes,
Et défait vers Damas cent mille combattans.

MATAMORE.

Que tu remarques bien et les lieux et les tems !
Je l'avois oublié.

ISABELLE.

Des faits si pleins de gloire
Vous peuvent-ils ainsi sortir de la mémoire ?

MATAMORE.

Trop pleine des lauriers remportés sur les rois,
Je ne la charge point de ces menus exploits.

SCENE V.

MATAMORE, ISABELLE, CLINDOR, UN PAGE.

LE PAGE.

MONSIEUR.

MATAMORE.

Que veux-tu, page ?

LE PAGE.

Un courrier vous demande.

MATAMORE.

D'où vient-il ?

LE PAGE.

De la part de la reine d'Islande.

MATAMORE.

Ciel, qui sais comme quoi j'en suis persécuté,
Un peu plus de repos avec moins de beauté ;
Fais qu'un si long mépris enfin la désabuse.

CLINDOR, *à Isabelle.*

Voyez ce que pour vous ce grand guerrier refuse.

ISABELLE.

Je n'en puis plus douter.

CLINDOR.

Il vous le disoit bien.

MATAMORE.

Elle m'a beau prier, non, je n'en ferai rien ;

Et, quoi qu'un fol espoir ose encor lui promettre
Je lui vais envoyer sa mort dans une lettre.
Trouvez-le bon, ma reine; et souffrez cependant
Une heure d'entretien de ce cher confident,
Qui, comme de ma vie il sait toute l'histoire,
Vous fera voir sur qui vous avez la victoire.

ISABELLE.

Tardez encore moins, et par ce prompt retour;
Je jugerai quel est envers moi votre amour.

SCENE VI.

CLINDOR, ISABELLE.

CLINDOR.

Jugez plutôt par là l'humeur du personnage.
Ce page n'est chez lui que pour ce badinage,
Et venir d'heure en heure avertir sa grandeur
D'un courrier, d'un agent, ou d'un ambassadeur.

ISABELLE.

Ce message me plaît bien plus qu'il ne lui semble;
Il me défait d'un fou, pour nous laisser ensemble.

CLINDOR.

Ce discours favorable enhardira mes feux
A bien user d'un tems si propice à mes vœux.

ISABELLE.

Que m'allez-vous conter ?

CLINDOR.

                    Que j'adore Isabelle;
Que je n'ai plus de cœur ni d'ame que pour elle;

Que ma vie....

ISABELLE.

Epargnez ces propos superflus;
Je les sais, je les crois, que voulez-vous de plus?
Je néglige à vos yeux l'offre d'un diadême ;
Je dédaigne un rival; en un mot, je vous aime.
C'est aux commencemens des foibles passions
A s'amuser encore aux protestations :
Il suffit de nous voir au point où sont les nôtres;
Un coup-d'œil vaut pour vous tous les discours des autres.

CLINDOR.

Dieux! qui l'eût jamais cru que mon sort rigoureux
Se rendit si facile à mon cœur amoureux ?
Banni de mon pays par la rigueur d'un père ,
Sans support , sans amis , accablé de misére ,
Et réduit à flatter le caprice arrogant ,
Et les vaines humeurs d'un maître extravagant;
Ce pitoyable état de ma triste fortune
N'a rien qui vous déplaise , ou qui vous importune !
Et d'un rival puissant les biens et la grandeur
Obtiennent moins sur vous que ma sincère ardeur.

ISABELLE.

C'est comme il faut choisir. Un amour véritable
S'attache seulement à ce qu'il voit aimable.
Qui regarde les biens, ou la condition ,
N'a qu'un amour avare , ou plein d'ambition ;
Et souille lâchement par ce mélange infame
Les plus nobles desirs qu'enfante une belle ame.

Je sais bien que mon père a d'autres sentimens,
Et mettra de l'obstacle à nos contentemens ;
Mais l'amour sur mon cœur a pris trop de puissance
Pour écouter encor les lois de la naissance.
Mon père peut beaucoup, mais bien moins que ma foi.
Il a choisi pour lui, je veux choisir pour moi.

CLINDOR.

Confus de voir donner à mon peu de mérite....

ISABELLE.

Voici mon importun, souffrez que je l'évite.

SCENE VII.

ADRASTE, CLINDOR.

ADRASTE.

Que vous êtes heureux ! et quel malheur me suit !
Ma maîtresse vous souffre, et l'ingrate me fuit ;
Quelque goût qu'elle prenne en votre compagnie,
Si tôt que j'ai paru, mon abord l'a bannie.

CLINDOR.

Sans avoir vu vos pas s'adresser en ce lieu,
Lasse de mes discours, elle m'a dit adieu.

ADRASTE.

Lasse de vos discours ! Votre humeur est trop bonne
Et votre esprit trop beau pour ennuyer personne.
Mais que lui contiez-vous qui pût l'importuner ?

CLINDOR.

Des choses qu'aisément vous pouvez deviner,

Les amours de mon maître, ou plutôt ses sottises,
Ses conquêtes en l'air, ses hautes entreprises.

A D R A S T E.

Voulez-vous m'obliger ? Votre maître ni vous
N'êtes pas gens tous deux à me rendre jaloux ;
Mais si vous ne pouvez arrêter ses saillies,
Divertissez ailleurs le cours de ses folies.

C L I N D O R.

Que craignez-vous de lui, dont tous les complimens
Ne parlent que de morts et de saccagemens,
Qu'il bat, terrasse, brise, étrangle, brûle, assomme ?

A D R A S T E.

Pour être son valet je vous trouve honnête homme.
Vous n'êtes pas de taille à servir sans dessein
Un fanfaron plus fou que son discours n'est vain.
Quoi qu'il en soit, depuis que je vous vois chez elle,
Toujours de plus en plus je l'éprouve cruelle.
Ou vous servez quelqu'autre, ou votre qualité
Laisse dans vos projets trop de témérité.
Je vous tiens fort suspect de quelque haute adresse.
Que votre maître enfin fasse une autre maîtresse ;
Ou, s'il ne peut quitter un entretien si doux,
Qu'il se serve du moins d'un autre que de vous.
Ce n'est pas qu'après tout les volontés d'un père,
Qui sait ce que je suis, ne terminent l'affaire ;
Mais purgez-moi l'esprit de ce petit souci,
Et, si vous vous aimez, bannissez-vous d'ici ;
Car si je vous vois plus regarder cette porte,
Je sais comme traiter les gens de votre sorte.

CLINDOR.

Me prenez-vous pour homme à nuire à votre feu ?

ADRASTE.

Sans réplique, de grace, ou nous verrons beau jeu.
Allez, c'est assez dit.

CLINDOR.

            Pour un léger ombrage ;
C'est trop indignement traiter un bon courage.
Si le ciel en naissant ne m'a fait grand seigneur,
Il m'a fait le cœur ferme, et sensible à l'honneur ;
Et je pourrois bien rendre un jour ce qu'on me prête.

ADRASTE.

Quoi ! vous me menacez ?

CLINDOR.

            Non, non ; je fais retraite.
D'un si cruel affront vous aurez peu de fruit ;
Mais ce n'est pas ici qu'il faut faire du bruit.

SCENE VIII.

ADRASTE, LYSE.

ADRASTE.

Ce bélître insolent me fait encor bravade.

LYSE.

A ce compte, monsieur, votre esprit est malade.

ADRASTE.

Malade mon esprit !

LYSE.

Oui, puisqu'il est jaloux
Du malheureux agent de ce prince des fous.

ADRASTE.

Je sais ce que je suis, et ce qu'est Isabelle ;
Et crains peu qu'un valet me supplante auprès d'elle.
Je ne puis toutefois souffrir sans quelque ennui
Le plaisir qu'elle prend à causer avec lui.

LYSE.

C'est dénier ensemble et confesser la dette.

ADRASTE.

Nomme, si tu le veux, ma boutade indiscrette ;
Et trouve mes soupçons bien ou mal à propos,
Je l'ai chassé d'ici pour me mettre en repos.
En effet, qu'en est-il ?

LYSE.

Si j'ose vous le dire ,
Ce n'est plus que pour lui qu'Isabelle soupire.

ADRASTE.

Lyse, que me dis-tu ?

LYSE.

Qu'il possède son cœur ;
Que jamais feux naissans n'eurent tant de vigueur ;
Qu'ils meurent l'un pour l'autre, et n'ont qu'une pensée.

ADRASTE.

Trop ingrate beauté, déloyale, insensée,
Tu m'oses donc ainsi préférer un maraud !

LYSE.

Ce rival orgueilleux le porte bien plus haut ;

Et je vous en veux faire entière confidence.
Il se dit gentilhomme, et riche.

ADRASTE.

Ah, l'impudence!

LYSE.

D'un père rigoureux fuyant l'autorité,
Il a couru long-tems d'un et d'autre côté;
Enfin, manque d'argent peut-être, ou par caprice,
De notre fier-à-bras il s'est mis au service,
Et, sous ombre d'agir pour ses folles amours,
Il a su pratiquer de si rusés détours,
Et charmer tellement cette pauvre abusée,
Que vous en avez vu votre ardeur méprisée.
Mais parlez à son père, et bientôt son pouvoir
Remettra son esprit aux termes du devoir.

ADRASTE.

Je viens tout maintenant d'en tirer assurance
De recevoir les fruits de ma persévérance;
Et, devant qu'il soit peu, nous en verrons l'effet.
Mais écoute, il me faut obliger tout-à-fait.

LYSE.

Où je vous puis servir, j'ose tout entreprendre.

ADRASTE.

Peux-tu dans leurs amours me les faire surprendre?

LYSE.

Il n'est rien plus aisé, peut-être dès ce soir.

ADRASTE.

Adieu donc. Souviens-toi de me les faire voir.

(Lui donnant un diamant.)

Cependant prends ceci seulement par avance.

LYSE.

Que le galant alors soit frotté d'importance.

ADRASTE.

Crois-moi qu'il se verra, pour te mieux contenter,
Chargé d'autant de bois qu'il en pourra porter.

SCENE IX.

LYSE, *seule.*

L'ARROGANT croit déjà tenir ville gagnée ;
Mais il sera puni de m'avoir dédaignée.
Parce qu'il est aimable, il fait le petit dieu,
Et ne veut s'adresser qu'aux filles de bon lieu.
Je ne mérite pas l'honneur de ses caresses.
Vraiment, c'est pour son nez, il lui faut des maîtresses ;
Je ne suis que servante, et qu'est-il que valet ?
Si son visage est beau, le mien n'est pas trop laid.
Il se dit riche et noble, et cela me fait rire :
Si loin de son pays qui n'en peut autant dire ?
Qu'il le soit ; nous verrons ce soir, si je le tiens,
Danser sous le cotret sa noblesse et ses biens.

SCENE X.

ALCANDRE, PRIDAMANT.

ALCANDRE.

Le cœur vous bat un peu.

PRIDAMANT.

Je crains cette menace.

ALCANDRE.

Lyse aime trop Clindor pour causer sa disgrace.

PRIDAMANT.

Elle en est méprisée, et cherche à se venger.

ALCANDRE.

Ne craignez point; l'amour la fera bien changer.

Fin du second acte.

ACTE TROISIÈME.

SCENE I.

GÉRONTE, ISABELLE.

GÉRONTE.

APPAISEZ vos soupirs, et tarissez vos larmes;
Contre ma volonté ce sont de foibles armes ;
Mon cœur, quoique sensible à toutes vos douleurs,
Ecoute la raison, et néglige vos pleurs.
Je sais ce qu'il vous faut beaucoup mieux que vous-même.
Vous dédaignez Adraste à cause que je l'aime ;
Et parce qu'il me plaît d'en faire votre époux,
Votre orgueil n'y voit rien qui soit digne de vous.
Quoi! manque-t-il de bien, de cœur, ou de noblesse?
En est-ce le visage ou l'esprit qui vous blesse ?
Il vous fait trop d'honneur.

ISABELLE.

           Je sais qu'il est parfait,
Et que je réponds mal à l'honneur qu'il me fait :
Mais si votre bonté me permet en ma cause,
Pour me justifier, de dire quelque chose,
Par un secret instinct que je ne puis nommer,
J'en fais beaucoup d'état, et ne le puis aimer...
Souvent je ne sais quoi, que le ciel nous inspire,
Soulève tout le cœur contre ce qu'on desire,

Et ne nous laisse pas en état d'obéir,
Quand on choisit pour nous ce qu'il nous fait haïr.
Il attache ici-bas avec des sympathies
Les ames que son ordre a là-haut assorties :
On n'en sauroit unir sans ses avis secrets,
Et cette chaîne manque où manquent ses décrets.
Aller contre les lois de cette providence,
C'est la prendre à partie, et blâmer sa prudence,
L'attaquer en rebelle, et s'exposer aux coups
Des plus âpres malheurs qui suivent son courroux.

GÉRONTE.

Insolente, est-ce ainsi que l'on se justifie ?
Quel maître vous apprend cette philosophie ?
Vous en savez beaucoup ; mais tout votre savoir
Ne m'empêchera pas d'user de mon pouvoir.
Si le ciel pour mon choix vous donne tant de haine,
Vous a-t-il mise en feu pour ce grand capitaine ?
Ce guerrier valeureux vous tient-il dans ses fers ?
Et vous a-t-il domptée avec tout l'univers ?
Ce fanfaron doit-il relever ma famille ?

ISABELLE.

Eh ! de grace, monsieur, traitez mieux votre fille.

GÉRONTE.

Quel sujet donc vous porte à me désobéir ?

ISABELLE.

Mon heur et mon repos que je ne puis trahir.
Ce que vous appelez un heureux hyménée
N'est pour moi qu'un enfer si j'y suis condamnée.

GÉRONTE.

Ah ! qu'il en est encor de mieux faites que vous,
Qui se voudroient bien voir dans un enfer si doux !
Après tout, je le veux ; cédez à ma puissance.

ISABELLE.

Faites un autre essai de mon obéissance.

GÉRONTE.

Ne me répliquez plus, quand j'ai dit, *je le veux.*
Rentrez. C'est désormais trop contester nous deux.

SCENE II.

GÉRONTE, *seul.*

Qu'a présent la jeunesse a d'étranges manies !
Les règles du devoir lui sont des tyrannies ;
Et les droits les plus saints deviennent impuissans
Contre cette fierté qui l'attache à son sens.
Telle est l'humeur du sexe ; il aime à contredire,
Rejette obstinément le joug de notre empire,
Ne suit que son caprice en ses affections,
Et n'est jamais d'accord de nos élections.
N'espère pas pourtant, aveugle et sans cervelle,
Que ma prudence cède à ton esprit rebelle.
Mais ce fou viendra-t-il toujours m'embarrasser ?
Par force ou par adresse il me le faut chasser.

SCENE III.

GÉRONTE, MATAMORE, CLINDOR.

MATAMORE, *à Clindor.*

NE doit-on pas avoir pitié de ma fortune ?
Le grand visir encor de nouveau m'importune ;
Le Tartare d'ailleurs m'appelle à son secours ;
Narsingue et Calicut m'en pressent tous les jours ;
Si je ne les refuse, il faut me mettre en quatre.

CLINDOR.

Pour moi, je suis d'avis que vous les laissiez battre.
Vous emploiriez trop mal vos invincibles coups,
Si, pour en servir un, vous faisiez trois jaloux.

MATAMORE.

Tu dis bien, c'est assez de telles courtoisies :
Je ne veux qu'en amour donner des jalousies.

(*A Géronte.*)

Ah ! monsieur, excusez si, faute de vous voir,
Bien que si près de vous, je manquois au devoir.
Mais quelle émotion paroît sur ce visage ?
Où sont vos ennemis, que j'en fasse carnage ?

GÉRONTE.

Monsieur, graces aux dieux, je n'ai point d'ennemis.

MATAMORE.

Mais graces à ce bras qui vous les a soumis.

GÉRONTE.

C'est une grace encor que j'avois ignorée.

MATAMORE.

Depuis que ma faveur pour vous s'est déclarée,
Ils sont tous morts de peur, ou n'ont osé branler.

GÉRONTE.

C'est ailleurs maintenant qu'il vous faut signaler :
Il fait beau voir ce bras, plus craint que le tonnerre,
Demeurer si paisible en un tems plein de guerre !
Et c'est pour acquérir un nom bien relevé
D'être dans une ville à battre le pavé.
Chacun croit votre gloire à faux titre usurpée,
Et vous ne passez plus que pour traîneur d'épée.

MATAMORE.

Ah ! ventre ! il est tout vrai que vous avez raison.
Mais le moyen d'aller, si je suis en prison ?
Isabelle m'arrête, et ses yeux pleins de charmes
Ont captivé mon cœur et suspendu mes armes.

GÉRONTE.

Si rien que son sujet ne vous tient arrêté,
Faites votre équipage en toute liberté ;
Elle n'est point pour vous, n'en soyez point en peine.

MATAMORE.

Ventre ! que dites-vous ? je la veux faire reine.

GÉRONTE.

Je ne suis pas d'humeur à rire tant de fois
Du grotesque récit de vos rares exploits.
La sottise ne plait qu'alors qu'elle est nouvelle.
En un mot, faites reine une autre qu'Isabelle.

Si pour l'entretenir vous venez plus ici....

MATAMORE.

Il a perdu le sens de me parler ainsi.
Pauvre homme, sais-tu bien que mon nom effroyable
Met le grand turc en fuite, et fait trembler le diable;
Que pour t'anéantir je ne veux qu'un moment?

GÉRONTE.

J'ai chez moi des valets à mon commandement,
Qui, n'ayant pas l'esprit de faire des bravades,
Répondroient de la main à vos rodomontades.

MATAMORE, *à Clindor.*

Dis-lui ce que j'ai fait en mille et mille lieux.

GÉRONTE.

Adieu. Modérez-vous, il vous en prendra mieux.
Bien que je ne sois pas de ceux qui vous haïssent,
J'ai le sang un peu chaud, et mes gens m'obéissent.

SCENE IV.

MATAMORE, CLINDOR.

MATAMORE.

RESPECT de ma maîtresse, incommode vertu,
Tyran de ma vaillance, à quoi me réduis-tu!
Que n'ai-je eu cent rivaux en la place d'un père,
Sur qui, sans t'offenser, laisser choir ma colére!
Ah! visible démon, vieux spectre décharné,
Vrai suppôt de Satan, médaille de damné,
Tu m'oses donc bannir, et même avec menaces,
Moi, de qui tous les rois briguent les bonnes graces!

CLINDOR.

Tandis qu'il est dehors, allez dès aujourd'hui
Causer de vos amours, et vous moquer de lui.

MATAMORE.

Cadediou! ses valets feroient quelque insolence.

CLINDOR.

Ce fer à trop de quoi dompter leur violence.

MATAMORE.

Oui; mais les feux qu'il jette en sortant de prison
Auroient en un moment embrasé la maison,
Dévoré tout-à-l'heure ardoises et gouttières,
Faites, lattes, chevrons, montans, courbes, filières,
Entretoises, sommiers, colonnes, soliveaux,
Pannes, soles, appuis, jambages, traveteaux,
Portes, grilles, verroux, serrures, tuiles, pierres,
Plomb, fer, plâtre, ciment, peinture, marbre, verres,
Caves, puits, cours, perrons, salles, chambres, greniers,
Offices, cabinets, terrasses, escaliers.
Juge un peu quel désordre aux yeux de ma charmeuse
Ces feux étoufferoient son ardeur amoureuse.
Va lui parler pour moi, toi qui n'es pas vaillant,
Tu puniras à moins un valet insolent.

CLINDOR.

C'est m'exposer.....

MATAMORE.

Adieu. Je vois ouvrir la porte,
Et crains que sans respect cette canaille sorte.

SCENE V.

CLINDOR, *seul.*

Le souverain poltron, à qui pour faire peur
Il ne faut qu'une feuille, une ombre, une vapeur !
Un vieillard le maltraite, il fuit pour une fille,
Et tremble à tous momens de crainte qu'on l'étrille.

SCENE VI.

CLINDOR, LYSE.

CLINDOR.

Lyse, que ton abord doit être dangereux!
Il donne l'épouvante à ce cœur généreux,
Cet unique vaillant, la fleur des capitaines,
Qui dompte autant de rois qu'il captive de reines!

LYSE.

Mon visage est ainsi malheureux en attraits;
D'autres charment de loin, le mien fait peur de près.

CLINDOR.

S'il fait peur à des fous, il charme les plus sages.
Il n'est pas quantité de semblables visages.
Si l'on brûle pour toi, ce n'est pas sans sujet;
Je ne connus jamais un si gentil objet;
L'esprit beau, prompt, accort, l'humeur un peu railleuse,
L'embonpoint ravissant, la taille avantageuse,
Les yeux doux, le teint vif, et les traits délicats;
Qui seroit le brutal qui ne t'aimeroit pas?

L Y S E.

De grace, et depuis quand me trouvez-vous si belle?
Voyez bien, je suis Lyse, et non pas Isabelle.

C L I N D O R.

Vous partagez vous deux mes inclinations :
J'adore sa fortune, et tes perfections.

L Y S E.

Vous en embrassez trop, c'est assez pour vous d'une,
Et mes perfections cèdent à sa fortune.

C L I N D O R.

Quelque effort que je fasse à lui donner ma foi,
Penses-tu qu'en effet je l'aime plus que toi ?
L'amour et l'hyménée ont diverse méthode ;
L'un court au plus aimable, et l'autre au plus commode.
Je suis dans la misére, et tu n'as point de bien ;
Un rien s'ajuste mal avec un autre rien ;
Et, malgré les douceurs que l'amour y déploie,
Deux malheureux ensemble ont toujours courte joie,
Ainsi j'aspire ailleurs pour vaincre mon malheur ;
Mais je ne puis te voir sans un peu de douleur,
Sans qu'un soupir échappe à ce cœur qui murmure
De ce qu'à ses desirs ma raison fait d'injure.
A tes moindres coups d'œil je me laisse charmer.
Ah ! que je t'aimerois s'il ne falloit qu'aimer !
Et que tu me plairois s'il ne falloit que plaire !

L Y S E.

Que vous auriez d'esprit si vous saviez vous taire ;
Ou remettre du moins en quelque autre saison
A montrer tant d'amour avec tant de raison !

Le grand trésor pour moi qu'un amoureux si sage,
Qui par compassion n'ose me rendre hommage,
Et porte ses desirs à des partis meilleurs,
De peur de m'accabler sous nos communs malheurs!
Je n'oublirai jamais de si rares mérites.
Allez continuer cependant vos visites.

CLINDOR.

Que j'aurois avec toi l'esprit bien plus content!

LYSE.

Ma maîtresse là-haut est seule, et vous attend.

CLINDOR.

Tu me chasses ainsi!

LYSE.

Non, mais je vous envoie
Aux lieux où vous aurez une plus longue joie.

CLINDOR.

Que même tes dédains me semblent gracieux!

LYSE.

Ah! que vous prodiguez un tems si précieux!
Allez.

CLINDOR.

Souviens-toi donc que si j'en aime une autre...

LYSE.

C'est de peur d'ajouter ma misère à la vôtre.
Je vous l'ai déjà dit, je ne l'oublirai pas.

CLINDOR.

Adieu. Ta raillerie a pour moi tant d'appas,
Que mon cœur à tes yeux de plus en plus s'engage;
Et je t'aimerois trop à tarder davantage.

SCENE VII.

LYSE, *seule.*

L'INGRAT! il trouve enfin mon visage charmant;
Et pour se divertir il contrefait l'amant!
Qui néglige mes feux m'aime par raillerie,
Me prend pour le jouet de sa galanterie,
Et, par un libre aveu de me voler sa foi,
Me jure qu'il m'adore, et ne veut point de moi!
Aime en tous lieux, perfide, et partage ton ame;
Choisis qui tu voudras pour maîtresse ou pour femme,
Donne à tes intérêts à ménager tes vœux;
Mais ne crois plus tromper aucune de nous deux.
Isabelle vaut mieux qu'un amour politique,
Et je vaux mieux qu'un cœur où cet amour s'applique.
J'ai raillé comme toi; mais c'étoit seulement,
Pour ne t'avertir pas de mon ressentiment.
Qu'eût produit son éclat que de la défiance?
Qui cache sa colère assure sa vengeance;
Et ma feinte douceur prépare beaucoup mieux
Ce piége où tu vas choir, et bientôt, à mes yeux.
    Toutefois qu'as-tu fait qui te rende coupable?
Pour chercher sa fortune est-on si punissable?
Tu m'aimes, mais le bien te fait être inconstant:
Au siècle où nous vivons qui n'en feroit autant?
Oublions des mépris où par force il s'excite,
Et laissons-le jouir du bonheur qu'il mérite.

S'il m'aime, il se punit en m'osant dédaigner;
Et si je l'aime encor, je le dois épargner.
Dieux! à quoi me réduit ma folle inquiétude,
De vouloir faire grace à tant d'ingratitude!
Digne soif de vengeance, à quoi m'exposez-vous,
De laisser affoiblir un si juste courroux?
Il m'aime, et de mes yeux je m'en vois méprisée!
Je l'aime, et ne lui sers que d'objet de risée!
Silence, amour, silence, il est tems de punir;
J'en ai donné ma foi, laisse-moi la tenir.
Puisque ton faux espoir ne fait qu'aigrir ma peine,
Fais céder tes douceurs à celles de la haine.
Il est tems qu'en mon cœur elle règne à son tour,
Et l'amour outragé ne doit plus être amour.

SCENE VIII.

MATAMORE, *seul.*

Les voilà, sauvons-nous. Non, je ne vois personne.
Avançons hardiment. Tout le corps me frissonne.
Je les entends, fuyons. Le vent faisoit ce bruit.
Marchons sous la faveur des ombres de la nuit.
Vieux rêveur, malgré toi j'attends ici ma reine.
    Ces diables de valets me mettent bien en peine.
De deux mille ans et plus je ne tremblai si fort.
C'est trop me hasarder; s'ils sortent je suis mort.
Car j'aime mieux mourir que leur donner bataille,
Et profaner mon bras contre cette canaille.

Que le courage expose à d'étranges dangers !
Toutefois, en tout cas, je suis des plus légers ;
S'il ne faut que courir, leur attente est dupée ;
J'ai le pied pour le moins aussi bon que l'épée.
Tout de bon, je les vois ; c'est fait, il faut mourir :
J'ai le corps si glacé que je ne puis courir.
Destin, qu'à ma valeur tu te montres contraire !...
C'est ma reine elle-même avec mon secrétaire !
Tout mon corps se déglace : écoutons leurs discours,
Et voyons son adresse à traiter mes amours.

SCENE IX.

CLINDOR, ISABELLE, MATAMORE,
caché dans un coin du théâtre.

ISABELLE.

Tout se prépare mal du côté de mon père ;
Je ne le vis jamais d'une humeur si sévère :
Il ne souffrira plus votre maître, ni vous :
Votre rival d'ailleurs est devenu jaloux.
C'est par cette raison que je vous fais descendre ;
Dedans mon cabinet ils pourroient nous surprendre ;
Ici nous parlerons en plus de sureté ;
Vous pourrez vous couler d'un et d'autre côté ;
Et si quelqu'un survient, ma retraite est ouverte.

CLINDOR.
C'est trop prendre de soin pour empêcher ma perte.

ISABELLE.

Je n'en puis prendre trop pour m'assurer un bien
Sans qui tous autres biens à mes yeux ne sont rien,
Un bien qui vaut pour moi la terre toute entière,
Et pour qui seul enfin j'aime à voir la lumière.
Un rival par mon père attaque en vain ma foi,
Votre amour seul a droit de triompher de moi :
Des discours de tous deux je suis persécutée ;
Mais pour vous je me plais à me voir maltraitée ;
Et des plus grands malheurs je bénirois les coups,
Si ma fidélité les enduroit pour vous.

CLINDOR.

Vous me rendez confus ; et mon ame ravie
Ne vous peut en revanche offrir rien que ma vie :
Mon sang est le seul bien qui me reste en ces lieux,
Trop heureux de le perdre en servant vos beaux yeux.
Mais si mon astre un jour, changeant son influence,
Me donne un accès libre au lieu de ma naissance,
Vous verrez que ce choix n'est pas fort inégal,
Et que, tout balancé, je vaux bien mon rival.
Mais avec ces douceurs permettez-moi de craindre
Qu'un père et ce rival ne veuillent vous contraindre.

ISABELLE.

N'en ayez point d'alarme, et croyez qu'en ce cas
L'un aura moins d'effet que l'autre n'a d'appas.
Je ne vous dirai point où je suis résolue,
Il suffit que sur moi je me rends absolue.

Ainsi tous leurs projets sont des projets en l'air.
Ainsi....

M A T A M O R E.

Je n'en puis plus, il est tems de parler.

I S A B E L L E.

Dieux! on nous écoutoit!

C L I N D O R.

C'est notre capitaine :
Je vais bien l'appaiser, n'en soyez point en peine.

S C E N E X.

M A T A M O R E, C L I N D O R.

M A T A M O R E.

Ah traître!

C L I N D O R.

Parlez bas, ces valets...

M A T A M O R E.

Hé bien! quoi?

C L I N D O R.

Ils fondront tout-à-l'heure et sur vous et sur moi.

MATAMORE, *tirant Clindor d'un côté du théâtre.*

Viens çà. Tu sais ton crime, et qu'à l'objet que j'aime,
Loin de parler pour moi, tu parlois pour toi-même?

C L I N D O R.

Oui, pour me rendre heureux j'ai fait quelques efforts.

M A T A M O R E.

Je te donne le choix de trois ou quatre morts,

Je vais d'un coup de poing te briser comme un verre,
Ou t'enfoncer tout vif au centre de la terre,
Ou te fendre en dix parts d'un seul coup de revers,
Ou te jeter si haut au-dessus des éclairs,
Que tu sois dévoré des feux élémentaires.
Choisis donc promptement, et pense à tes affaires.

CLINDOR.

Vous-même choisissez.

MATAMORE.

Quel choix proposes-tu?

CLINDOR.

De fuir en diligence, ou d'être bien battu.

MATAMORE.

Me menacer encore! Ah! ventre! quelle audace!
Au lieu d'être à genoux et d'implorer ma grace!.....
Il a donné le mot, ces valets vont sortir....
Je m'en vais commander aux mers de t'engloutir.

CLINDOR.

Sans vous chercher si loin un si grand cimetière,
Je vous vais de ce pas jeter dans la rivière.

MATAMORE.

Ils sont d'intelligence. Ah! tête!

CLINDOR.

Point de bruit:
J'ai déjà massacré dix hommes cette nuit,
Et si vous me fâchez vous en croîtrez le nombre.

MATAMORE.

Cadediou, ce coquin a marché dans mon ombre;

Il s'est fait tout vaillant d'avoir suivi mes pas:
S'il avoit du respect, j'en voudrois faire cas.
    Ecoute. Je suis bon, et ce seroit dommage
De priver l'univers d'un homme de courage.
Demande-moi pardon, et cesse par tes feux
De profaner l'objet digne seul de mes vœux :
Tu connois ma valeur, éprouve ma clémence.

CLINDOR.

Plutôt, si votre amour a tant de véhémence,
Faisons deux coups d'épée au nom de sa beauté.

MATAMORE.

Parbieu! tu me ravis de générosité.
Va, pour la conquérir n'use plus d'artifices;
Je te la veux donner pour prix de tes services.
Plains-toi dorénavant d'avoir un maître ingrat!

CLINDOR.

A ce rare présent, d'aise le cœur me bat.
Protecteur des grands rois, guerrier trop magnanime,
Puisse tout l'univers bruire de votre estime!

SCENE XI.

ISABELLE, MATAMORE, CLINDOR.

ISABELLE.

Je rends graces au ciel de ce qu'il a permis
Qu'à la fin sans combat je vous vois bons amis.

MATAMORE.

Ne pensez plus, ma reine, à l'honneur que ma flâme
Vous devoit faire un jour de vous prendre pour femme;

Pour quelque occasion j'ai changé de dessein.
Mais je vous veux donner un homme de ma main:
Faites-en de l'état, il est vaillant lui-même,
Il commandoit sous moi.

ISABELLE.

Pour vous plaire je l'aime.

CLINDOR.

Mais il faut du silence à notre affection.

MATAMORE.

Je vous promets silence, et ma protection.
Avouez-vous de moi par tous les coins du monde:
Je suis craint à l'égal sur la terre et sur l'onde,
Allez, vivez contens sous une même loi.

ISABELLE.

Pour vous mieux obéir je lui donne ma foi.

CLINDOR.

Commandez que sa foi de quelque effet suivie....

SCENE XII.

GERONTE, ADRASTE, MATAMORE, CLINDOR, ISABELLE, LYSE, Troupe de domestiques.

ADRASTE.

CET insolent discours te coûtera la vie,
Suborneur.

MATAMORE.

Ils ont pris mon courage en défaut,
Cette porte est ouverte, allons gagner le haut.
(*Il entre chez Isabelle après qu'elle et Lyse y
sont entrées.*)

CLINDOR.

Traître, qui te fais fort d'une troupe brigande,
Je te choisirai bien au milieu de la bande.

GÉRONTE.

Dieux! Adraste est blessé, courez au médecin.
Vous autres, cependant arrêtez l'assassin.

CLINDOR.

Ah, ciel! je céde au nombre. Adieu, chère Isabelle;
Je tombe au précipice où mon destin m'appelle.

GÉRONTE.

C'en est fait, emportez ce corps à la maison;
Et vous, conduisez tôt ce traître à la prison.

SCENE XIII.

ALCANDRE, PRIDAMANT.

PRIDAMANT.

Hélas! mon fils est mort.

ALCANDRE.

Que vous avez d'alarmes!

PRIDAMANT.

Ne lui refusez point le secours de vos charmes.

ALCANDRE.

Un peu de patience, et, sans un tel secours,
Vous le verrez bientôt heureux en ses amours.

Fin du troisième acte.

ACTE QUATRIÈME.

SCENE I.

ISABELLE, *seule*.

Enfin le terme approche, un jugement inique
Doit abuser demain d'un pouvoir tyrannique,
A son propre assassin immoler mon amant,
Et faire une vengeance au lieu d'un châtiment.
Par un décret injuste autant comme sévère,
Demain doit triompher la haine de mon père,
La faveur du pays, la qualité du mort,
Le malheur d'Isabelle, et la rigueur du sort.
Hélas! que d'ennemis, et de quelle puissance,
Contre le foible appui que donne l'innocence,
Contre un pauvre inconnu de qui tout le forfait
Est de m'avoir aimée, et d'être trop parfait!
Oui, Clindor, tes vertus et ton feu légitime,
T'ayant acquis mon cœur, ont fait aussi ton crime.
Mais en vain après toi l'on me laisse le jour;
Je veux perdre la vie en perdant mon amour :
Prononçant ton arrêt, c'est de moi qu'on dispose;
Je veux suivre ta mort, puisque j'en suis la cause;
Et le même moment verra par deux trépas
Nos esprits amoureux se rejoindre là-bas.
    Ainsi, père inhumain, ta cruauté déçue
De nos saintes ardeurs verra l'heureuse issue;

Et si ma perte alors fait naître tes douleurs,
Auprès de mon amant je rirai de tes pleurs.
Ce qu'un remords cuisant te coûtera de larmes
D'un si doux entretien augmentera les charmes ;
Ou, s'il n'a pas assez de quoi te tourmenter,
Mon ombre chaque jour viendra t'épouvanter,
S'attacher à tes pas dans l'horreur des ténèbres,
Présenter à tes yeux mille images funèbres,
Jeter dans ton esprit un éternel effroi,
Te reprocher ma mort, t'appeler après moi,
Accabler de malheurs ta languissante vie,
Et te réduire au point de me porter envie.
Enfin....

SCENE II.

ISABELLE, LYSÉ.

LYSE.

Quoi ! chacun dort, et vous êtes ici !
Je vous jure, monsieur en est en grand souci.

ISABELLE.

Quand on n'a plus d'espoir, Lyse, on n'a plus de crainte.
Je trouve des douceurs à faire ici ma plainte.
Ici je vis Clindor pour la dernière fois ;
Ce lieu me redit mieux les accens de sa voix,
Et remet plus avant en mon ame éperdue
L'aimable souvenir d'une si chère vue.

LYSE.

Que vous prenez de peine à grossir vos ennuis !

ISABELLE.

Que veux-tu que je fasse en l'état où je suis ?

LYSE.

De deux amans parfaits dont vous étiez servie ,
L'un doit mourir demain , l'autre est déjà sans vie ;
Sans perdre plus de tems à soupirer pour eux ,
Il en faut trouver un qui les vaille tous deux.

ISABELLE.

De quel front oses-tu me tenir ces paroles ?

LYSE.

Quel fruit espérez-vous de vos douleurs frivoles ?
Pensez-vous , pour pleurer et ternir vos appas ,
Rappeler votre amant des portes du trépas ?
Songez plutôt à faire une illustre conquête ;
Je sais pour vos liens une ame toute prête ,
Un homme incomparable.

ISABELLE.

                  Ote-toi de mes yeux.

LYSE.

Le meilleur jugement ne choisiroit pas mieux.

ISABELLE.

Pour croître mes douleurs faut-il que je te voie ?

LYSE.

Et faut-il qu'à vos yeux je déguise ma joie ?

ISABELLE.

D'où te vient cette joie ainsi hors de saison ?

LYSE.

Quand je vous l'aurai dit, jugez si j'ai raison.

ISABELLE

Ah ! ne me conte rien.

LYSE.

           Mais l'affaire vous touche.

ISABELLE.

Parle-moi de Clindor, ou n'ouvre point la bouche.

LYSE.

Ma belle humeur qui rit au milieu des malheurs,
Fait plus en un moment qu'un siècle de vos pleurs ;
Elle a sauvé Clindor.

ISABELLE.

          Sauvé Clindor ?

LYSE.

                    Lui-même :
Jugez après cela comme quoi je vous aime.

ISABELLE.

Eh ! de grace où faut-il que je l'aille trouver ?

LYSE.

Je n'ai que commencé, c'est à vous d'achever.

ISABELLE.

Ah Lyse !

LYSE.

        Tout de bon, seriez-vous pour le suivre ?

ISABELLE.

Si je suivrois celui sans qui je ne puis vivre ?

Lyse, si ton esprit ne le tire des fers,
Je l'accompagnerai jusques dans les enfers.
Va, ne demande plus si je suivrois sa fuite.

LYSE.

Puisqu'à ce beau dessein l'amour vous a réduite,
Ecoutez où j'en suis, et secondez mes coups;
Si votre amant n'échappe, il ne tiendra qu'à vous.
La prison est tout proche....

ISABELLE.

Hé bien?

LYSE.

Ce voisinage
Au frère du concierge a fait voir mon visage;
Et comme c'est tout un que me voir et m'aimer,
Le pauvre malheureux s'en est laissé charmer.

ISABELLE.

Je n'en avois rien su.

LYSE.

J'en avois tant de honte,
Que je mourois de peur qu'on vous en fît le conte;
Mais depuis quatre jours votre amant arrêté
A fait que l'allant voir je l'ai mieux écouté.
Des yeux et du discours flattant son espérance,
D'un mutuel amour j'ai formé l'apparence.
Quand on aime une fois, et qu'on se croit aimé,
On fait tout pour l'objet dont on est enflammé.
Par là j'ai sur son ame assuré mon empire,
Et l'ai mis en état de ne m'oser dédire.

Quand il n'a plus douté de mon affection ;
J'ai fondé mes refus sur sa condition ;
Et lui, pour m'obliger, juroit de s'y déplaire ;
Mais que mal-aisément il s'en pouvoit défaire ;
Que les clefs des prisons qu'il gardoit aujourd'hui
Étoient le plus grand bien de son frère et de lui.
Moi, de dire soudain que sa bonne fortune
Ne lui pouvoit offrir d'heure plus opportune ;
Que, pour se faire riche, et pour me posséder ;
Il n'avoit seulement qu'à s'en accommoder ;
Qu'il tenoit dans les fers un seigneur de Bretagne ;
Déguisé sous le nom du sieur de la Montagne ;
Qu'il falloit le sauver, et le suivre chez lui ;
Qu'il nous feroit du bien, et seroit notre appui.
Il demeure étonné ; je le presse, il s'excuse ;
Il me parle d'amour, et moi je le refuse ;
Je le quitte en colère, il me suit tout confus,
Me fait nouvelle excuse, et moi nouveau refus.

ISABELLE.

Mais enfin ?

LYSE.

J'y retourne, et le trouve fort triste ;
Je le juge ébranlé, je l'attaque, il résiste.
Ce matin, « En un mot, le péril est pressant,
» Ai-je dit ; tu peux tout, et ton frère est absent.
» Mais il faut de l'argent pour un si long voyage,
» M'a-t-il dit, il en faut pour faire l'équipage,
» Ce cavalier en manque. »

ISABELLE.

Ah ! Lyse, tu devois
Lui faire offre aussitôt de tout ce que j'avois,
Perles, bagues, habits.

LYSE.

J'ai bien fait davantage ;
J'ai dit qu'à vos beautés ce captif rend hommage,
Que vous l'aimez de même, et fuirez avec nous.
Ce mot me l'a rendu si traitable et si doux,
Que j'ai bien reconnu qu'un peu de jalousie
Touchant votre Clindor brouilloit sa fantaisie,
Et que tous ces détours provenoient seulement
D'une vaine frayeur qu'il ne fût mon amant.
Il est parti soudain après votre amour sue,
A trouvé tout aisé, m'en a promis l'issue,
Et vous mande par moi qu'environ à minuit
Vous soyez toute prête à déloger sans bruit.

ISABELLE.

Que tu me rends heureuse !

LYSE.

Ajoutez-y, de grace,
Qu'accepter un mari pour qui je suis de glace,
C'est me sacrifier à vos contentemens.

ISABELLE.

Aussi....

LYSE.

Je ne veux point de vos remercîmens :
Allez plier bagage, et, pour grossir la somme,
Joignez à vos bijoux les écus du bon homme.

4   5

Je vous vends ses trésors, mais à fort bon marché ;
J'ai dérobé ses clefs depuis qu'il est couché,
Je vous les livre.

ISABELLE.

Allons y travailler ensemble.

LYSE.

Passez-vous de mon aide.

ISABELLE.

Hé quoi ! le cœur te tremble ?

LYSE.

Non ; mais c'est un secret tout propre à l'éveiller,
Nous ne nous garderions jamais de babiller.

ISABELLE.

Folle, tu ris toujours.

LYSE.

De peur d'une surprise,
Je dois attendre ici le chef de l'entreprise ;
S'il tardoit à la rue, il seroit reconnu ;
Nous vous irons trouver dès qu'il sera venu:
C'est là sans raillerie....

ISABELLE.

Adieu donc. Je te laisse,
Et consens que tu sois aujourd'hui la maîtresse.

LYSE.

C'est du moins....

ISABELLE.

Fais bon guet.

LYSE.

Vous, faites bon butin.

S C E N E I I I.

L Y S E, *seule.*

Ainsi, Clindor, je fais moi seule ton destin ;
Des fers où je t'ai mis c'est moi qui te délivre,
Et te puis à mon choix faire mourir, ou vivre.
On me vengeoit de toi par-delà mes desirs ;
Je n'avois de dessein que contre tes plaisirs.
Ton sort trop rigoureux m'a fait changer d'envie ;
Je te veux assurer tes plaisirs et ta vie ;
Et mon amour éteint, te voyant en danger,
Renaît pour m'avertir que c'est trop me venger.
J'espère aussi, Clindor, que, pour reconnoissance,
De ton ingrat amour étouffant la licence....

S C E N E I V.

MATAMORE, ISABELLE, LYSE.

I S A B E L L E.

Quoi ! chez nous, et de nuit !

M A T A M O R E.

L'autre jour....

I S A B E L L E.

Qu'est ceci,
L'autre jour ? est-il tems que je vous trouve ici ?

LYSE.

C'est ce grand capitaine. Où s'est-il laissé prendre ?

ISABELLE.

En montant l'escalier, je l'en ai vu descendre.

MATAMORE.

L'autre jour, au défaut de mon affection,
J'assurai vos appas de ma protection.

ISABELLE.

Après ?

MATAMORE.

On vint ici faire une brouillerie ;
Vous rentrâtes voyant cette forfanterie ;
Et pour vous protéger je vous suivis soudain.

ISABELLE.

Votre valeur prit lors un généreux dessein.
Depuis ?

MATAMORE.

Pour conserver une dame si belle,
Au plus haut du logis j'ai fait la sentinelle.

ISABELLE.

Sans sortir ?

MATAMORE.

Sans sortir.

LYSE.

C'est-à-dire, en deux mots,
Que la peur l'enfermoit dans la chambre aux fagots.

MATAMORE.

La peur ?

LYSE.

Oui, vous tremblez; la vôtre est sans égale.

MATAMORE.

Parce qu'elle a bon pas, j'en fais mon Bucéphale ;
Lorsque je la domptai, je lui fis cette loi ;
Et depuis, quand je marche, elle tremble sous moi.

LYSE.

Votre caprice est rare à choisir des montures.

MATAMORE.

C'est pour aller plus vîte aux grandes aventures.

ISABELLE.

Vous en exploitez bien. Mais changeons de discours.
Vous avez demeuré là-dedans quatre jours ?

MATAMORE.

Quatre jours.

ISABELLE.

Et vécu ?

MATAMORE.

De nectar, d'ambroisie.

LYSE.

Je crois que cette viande aisément rassasie ?

MATAMORE.

Aucunement.

ISABELLE.

Enfin, vous étiez descendu....

MATAMORE.

Pour faire qu'un amant en vos bras fût rendu,
Pour rompre sa prison, en fracasser les portes,
Et briser en morceau ses chaînes les plus fortes.

LYSE.

Avouez franchement que, pressé de la faim,
Vous veniez bien plutôt faire la guerre au pain.

MATAMORE.

L'un et l'autre, parbieu. Cette ambroisie est fade,
J'en eus au bout d'un jour l'estomac tout malade.
C'est un mets délicat, et de peu de soutien;
A moins que d'être un dieu l'on n'en vivroit pas bien;
Il cause mille maux, et, dès l'heure qu'il entre,
Il alonge les dents, et rétrécit le ventre.

LYSE.

Enfin, c'est un ragoût qui ne vous plaisoit pas?

MATAMORE.

Quitte pour chaque nuit faire deux tours en bas,
Et là, m'accommodant des reliefs de cuisine,
Mêler la viande humaine avecque la divine.

ISABELLE.

Vous aviez, après tout, dessein de nous voler.

MATAMORE.

Vous-mêmes, après tout, m'osez-vous quereller?
Si je laisse une fois échapper ma colère....

ISABELLE.

Lyse, fais-moi sortir les valets de mon père.

MATAMORE.

Un sot les attendroit.

SCENE V.

ISABELLE, LYSE.

LYSE.

Vous ne le tenez pas.

ISABELLE.

Il nous avoit bien dit que la peur a bon pas.

LYSE.

Vous n'avez cependant rien fait, ou peu de chose.

ISABELLE.

Rien du tout. Que veux-tu ? sa rencontre en est cause.

LYSE.

Mais vous n'aviez alors qu'à le laisser aller.

ISABELLE.

Mais il m'a reconnue, et m'est venu parler.
Moi, qui seule et de nuit craignois son insolence,
Et beaucoup plus encor de troubler le silence,
J'ai cru, pour m'en défaire et m'ôter de souci,
Que le meilleur étoit de l'amener ici.
Vois quand j'ai ton secours que je me tiens vaillante,
Puisque j'ose affronter cette humeur violente.

LYSE.

J'en ai ri comme vous, mais non sans murmurer;
C'est bien du tems perdu.

ISABELLE.

Je vais le réparer.

LYSE.

Voici le conducteur de notre intelligence ;
Sachez auparavant toute sa diligence.

SCENE VI.

ISABELLE, LYSE, LE GEOLIER.

ISABELLE.

Hé bien ! mon grand ami, braverons-nous le sort ?
Et viens-tu m'apporter ou la vie, ou la mort ?
Ce n'est plus qu'en toi seul que mon espoir se fonde.

LE GEOLIER.

Bannissez vos frayeurs, tout va le mieux du monde ;
I ne faut que partir, j'ai des chevaux tout prêts,
Et vous pourrez bientôt vous moquer des arrêts.

ISABELLE.

Je te dois regarder comme un dieu tutélaire,
Et ne sais point pour toi d'assez digne salaire.

LE GEOLIER, *montrant Lyse.*

Voici le prix unique où tout mon cœur prétend.

ISABELLE.

Lyse, il faut te résoudre à le rendre content.

LYSE.

Oui, mais tout son apprêt nous est fort inutile ;
Comment ouvrirons-nous les portes de la ville ?

LE GEOLIER.

On nous tient des chevaux en main sure aux faubourgs
Et je sais un vieux mur qui tombe tous les jours,

Nous pourrons aisément sortir par ses ruines.

ISABELLE.

Ah ! que je me trouvois sur d'étranges épines !

LE GEOLIER.

Mais il faut se hâter.

ISABELLE.

Nous partirons soudain.
Viens nous aider là-haut à faire notre main.

SCENE VII.

CLINDOR, *en prison.*

AIMABLES souvenirs de mes chères délicés,
Qu'on va bientôt changer en d'infames supplices,
Que, malgré les horreurs de ce mortel effroi,
Vos charmans entretiens ont de douceurs pour moi !
Ne m'abandonnez point, soyez-moi plus fidelles
Que les rigueurs du sort ne se montrent cruelles;
Et, lorsque du trépas les plus noires couleurs
Viendront à mon esprit figurer mes malheurs,
Figurez aussitôt à mon ame interdite
Combien je fus heureux par-delà mon mérite.
Lorsque je me plaindrai de leur sévérité,
Redites-moi l'excés de ma témérité;
Que d'un si haut dessein ma fortune incapable
Rendoit ma flâme injuste et mon espoir coupable;
Que je fus criminel quand je devins amant;
Et que ma mort en est le juste châtiment.

Quel bonheur m'accompagne à la fin de ma vie!
Isabelle, je meurs pour vous avoir servie;
Et, de quelque tranchant que je souffre les coups,
Je meurs trop glorieux, puisque je meurs pour vous.
Hélas! que je me flatte! et que j'ai d'artifice
A me dissimuler la honte d'un supplice!
En est-il de plus grand que de quitter ces yeux
Dont le fatal amour me rend si glorieux?
L'ombre d'un meurtrier creuse ici ma ruine;
Il succomba vivant, et mort il m'assassine;
Son nom fait contre moi ce que n'a pu son bras;
Mille assassins nouveaux naissent de son trépas;
Et je vois de son sang, fécond en perfidies,
S'élever contre moi des ames plus hardies,
De qui les passions, s'armant d'autorité,
Font un meurtre public avec impunité.
Demain de mon courage on doit faire un grand crime
Donner au déloyal ma tête pour victime;
Et tous pour le pays prennent tant d'intérêt,
Qu'il ne m'est pas permis de douter de l'arrêt.
Ainsi de tous côtés ma perte étoit certaine:
J'ai repoussé la mort, je la reçois pour peine.
D'un péril évité je tombe en un nouveau,
Et des mains d'un rival en celles d'un bourreau.
Je frémis à penser à ma triste aventure;
Dans le sein du repos je suis à la torture;
Au milieu de la nuit et du tems du sommeil,
Je vois de mon trépas le honteux appareil;

J'en ai devant les yeux les funestes ministres ;
On me lit du sénat les mandemens sinistres ;
Je sors les fers aux pieds ; j'entends déjà le bruit
De l'amas insolent d'un peuple qui me suit ;
Je vois le lieu fatal où ma mort se prépare ;
Là, mon esprit se trouble, et ma raison s'égare ;
Je ne découvre rien qui m'ose secourir,
Et la peur de la mort me fait déjà mourir.
Isabelle, toi seule, en réveillant ma flâme,
Dissipes ces terreurs, et rassures mon ame ;
Et, si tôt que je pense à tes divins attraits,
Je vois évanouir ces infames portraits.
Quelques rudes assauts que le malheur me livre,
Garde mon souvenir, et je croirai revivre.
Mais d'où vient que de nuit on ouvre ma prison ?
Ami, que viens-tu faire ici hors de saison ?

SCENE VIII.

ISABELLE *et* LYSE, *dans le fond du théâtre.* CLINDOR, LE GEOLIER.

LE GEOLIER.

Les juges assemblés pour punir votre audace,
Mus de compassion, enfin vous ont fait grace.

CLINDOR.

M'ont fait grace, bons dieux !

LE GEOLIER.

Oui, vous mourrez de nuit.

CLINDOR.

De leur compassion est-ce là tout le fruit ?

LE GEOLIER.

Que de cette faveur vous tenez peu de compte !
D'un supplice public c'est vous sauver la honte.

CLINDOR.

Quels encens puis-je offrir aux maîtres de mon sort,
Dont l'arrêt me fait grace, et m'envoie à la mort ?

LE GEOLIER.

Il faut la recevoir avec meilleur visage.

CLINDOR.

Fais ton office, ami, sans causer davantage.

LE GEOLIER.

Une troupe d'archers là-dehors vous attend,
Peut-être en les voyant serez-vous plus content.

SCENE IX.

CLINDOR, ISABELLE, LYSE, LE GEOLIER.

ISABELLE, *à Lyse, pendant que le geolier*
ouvre la prison à Clindor.

LYSE, nous l'allons voir.

LYSE.

Que vous êtes ravie !

ISABELLE.

Ne le serois-je pas de recevoir la vie ?
Son destin et le mien prennent un même cours,
Et je mourrois du coup qui trancheroit ses jours.

LE GEOLIER.

Monsieur, connoissez-vous beaucoup d'archers semblables ?

CLINDOR.

Ah ! madame, est-ce vous ? Surprises adorables !

Trompeur trop obligeant ! Tu disois bien vraiment
Que je mourrois de nuit, mais de contentement.

ISABELLE.

Clindor !

LE GEOLIER.

Ne perdons point le tems à ces caresses ;
Nous aurons tout loisir de flatter nos maitresses.

CLINDOR.

Quoi ! Lyse est donc la sienne ?

ISABELLE.

Ecoutez le discours
De votre liberté qu'ont produit leurs amours.

LE GEOLIER.

En lieu de sureté le babil est de mise ;
Mais ici ne songeons qu'à nous ôter de prise.

ISABELLE.

Sauvons-nous ; mais avant promettez-nous tous deux
Jusqu'au jour d'un hymen de modérer vos feux ;
Autrement nous rentrons.

CLINDOR.

Que cela ne vous tienne,
Je vous donne ma foi.

LE GEOLIER.

Lyse, reçois la mienne.

ISABELLE.

Sur un gage si bon j'ose tout hasarder.

LE GEOLIER.

Nous nous amusons trop, il est tems d'évader.

SCENE X.

ALCANDRE, PRIDAMANT.

ALCANDRE.

Ne craignez plus pour eux ni périls ni disgraces ;
Beaucoup les poursuivront, mais sans trouver leurs traces.

PRIDAMANT.

A la fin je respire.

ALCANDRE.

Après un tel bonheur,
Deux ans les ont montés en haut degré d'honneur.
Je ne vous dirai point le cours de leurs voyages,
S'ils ont trouvé le calme, ou vaincu les orages,
Ni par-quel art non plus ils se sont élevés ;
Il suffit d'avoir vu comme ils se sont sauvés,
Et que, sans vous en faire une histoire importune,
Je vous les vais montrer en leur haute fortune.
Mais puisqu'il faut passer à des effets plus beaux,
Rentrons pour évoquer des fantômes nouveaux :
Ceux que vous avez vus représenter de suite
A vos yeux étonnés leur amour et leur fuite,
N'étant pas destinés aux hautes fonctions,
N'ont point assez d'éclat pour leurs conditions.

Fin du quatrième acte.

ACTE CINQUIÈME.

SCENE I.

ALCANDRE, PRIDAMANT.

PRIDAMANT.

Qu'Isabelle est changée! et qu'elle est éclatante!

ALCANDRE.

Lyse marche après elle, et lui sert de suivante.
Mais derechef sur-tout n'ayez aucun effroi,
Et de ce lieu fatal ne sortez qu'après moi;
Je vous le dis encore, il y va de la vie.

PRIDAMANT.

Cette condition m'en ôte assez l'envie.

SCENE II.

ISABELLE, *représentant Hippolyte;*
LYSE, *représentant Clarine.*

LYSE.

Ce divertissement n'aura-t-il point de fin ?
Et voulez-vous passer la nuit dans ce jardin ?

ISABELLE.

Je ne puis plus cacher le sujet qui m'améne;
C'est grossir mes douleurs que de taire ma peine.
Le prince Florilame....

LYSE.

Hé bien ! il est absent.

ISABELLE.

C'est la source des maux que mon ame ressent :
Nous sommes ses voisins ; et l'amour qu'il nous porte
Dedans son grand jardin nous permet cette porte.
La princesse Rosine et mon perfide époux,
Durant qu'il est absent, en font leur rendez-vous.
Je l'attends au passage , et lui ferai connoître
Que je ne suis pas femme à rien souffrir d'un traître.

LYSE.

Madame, croyez-moi , loin de le quereller ,
Vous ferez beaucoup mieux de tout dissimuler.
Il nous vient peu de fruit de telles jalousies ;
Un homme en court plutôt après ses fantaisies :
Il est toujours le maître , et tout notre discours,
Par un contraire effet, l'obstine en ses amours.

ISABELLE.

Je dissimulerai son adultère flâme !
Une autre aura son cœur, et moi le nom de femme !
Sans crime, d'un hymen peut-il rompre la loi ?
Et ne rougit-il point d'avoir si peu de foi ?

LYSE.

Cela fut bon jadis ; mais, au tems où nous sommes,
Ni l'hymen ni la foi n'obligent plus les hommes.
Leur gloire a son brillant et ses régles à part ;
Où la nôtre se perd, la leur est sans hasard ;
Elle croît aux dépens de nos lâches foiblesses.
L'honneur d'un galant homme est d'avoir des maîtresses.

ISABELLE.

Ote-moi cet honneur et cette vanité
De se mettre en crédit par l'infidélité.
Si pour haïr le change et vivre sans amie
Un homme tel que lui tombe dans l'infamie,
Je le tiens glorieux d'être infame à ce prix ;
S'il en est méprisé, j'estime ce mépris :
Le blâme qu'on reçoit d'aimer trop une femme
Aux maris vertueux est un illustre blâme.

LYSE.

Madame, il vient d'entrer, la porte a fait du bruit.

ISABELLE.

Retirons-nous, qu'il passe.

LYSE.

Il vous voit et vous suit.

SCENE III.

CLINDOR, représentant Théagène; ISABELLE,
représentant Hippolyte; LYSE, représentant
Clarine.

CLINDOR.

Vous fuyez, ma princesse, et cherchez des remises !
Sont-ce là les douceurs que vous m'aviez promises ?
Est-ce ainsi que l'amour ménage un entretien ?
Ne fuyez plus, madame, et n'appréhendez rien :
Florilame est absent, ma jalouse endormie.

ISABELLE.

En êtes-vous bien sûr ?

4   6

CLINDOR.

Ah ! fortune ennemie !

ISABELLE.

Je veille , déloyal, ne crois plus m'aveugler ;
Au milieu de la nuit je ne vois que trop clair ;
Je vois tous mes soupçons passer en certitudes,
Et ne puis plus douter de tes ingratitudes ;
Toi-même par ta bouche as trahi ton secret.
O l'esprit avisé pour un amant discret !
Et que c'est en amour une haute prudence
D'en faire avec sa femme entière confidence !
Où sont tant de sermens de n'aimer rien que moi ?
Qu'as-tu fait de ton cœur ? Qu'as-tu fait de ta foi ?
Lorsque je la reçus , ingrat, qu'il te souvienne
De combien différoient ta fortune et la mienne ,
De combien de rivaux je dédaignai les vœux ,
Ce qu'un simple soldat pouvoit être auprès d'eux,
Quelle tendre amitié je recevois d'un pére.
Je le quittai pourtant pour suivre ta misère ;
Et je tendis les bras à mon enlèvement ,
Pour soustraire ma main à son commandement.
En quelle extrémité depuis ne m'ont réduite
Les hasards dont le sort a traversé ta fuite ?
Et que n'ai-je souffert avant que le bonheur
Elevât ta bassesse à ce haut rang d'honneur ?
Si pour te voir heureux ta foi s'est relâchée ,
Remets-moi dans le sein dont tu m'as arrachée.
L'amour que j'ai pour toi m'a fait tout hasarder,
Non pas pour des grandeurs, mais pour te posséder.

CLINDOR.

Ne me reproche plus ta fuite ni ta flâme.
Que ne fait point l'amour quand il possède une ame?
Son pouvoir à ma vue attachoit tes plaisirs,
Et tu me suivois moins que tes propres desirs.
J'étois lors peu de chose, oui ; mais qu'il te souvienne
Que ta fuite égala ta fortune à la mienne ;
Et que pour t'enlever c'étoit un foible appas
Que l'éclat de tes biens qui ne te suivoient pas.
Je n'eus de mon côté que l'épée en partage,
Et ta flâme du tien fut mon seul avantage :
Celle-là m'a fait grand en ces bords étrangers,
L'autre exposa ma tête à cent et cent dangers.
Regrette maintenant ton père et ses richesses ;
Fâche-toi de marcher à côté des princesses ;
Retourne en ton pays chercher avec tes biens
L'honneur d'un rang pareil à celui que tu tiens.
De quel manque après tout as-tu lieu de te plaindre?
En quelle occasion m'as-tu vu te contraindre ?
As-tu reçu de moi ni froideurs ni mépris ?
Les femmes, à vrai dire, ont d'étranges esprits !
Qu'un mari les adore, et qu'un amour extrême
A leur bizarre humeur le soumette lui-même ;
Qu'il les comble d'honneurs et de bons traitemens,
Qu'il ne refuse rien à leurs contentemens :
S'il fait la moindre brèche à la foi conjugale,
Il n'est point à leur gré de crime qui l'égale ;
C'est vol, c'est perfidie, assassinat, poison ;
C'est massacrer son père, et brûler sa maison ;

Et jadis des Titans l'effroyable supplice
Tomba sur Encélade avec moins de justice.

ISABELLE.

Je te l'ai déjà dit que toute ta grandeur
Ne fut jamais l'objet de ma sincère ardeur ;
Je ne suivois que toi quand je quittai mon père.
Mais puisque ces grandeurs t'ont fait l'ame légère,
Laisse mon intérêt, songe à qui tu les dois.
Florilame lui seul t'a mis où tu te vois.
A peine il te connut, qu'il te tira de peine ;
De soldat vagabond il te fit capitaine ;
Et le rare bonheur qui suivit cet emploi
Joignit à ces faveurs les faveurs de son roi.
Quelle forte amitié n'a-t-il point fait paroître
A cultiver depuis ce qu'il avoit fait naître ?
Par ses soins redoublés n'es-tu pas aujourd'hui
Un peu moindre de rang, mais plus puissant que lui ?
Il eût gagné par là l'esprit le plus farouche ;
Et pour remercîment tu veux souiller sa couche !
Dans ta brutalité trouve quelques raisons,
Et contre ses faveurs défends tes trahisons.
Il t'a comblé de biens, tu lui voles son ame !
Il t'a fait grand seigneur, et tu le rends infame !
Ingrat, c'est donc ainsi que tu rends les bienfaits !
Et ta reconnoissance a produit ces effets !

CLINDOR.

Mon ame, car encor ce beau nom te demeure,
Et te demeurera jusqu'à tant que je meure,

Crois-tu qu'aucun respect ou crainte du trépas
Puisse obtenir sur moi ce que tu n'obtiens pas ?
Dis que je suis ingrat, appelle-moi parjure ;
Mais à nos feux sacrés ne fais plus tant d'injure :
Ils conservent encor leur première vigueur ;
Et si le fol amour qui m'a surpris le cœur
Avoit pu s'étouffer au point de sa naissance,
Celui que je te porte eût eu cette puissance.
Mais en vain mon devoir tâche à lui résister ;
Toi-même as éprouvé qu'on ne le peut dompter.
Ce dieu qui te força d'abandonner ton père,
Ton pays et tes biens, pour suivre ma misère,
Ce dieu même aujourd'hui force tous mes desirs
A te faire un larcin de deux ou trois soupirs.
A mon égarement souffre cette échappée,
Sans craindre que ta place en demeure usurpée.
L'amour dont la vertu n'est point le fondement
Se détruit de soi-même, et passe en un moment :
Mais celui qui nous joint est un amour solide,
Où l'honneur a son lustre, où la vertu préside ;
Sa durée a toujours quelques nouveaux appas,
Et ses fermes liens durent jusqu'au trépas.
Mon ame, derechef pardonne à la surprise
Que ce tyran des cœurs a faite à ma franchise ;
Souffre une folle ardeur qui ne vivra qu'un jour,
Et qui n'affoiblit point le conjugal amour.

ISABELLE.

Hélas ! que j'aide bien à m'abuser moi-même !
Je vois qu'on me trahit, et veux croire qu'on m'aime ;

Je me laisse charmer à ce discours flatteur ;
Et j'excuse un forfait dont j'adore l'auteur.
Pardonné, cher époux, au peu de retenue
Où d'un premier transport la chaleur est venue :
C'est en ces accidens manquer d'affection
Que de les voir sans trouble et sans émotion.
Puisque mon teint se fane et ma beauté se passe,
Il est bien juste aussi que ton amour se lasse ;
Et même je croirai que ce feu passager
En l'amour conjugal ne pourra rien changer.
Songe un peu toutefois à qui ce feu s'adresse,
En quel péril te jette une telle maîtresse.
Dissimule, déguise, et sois amant discret.
Les grands en leur amour n'ont jamais de secret.
Ce grand train qu'à leurs pas leur grandeur propre attache
N'est qu'un grand corps tout d'yeux à qui rien ne se cache,
Et dont il n'est pas un qui ne fît son effort
A se mettre en faveur par un mauvais rapport.
Tôt ou tard Florilame apprendra tes pratiques,
Ou de sa défiance, ou de ses domestiques ;
Et lors, à ce penser je frissonne d'horreur,
A quelle extrémité n'ira point sa fureur ?
Puisqu'à ces passe-tems ton humeur te convie,
Cours après tes plaisirs, mais assure ta vie.
Sans aucun sentiment je te verrai changer ;
Lorsque tu changeras sans te mettre en danger.

CLINDOR.

Encore une fois donc tu veux que je te die
Qu'auprès de mon amour je méprise ma vie ?

Mon ame est trop atteinte, et mon cœur trop blessé,
Pour craindre les périls dont je suis menacé.
Ma passion m'aveugle, et pour cette conquête
Croit hasarder trop peu de hasarder ma tête.
C'est un feu que le tems pourra seul modérer,
C'est un torrent qui passe, et ne sauroit durer.

ISABELLE.

Hé bien! cours au trépas, puisqu'il a tant de charmes
Et néglige ta vie aussi-bien que mes larmes.
Penses-tu que ce prince, après un tel forfait,
Par ta punition se tienne satisfait?
Qui sera mon appui lorsque ta mort infame
A sa juste vengeance exposera ta femme,
Et que sur la moitié d'un perfide étranger
Une seconde fois il croira se venger?
Non, je n'attendrai pas que ta perte certaine
Puisse attirer sur moi les restes de ta peine,
Et que de mon honneur gardé si chèrement
Il fasse un sacrifice à son ressentiment.
Je préviendrai la honte où ton malheur me livre,
Et saurai bien mourir, si tu ne veux pas vivre.
Ce corps dont mon amour t'a fait le possesseur
Ne craindra plus bientôt l'effort d'un ravisseur.
J'ai vécu pour t'aimer, mais non pour l'infamie
De servir au mari de ton illustre amie.
Adieu. Je vais du moins, en mourant avant toi,
Diminuer ton crime, et dégager ta foi.

CLINDOR.

Ne meurs pas, chère épouse, et dans un second change
Vois l'effet merveilleux où ta vertu me range.
M'aimer malgré mon crime, et vouloir par ta mort
Eviter le hasard de quelque indigne effort !
Je ne sais qui je dois admirer davantage,
Ou de ce grand amour, ou de ce grand courage.
Tous les deux m'ont vaincu, je reviens sous tes lois,
Et ma brutale ardeur va rendre les abois :
C'en est fait, elle expire, et mon âme plus saine
Vient de rompre les nœuds de sa honteuse chaîne.
Mon cœur, quand il fut pris, s'étoit mal défendu ;
Perds-en le souvenir.

ISABELLE.

Je l'ai déjà perdu.

CLINDOR.

Que les plus beaux objets qui soient dessus la terre
Conspirent désormais à me faire la guerre ;
Ce cœur, inexpugnable aux assauts de leurs yeux,
N'aura plus que les tiens pour maîtres et pour dieux.

LYSE.

Madame, quelqu'un vient.

SCENE IV.

CLINDOR, *représentant Théagène;* ISABELLE,
représentant Hippolyte; LYSE, *représentant
Clarine;* ERASTE, troupe de domestiques de
Florilame.

ÉRASTE, *poignardant Clindor.*

Reçois, traître, avec joie
Les faveurs que par nous ta maîtresse t'envoie.

PRIDAMANT, *à Alcandre.*

On l'assassine, ô dieux ! daignez le secourir.

ÉRASTE.

Puissent les suborneurs ainsi toujours périr !

ISABELLE.

Qu'avez-vous fait, bourreaux ?

ÉRASTE.

Un juste et grand exemple,
Qu'il faut qu'avec effroi tout l'avenir contemple,
Pour apprendre aux ingrats aux dépens de son sang
A n'attaquer jamais l'honneur d'un si haut rang.
Notre main a vengé le prince Florilame,
La princesse outragée; et vous-même, madame,
Immolant à tous trois un déloyal époux
Qui ne méritoit pas la gloire d'être à vous.
D'un si lâche attentat souffrez le prompt supplice,
Et ne vous plaignez point quand on vous rend justice.
Adieu.

ISABELLE.

Vous ne l'avez massacré qu'à demi ,
Il vit encore en moi ; soulez son ennemi ;
Achevez , assassins , de m'arracher la vie.
Cher époux, en mes bras on te l'a donc ravie ;
Et de mon cœur jaloux les secrets mouvemens
N'ont pu rompre ce coup par leurs pressentimens !
O clarté trop fidelle , hélas ! et trop tardive ,
Qui ne fait voir le mal qu'au moment qu'il arrive !
Falloit-il.... Mais j'étouffe , et dans un tel malheur
Mes forces et ma voix cèdent à ma douleur ;
Son vif excès me tue ensemble et me console ;
Et puisqu'il nous rejoint....

LYSE.

Elle perd la parole.
Madame.... elle se meurt ; épargnons les discours ,
Et courons au logis appeler du secours.

(*Ici on baisse une toile qui couvre le jardin ,
et les corps de Clindor et d'Isabelle ; et le
magicien sort de la grotte avec Pridamant.*)

SCENE DERNIÈRE.

ALCANDRE , PRIDAMANT.

ALCANDRE.

AINSI de notre espoir la fortune se joue :
Tout s'élève ou s'abaisse au branle de sa roue ;
Et son ordre inégal , qui régit l'univers ,
Au milieu du bonheur a ses plus grands revers.

PRIDAMANT.

Cette réflexion, mal propre pour un père,
Consoleroit peut-être une douleur légère ;
Mais après avoir vu mon fils assassiné ,
Mes plaisirs-foudroyés , mon espoir ruiné,
J'aurois d'un si grand coup l'ame bien peu blessée,
Si de pareils discours m'entroient dans la pensée.
Hélas ! dans sa misère il ne pouvoit périr ,
Et son bonheur fatal lui seul l'a fait mourir !
N'attendez pas de moi des plaintes davantage ;
La douleur qui se plaint cherche qu'on la soulage :
La mienne court après son déplorable sort.
Adieu. Je vais mourir, puisque mon fils est mort.

ALCANDRE.

D'un juste désespoir l'effort est légitime,
Et de le détourner je croirois faire un crime.
Oui, suivez ce cher fils sans attendre à demain :
Mais épargnez du moins ce coup à votre main.
Laissez faire aux douleurs qui rongent vos entrailles,
Et pour les redoubler , voyez ses funérailles.

(*Ici on relève la toile , et tous les comédiens
paroissent avec leur portier : ils comptent
de l'argent sur une table , et prennent cha-
cun leur part.*)

PRIDAMANT.

Que vois-je? Chez les morts compte-t-on de l'argent?

ALCANDRE.

Voyez si pas un d'eux s'y montre négligent.

PRIDAMANT.

Je vois Clindor! Ah dieux! quelle étrange surprise!
Je vois ses assassins, je vois sa femme, et Lyse!
Quel charme en un moment étouffe leurs discords,
Pour assembler ainsi les vivans et les morts?

ALCANDRE.

Ainsi tous les acteurs d'une troupe comique,
Leur poëme récité, partagent leur pratique.
L'un tue, et l'autre meurt; l'autre vous fait pitié:
Mais la scène préside à leur inimitié;
Leurs vers font leurs combats, leur mort suit leur paroles
Et, sans prendre intérêt en pas un de leurs rôles,
Le traître et le trahi, le mort et le vivant,
Se trouvent à la fin amis comme devant.
Votre fils et son train ont bien su par leur fuite
D'un père et d'un prévôt éviter la poursuite;
Mais, tombant dans les mains de la nécessité,
Ils ont pris le théâtre en cette extrémité.

PRIDAMANT.

Mon fils comédien!

ALCANDRE.

D'une art si difficile
Tous les quatre au besoin ont fait un doux asile;
Et depuis sa prison, ce que vous avez vu,
Son adultère amour, son trépas imprévu,
N'est que la triste fin d'une pièce tragique
Qu'il expose aujourd'hui sur la scène publique,
Par où ses compagnons en ce noble métier
Ravissent à Paris un peuple tout entier.

Le gain leur en demeure, et ce grand équipage,
Dont je vous ai fait voir le superbe étalage,
Est bien à votre. fils, mais non pour s'en parer
Qu'alors que sur la scène il se fait admirer.

PRIDAMANT.

J'ai pris sa mort pour vraie, et ce n'étoit que feinte!
Mais je trouve par-tout mêmes sujets de plainte. .
Est-ce là cette gloire et ce haut rang d'honneur
Où le devoit monter l'excès de son bonheur ?

ALCANDRE.

Cessez de vous en plaindre. A présent le théâtre
Est en un point si haut que chacun l'idolâtre ;
Et ce que votre tems voyoit avec mépris
Est aujourd'hui l'amour. de tous les bons esprits ;
L'entretien de Paris, le souhait des provinces,
Le divertissement le plus doux de nos princes,
Les délices du peuple, et le plaisir des grands ;
Il tient le premier rang parmi leurs passe-tems ;
Et ceux dont nous voyons la sagesse profonde
Par ses illustres soins conserver tout le monde
Trouvent dans les douceurs d'un spectacle si beau
De quoi se délasser d'un si pesant fardeau.
Même notre grand roi, ce foudre de la guerre,
Dont le nom se fait craindre aux deux bouts de la terre,
Le front ceint de lauriers, daigne bien quelquefois
Prêter l'œil et l'oreil au théâtre françois.
C'est là que le Parnasse étale ses merveilles ;
Les plus rares esprits lui consacrent leurs veilles ;

Et tous ceux qu'Apollon voit d'un meilleur regard
De leurs doctes travaux lui donnent quelque part.
D'ailleurs, si par les biens on prise les personnes,
Le théâtre est un fief dont les rentes sont bonnes;
Et votre fils rencontre en un métier si doux
Plus d'accommodement qu'il n'eût trouvé chez vous.
Défaites-vous enfin de cette erreur commune,
Et ne vous plaignez plus de sa bonne fortune.

PRIDAMANT.

Je n'ose plus m'en plaindre, et vois trop de combien
Le métier qu'il a pris est meilleur que le mien.
Il est vrai que d'abord mon ame s'est émue;
J'ai cru la comédie au point où je l'ai vue;
J'en ignorois l'éclat, l'utilité, l'appas,
Et la blâmois ainsi, ne la connoissant pas :
Mais depuis vos discours, mon cœur plein d'alégresse
A banni cette erreur avecque sa tristesse.
Clindor a trop bien fait.

ALCANDRE.

N'en croyez que vos yeux.

PRIDAMANT.

Demain pour ce sujet j'abandonne ces lieux;
Je vole vers Paris. Cependant, grand Alcandre,
Quelles graces ici ne vous dois-je point rendre !

ALCANDRE.

Servir les gens d'honneur est mon plus grand desir.
J'ai pris ma récompense en vous faisant plaisir.

Adieu. Je suis content, puisque je vous vois l'être.

PRIDAMANT.

Un si rare bienfait ne se peut reconnoître.
Mais, grand mage, du moins croyez qu'à l'avenir
Mon ame en gardera l'éternel souvenir.

Fin du cinquième et dernier acte.

EXAMEN
DE L'ILLUSION.

JE dirai peu de chose de cette pièce. C'est une galanterie extravagante, qui a tant d'irrégularités qu'elle ne vaut pas la peine de la considérer, bien que la nouveauté de ce caprice en ait rendu le succès assez favorable pour ne me repentir pas d'y avoir perdu quelque tems. Le premier acte ne semble qu'un prologue. Les trois suivans forment une pièce que je ne sais comment nommer ; le succès en est tragique ; Adraste y est tué, et Clindor en péril de mort : mais le style et les personnages sont entièrement de la comédie. Il y en a même un qui n'a d'être que dans l'imagination, inventé exprès pour faire rire, et dont il ne se trouve point d'original parmi les hommes. C'est un capitan qui soutient assez son caractère de fanfaron pour me permettre de croire qu'on en trouvera peu dans quelque langue que ce soit qui s'en acquitte mieux. L'action n'y est pas complète, puisqu'on ne sait à la fin du quatrième acte qui la termine ce que deviennent les principaux acteurs, et qu'ils se dérobent plutôt au péril qu'ils n'en triomphent. Le lieu y est assez régulier, mais l'unité du jour n'y est pas observée. Le cinquième est une tragédie assez courte pour n'avoir pas la juste grandeur que demande Aristote, et que j'ai tâché d'expliquer. Clindor et Isabelle, étant devenus comédiens sans qu'on le sache, y représentent une histoire qui a du rapport avec la leur, et semble en être la suite. Quelques-uns ont attribué cette conformité à un manque d'invention; mais c'est un trait d'art pour mieux abuser par une fausse mort le père de Clindor, qui les regarde, et rendre son retour de la douleur à la joie plus surprenant et plus agréable.

Tout cela cousu ensemble fait une comédie dont l'action n'a pour durée que celle de sa représentation, mais sur quoi il ne seroit pas sûr de prendre exemple. Les caprices de cette nature ne se hasardent qu'une fois; et quand l'original auroit passé pour merveilleux, la copie n'en peut jamais rien valoir. Le style semble assez proportionné aux matières, si ce n'est que Lyse, en la septième scène du troisième acte, semble s'élever un peu trop haut au-dessus du caractère de servante. Ces deux vers d'Horace lui serviront d'excuse, aussi-bien qu'au père du Menteur, quand il se met en colère contre son fils au cinquième acte :

Interdum tamen et vocem comœdia tollit,
Iratusque Chremes tumido delitigat ore.

4   7

Je né m'étendrai pas davantage sur ce poëme ; tout irrégulier qu'il est, il faut qu'il ait quelque mérite, puisqu'il a surmonté l'injure des tems, et qu'il paroît encore sur nos théâtres, bien qu'il y ait plus de trente années qu'il est au monde, et qu'une si longue révolution en ait enseveli beaucoup sous la poussière, qui sembloient avoir plus de droit que lui de prétendre à une si heureuse durée.

HORACE,

TRAGEDIE

EN CINQ ACTES.

1641.

PRÉFACE

DU COMMENTATEUR.

Si on reprocha à *Corneille* d'avoir pris dans des Espagnols les beautés les plus touchantes du *Cid*, on dut le louer d'avoir transporté sur la scène française, dans les *Horaces*, les morceaux les plus éloquens de *Tite-Live*, et même de les avoir embellis. On sait que quand on le menaça d'une seconde critique sur la tragédie des *Horaces*, semblable à celle du *Cid*, il répondit : « *Horace* fut condamné par les Duumvirs, mais il fut absous par le peuple. » *Horace* n'est point encore une tragédie entièrement régulière, mais on y verra des beautés d'un genre supérieur.

ÉPITRE DÉDICATOIRE

A MONSEIGNEUR LE CARDINAL

DUC DE RICHELIEU.

Monseigneur,

Je n'aurois jamais eu la témérité de présenter à votre éminence ce mauvais portrait d'Horace, si je n'eusse considéré qu'après tant de bienfaits 1) que j'ai reçus d'elle le silence où mon respect m'a retenu jusqu'à présent passeroit pour ingratitude, et que, quelque juste défiance que j'aie de mon travail, je dois avoir encore plus de confiance en votre bonté. C'est d'elle que je tiens tout ce que je suis; et ce n'est pas sans rougir que pour toute reconnoissance je vous fais un présent si peu digne de vous, et si peu proportionné à ce que je vous dois. Mais dans cette confusion, qui m'est commune avec tous ceux qui écrivent, j'ai cet avantage, qu'on ne peut sans quelque injustice condamner mon

---

1) Ce mot *bienfaits* fait voir que le cardinal de *Richelieu* savait récompenser en premier ministre ce même talent qu'il avait un peu persécuté dans l'auteur du *Cid.*

choix, et que ce généreux romain que je mets
aux pieds de votre éminence eût pu paroître
devant elle avec moins de honte, si les forces de
l'artisan eussent répondu à la dignité de la
matière : j'en ai pour garant l'auteur dont je
l'ai tirée, qui commence à décrire cette fameuse
histoire par ce glorieux éloge, qu'il n'y a pres-
que aucune chose plus noble dans toute l'anti-
quité. Je voudrois que ce qu'il a dit de l'action
se pût dire de la peinture que j'en ai faite, non
pour en tirer plus de vanité, mais seulement
pour vous offrir quelque chose un peu moins
indigne de vous être offert. Le sujet étoit
capable de plus de graces, s'il eût été traité
d'une main plus savante; mais du moins il a
reçu de la mienne toutes celles qu'elle étoit
capable de lui donner, et qu'on pouvoit raison-
nablement attendre d'une muse de province, 1)
qui, n'étant pas assez heureuse pour jouir sou-
vent des regards de votre éminence, n'a pas les
mêmes lumières à se conduire qu'ont celles qui
en sont continuellement éclairées. Et certes,
monseigneur, ce changement visible qu'on re-
marque en mes ouvrages depuis que j'ai

1) M. **Corneille** demeurait à Rouen, et ne venait à
Paris que pour y faire jouer ses pièces, dont il ti-
rait un profit qui ne répondait point du tout à leur
gloire, et à l'utilité dont elles étaient aux comédiens.

l'honneur d'être 1) *à votre éminence, qu'est-ce autre chose qu'un effet des grandes idées qu'elle m'inspire, quand elle daigne souffrir que je lui rende mes devoirs? et à quoi peut-on attribuer ce qui s'y mêle de mauvais qu'aux teintures grossières que je reprends quand je demeure abandonné à ma propre foiblesse? Il faut, monseigneur, que tous ceux qui donnent leurs veilles au théâtre publient hautement avec moi que nous vous avons deux obligations très-signalées; l'une, d'avoir ennobli* 2) *le but de l'art; l'autre, de nous en avoir facilité*

1) Je ne sais ce qu'on doit entendre par ces mots, *être à votre éminence.* Le cardinal de *Richelieu* faisait au grand *Corneille* une pension de cinq cents écus, non pas au nom du roi, mais de ses propres deniers. Cela ne se pratiquerait pas aujourd'hui. Peu de gens de lettres voudraient accepter une pension d'un autre que de sa majesté ou d'un prince. Mais il faut considérer que le cardinal de *Richelieu* était roi en quelque façon; il en avait la puissance et l'appareil.

Cependant une pension de cinq cents écus que le grand *Corneille* fut réduit à recevoir ne parait pas un titre suffisant pour qu'il dit, *j'ai l'honneur d'être à votre éminence.*

2) Cet endroit est assez remarquable. Ou c'est une ironie, ou c'est une flatterie qui semble contredire le caractère qu'on attribue à *Corneille.* Il est évident qu'il ne croyait pas que l'ennemi du *Cid,* et le protecteur de ses ennemis, eût un goût si sûr. Il était mécontent du cardinal, et il le loue! Jugeons de ses

les connoissances. Vous avez ennobli le but de l'art, puisqu'au lieu de celui de plaire au peuple que nous prescrivent nos maîtres, et dont les deux plus honnêtes gens de leur siècle, Scipion et Lélie, ont autrefois protesté de se contenter, vous nous avez donné celui de vous plaire et de vous divertir; et qu'ainsi nous ne rendons pas un petit service à l'état, puisque, contribuant à vos divertissemens, nous contribuons à l'entretien d'une santé qui lui est si

vrais sentimens par le sonnet fameux qu'il fit après la mort de *Louis XIII.*

> Sous ce marbre repose un monarque sans vice ;
> Dont la seule bonté déplut aux bons François,
> Ses erreurs, ses écarts, vinrent d'un mauvais choix,
> Dont il fut trop long-tems innocemment complice.
>
> L'ambition, l'orgueil, la haine, l'avarice,
> Armés de son pouvoir, nous donnèrent des lois ;
> Et bien qu'il fût en soi le plus juste des rois,
> Son règne fut toujours celui de l'injustice.
>
> Fier vainqueur au dehors ; vil esclave en sa cour,
> Son tyran et le nôtre à peine perd le jour
> Que jusque dans sa tombe il le force à le suivre :
>
> Et par cet ascendant ses projets confondus,
> Après trente-trois ans sur le trône perdus,
> Commençant à régner, il a cessé de vivre.

Le sonnet a des beautés. Mais avouons que ce n'était pas à un pensionnaire du cardinal à le faire, et qu'il ne fallait ni lui prodiguer tant de louanges pendant sa vie, ni l'outrager après sa mort,

précieuse et si nécessaire. Vous nous en avez
facilité les connoissances, puisque nous n'avons
plus besoin d'autre étude pour les acquérir que
d'attacher nos yeux sur votre éminence, quand
elle honore de sa présence et de son attention
le récit de nos poëmes. C'est là que, lisant sur
son visage ce qui lui plaît et ce qui ne lui plaît
pas, nous nous instruisons avec certitude de ce
qui est bon et de ce qui est mauvais, et tirons
des règles infaillibles de ce qu'il faut suivre et
de ce qu'il faut éviter; c'est là que j'ai souvent
appris en deux heures ce que mes livres n'eus-
sent pu m'apprendre en dix ans; c'est là que
j'ai puisé ce qui m'a valu l'applaudissement
du public; et c'est là qu'avec votre faveur j'es-
père puiser assez pour être un jour un œuvre
digne de vos mains! Ne trouvez donc pas mau-
vais, monseigneur, que pour vous remercier de
ce que j'ai de réputation dont je vous suis en-
tièrement redevable, j'emprunte quatre vers
d'un autre Horace que celui que je vous pré-
sente, et que je vous exprime par eux les plus
véritables sentimens de mon ame:

> Totum muneris hoc tui est
> Quod monstror digito prætereuntium,
> Scenæ non levis artifex:
> Quod spiro et placeo, si placeo, tuum est.

Je n'ajouterai qu'une vérité à celle-ci; en

vous suppliant de croire que je suis et serai toute ma vie très-passionnément, 1)

MONSEIGNEUR,

DE VOTRE ÉMINENCE,

Le très-humble, très-obéissant et très-fidelle serviteur,

P. CORNEILLE.

1) Cette expression montre combien tout dépend des usages. *Je suis passionnément* est aujourd'hui la formule dont les supérieurs se servent avec les inférieurs. Les Romains ni les Grecs ne connurent jamais ce protocole de la vanité : il a toujours changé parmi nous. Celui qui fait cette remarque est le premier qui ait supprimé les formules dans les épîtres dédicatoires de ce genre, et on commence à s'en abstenir. Ces épîtres en effet, étant souvent des ouvrages raisonnés, ne ne doivent point finir comme une lettre ordinaire.

EXTRAIT DE TITE-LIVE.

IMPRIMÉ PAR CORNEILLE.

TITUS LIVIUS, *libro primo.*

Bellum utrinque summa ope parabatur, civili
simillimum bello, prope inter parentes natosque,
Trojanam utramque prolem, cum Lavinium ab
Troja, ab Lavinio Alba, ab Albanorum stirpe
regum oriundi Romani essent. Eventus tamen
belli minus miserabilem dimicationem fecit, quod
nec acie certatum est, et, tectis modo dirutis al-
terius urbis, duo populi in unum confusi sunt.
Albani priores ingenti exercitu in agrum Roma-
num impetum facere : castra ab urbe haud plus
quinque millia passuum locant, fossa circumdant.
Fossa Civilia ab nomine ducis per aliquot secula
appellata est, donec cum re nomen quoque vetus-
tate abolevit. In his castris Civilius Albanus rex
moritur. Dictatorem Albani Metium Suffetium
creant. Interim Tullus ferox, praecipue morte regis
magnum deorum omen ab ipso capite orsum, in
omne nomen Albanum expetiturum poenas ob bel-
lum impium dictitans, nocte praeteritis hostium
castris, infesto exercitu in agrum Albanum pergit.
Ea res ab stativis excivit Metium : is ducit exer-
citum quam proxime ad hostem potest; inde lega-
tum praemissum nunciare tullo jubet, priusquam
dimicent, opus esse colloquio : si secum congressus
sit, satis scire ea se allaturum, quae nihilominus

ad rem romanam quam ad albanam pertineant.
Haud aspernatus Tullus, tametsi vana affe-
rebantur, suos in aciem educit; exeunt contra
et Albani. Postquam instructi utrinque stabant,
cum paucis procerum in medium duces proce-
dunt. Ibi infit Albanus, injurias, et non reddi-
tas res ex fœdere quæ repetitæ sunt : et, « Ego
» regem nostrum Civilium causam hujusce esse
» belli audisse videor; nec te dubito, Tulle, ea-
» dem præ te ferre : sed si vera potius quam dictu
» speciosa dicenda sunt, cupido imperii duos cog-
» natos vicinosque populos ad arma stimulat. Recte
» an perperam interpretor; fuerit ista ejus de-
» liberatio qui bellum suscepit : me Albani ge-
» rendo bello ducem creavere. Illud te, Tulle,
» monitum velim : Hetrusca res quanta circa nos
» teque maxime sit, quo propior es Volscis, hoc
» magis scis : multum illi terra, plurimum mari,
» pollent. Memor esto, jam cum signum pugnæ
» dabis, has duas acies spectaculo fore, ut fessos
» confectosque simul victorem ac victum aggre-
» diantur. Itaque, si nos dii amant, quoniam non
» contenti libertate certa, in dubiam imperii ser-
» vitiique aleam imus, ineamus aliquam viam
» qua utri utris imperent, sine magna clade, sine
» multo sanguine utriusque populi, decerni possit.»
Haud displicet res Tullo, quanquam tum indole
animi, tum spe victoriæ, ferocior erat. Quæren-
tibus utrinque ratio initur, cui et fortuna ipsa

præbit materiam. Forte in duobus tum exerciti-
bus erant tergemini fratres, nec ætate nec viribus
dispares. Horatios Curiatiosque fuisse satis constat,
NEC FERME RES ANTIQUA ALIA EST NOBILIOR; ta-
men in re tam clara nominum error manet, utrius
populi Horatii, utrius Curiatii fuerint. Auctores
utroque trahunt : plures tamen invenio qui Ro-
manos Horatios vocent : hos ut sequar inclinat
animus. Cum tergeminis agunt reges, ut pro sua
quisque patria dimicet ferro; ibi imperium fore,
unde victoria fuerit. Nihil recusatur, tempus et
locus convenit. Priusquam dimicarent, fœdus ic-
tum inter Romanos et Albanos est his legibus,
Ut cujus populi cives eo certamine vicissent, is
alteri populo cum bona pace imperitaret. Fœdere
icto, tergemini, sicut convenerat, arma capiunt.
Cum sui utrosque adhortarentur, deos patrios,
patriam ac parentes, quicquid civium domi, quic-
quid in exercitu sit, illorum tunc arma, illorum
intueri manus, feroces et suopte ingenio, et pleni
adhortantium vocibus, in medium inter duas acies
procedunt. Consederant utrinque pro castris duo
exercitus, periculi magis præsentis quam curæ
expertes : quippe imperium agebatur; in tam pau-
corum virtute atque fortuna positum. Itaque erecti
suspensique in minime gratum spectaculum animo
intenduntur. Datur signum : infestisque armis,
velut acies, terni juvenes, magnorum exercituum
animos gerentes, concurrunt. Nec his nec illis pe-

riculum suum , sed publicum imperium servi-
tiumque obversatur animo , futuraque ea deinde
patriæ fortuna quam ipsi fecissent. Ut primo sta-
tim concursu increpuere arma , micantesque
fulsere gladii , horror ingens spectantes perstrin-
git , et neutro inclinata spe , torpebat vox spiri-
tusque. Consertis deinde manibus , cum jam non
motus tantum corporum , agitatioque anceps telo-
rum armorumque , sed vulnera quoque et sanguis ,
spectaculo essent , duo Romani , super alium alius ,
vulneratis tribus Albanis , expirantes corruerunt.
Ad quorum casum cum conclamasset gaudio Alba-
nus exercitus, romanas legiones jam spes tota, non-
dum tamen cura deseruerat, exanimes vice unius ,
quem tres Curiatii circumsteterant. Forte is integer
fuit , ut universis solus nequaquam par , sic adver-
sus singulos ferox. Ergo , ut segregaret pugnam
eorum , capescit fugam , ita ratus secuturos , ut
quemquem vulnere affectum corpus sineret. Jam
aliquantum spatii ex eo loco ubi pugnatum est
aufugerat , cum respiciens videt magnis intervallis
sequentes , unum haud procul ab sese abesse , in
cum magno impetu rediit. Et dum Albanus exer-
citus inclamat Curiatiis uti opem ferant fratri , jam
Horatius cæso hoste victor secundam pugnam
petebat. Tunc clamore (qualis ex insperato fa-
ventium solet) Romani adjuvant militem suum :
et ille defungi prælio festinat. Prius itaque quam
alter , qui nec procul aberat , consequi posset , et

alterum Curiatium conficit. Jamque æquato Marte singuli supererant, sed nec spe nec viribus pares : alterum intactum ferro corpus et geminata victoria ferocem in certamen tertium dabant; alter fessum vulnere, fessum cursu trahens corpus; victusque fratrum ante se stragi, victori objicitur hosti. Nec illud prælium fuit. Romanus exultans, « Duos, inquit, fratrum manibus dedi; tertium, » causam belli hujusce, ut Romanus Albano im- » peret, dabo. » Male sustinenti arma gladium superne jugulo defigit, jacentem spoliat. Romani ovantes ac gratulantes Horatium accipiunt; eo majore cum gaudio, quo proprius metum res fuerat. Ad sepulturam inde suorum nequaquam paribus animis vertuntur; quippe imperio alteri aucti, alteri ditionis alienæ facti. Sepulchra extant, quo quisque loco cecidit : duo Romana uno loco propius Albam, tria Albana Romam versus, sed distantia locis, et ut pugnatum est. Priusquam inde digrederentur, roganti Metio ex fœdere icto quid imperaret, imperat Tullus uti juventutem in armis habeat, usurum se eorum opera, si bellum cum Veientibus foret. Ita exercitus inde domos abducti. Princeps Horatius ibat tergemina spolia præ se gerens, cui soror virgo, quæ desponsata uni ex Curiatiis fuerat, obvia ante portam Capenam fuit : cognitoque super humeros fratris paludamento sponsi, quod ipsa confecerat, solvit crines, et flebiliter nomine sponsum mortuum appellat. Movet feroci juveni ani-

mum comploratio sororis in victoria sua, tanto-
que gaudio publico. Stricto itaque gladio, simul
verbis increpans, transfigit puellam. « Abi hinc
» cum immaturo amore ad sponsum, inquit, oblita
» fratrum mortuorum, vivique, oblita patriæ. Sic
» eat quæcumque Romana lugebit hostem. » Atrox
visum id facinus patribus plebique, sed recens
meritum facto obstabat : tamen raptus in jus ad
regem. Rex, ne ipse tam tristis ingratique ad vul-
gus judicii aut secundum judicium supplicii auctor
esset, concilio populi advocato, « Duumviros,
» inquit, qui Horatio perduellionem judicent se-
» cundum legem, facio. » Lex horrendi carminis
erat, « duumviri perduellionem judicent. Si a
» Duumviris provocarit, provocatione certato : si
» vincent, caput obnubito, infelici arbori reste
»' suspendito; verberato, vel intra pomœrium, vel
» extra pomœrium. » Hac lege duumviri creati,
qui se absolvere non rebantur ea lege ne innoxium
quidem posse : cum condemnassent, tum alter ex
his, « P. Horati, tibi perduellionem judico, in-
» quit. I, lictor, colliga manus. » Accesserat lictor,
injiciebatque laqueum. Tum Horatius, auctore
Tullo clemente legis interprete, provoco, inquit.
Ita de provocatione certatum ad populum est. Moti
homines sunt in eo judicio, maxime P. Horatio
patre proclamante se filiam jure cæsam judicare :
ni ita esset, patrio jure in filium animadversurum
fuisse. Orabat deinde, ne se, quem paulo ante
cum egregia stirpe conspexissent, orbum liberis

facerent. Inter hæc senex , juvenem amplexus ,
spolia Curiatiorum fixa eo loco qui nunc Pila
Horatia appellatur ostentans : «Hunccine , aiebat,
» quem modò decoratum , ovantemque victoria ,
» incedentem vidistis, Quirites , eum sub furca
» vinctum inter verbera et cruciatus videre po-
» testis ? quod vix Albanorum oculi tam deforme
» spectaculum ferre possent. I, lictor, colliga ma-
» nus, quæ , paulo ante armatæ, imperium populo
» romano pepererunt. I, caput obnube liberatoris
» hujus urbis : arbori infelici suspende : verbera,
» vel intra pomœrium , modo inter illa pila et
» spolia hostium; vel extra pomœrium, modo in-
» ter sepulchra Curiatiorum. Quo enim ducere
» hunc juvenem potestis , ubi non sua decora eum
» à tanta fœditate supplicii vindicent ? » Non tulit
populus nec patris lachrymas , nec ipsius parem
in' omni periculo animum : absolveruntque ad-
miratione magis virtutis , quàm jure causæ. Ita-
que , ut cædes manifesta aliquo tamen piaculo
lueretur , imperatum patri ut filium expiaret pe-
cunia publica. Is quibusdam piacularibus sacrifi-
ciis factis, quæ deinde genti Horatiæ tradita sunt,
transmisso per viam tigillo, capite adoperto, velut
sub jugum misit juvenem. Id hodie publice quo-
que semper refectum manet : sororium tigillum
vocant. Horatiæ sepulchrum , quo loco corruerat
icta, constructum est saxo quadrato.

ACTEURS.

TULLE, roi de Rome.

Le vieil HORACE, chevalier romain.

HORACE, son fils.

CURIACE, gentilhomme d'Albe, amant de Camille.

VALERE, chevalier romain, amoureux de Camille.

SABINE, femme d'Horace, et sœur de Curiace.

CAMILLE, amante de Curiace, et sœur d'Horace.

JULIE, dame romaine, confidente de Sabine et de Camille.

FLAVIAN, soldat de l'armée d'Albe.

PROCULE, soldat de l'armée de Rome.

La scène est à Rome dans une salle de la maison d'Horace.

HORACE.

HORACE.

ACTE PREMIER.

SCENE I.

SABINE, JULIE.

SABINE. 1)

Approuvez ma foiblesse, et souffrez ma douleur ;
Elle n'est que trop juste en un si grand malheur :

---

1) *Corneille*, dans l'examen des *Horaces*, dit que le personnage de *Sabine* est heureusement inventé, mais qu'il ne sert pas plus à l'action que l'Infante à celle du *Cid*. —

Il est vrai que ce rôle n'est pas nécessaire à la pièce ; mais j'ose ici être moins sévère que *Corneille*. Ce rôle est du moins incorporé à la tragédie. C'est une femme qui tremble pour son mari et pour son frère. Elle ne cause aucun événement, il est vrai ; c'est un défaut sur un théâtre aussi perfectionné que le nôtre : mais elle prend part à tous les événemens, et c'est beaucoup pour un tems où l'art commençait à naître.

Observez que ce personnage débite souvent de très-beaux vers, et qu'il fait l'exposition du sujet d'une manière très-intéressante et très-noble.

Mais observez sur-tout que les beaux vers de *Corneille* nous enseignèrent à discerner les mauvais. Le goût du public se forma insensiblement par la comparaison des beautés et des défauts. On désapprouve aujourd'hui cet amas de sentences, ces idées générales retournées en

Si près de voir sur soi 1) fondre de tels orages,
L'ébranlement sied bien aux plus fermes courages;
Et l'esprit le plus mâle et le moins abattu
Ne sauroit sans désordre exercer sa vertu.
Quoique le mien s'étonne à ces rudes alarmes,
Le trouble de mon cœur ne peut rien sur mes larmes; 2)
Et parmi les soupirs qu'il pousse vers les cieux,
Ma constance du moins règne encor sur mes yeux.
Quand on arrête là les déplaisirs d'une ame, 3)
Si l'on fait moins qu'un homme, on fait plus qu'une femme
Commander à ses pleurs en cette extrémité,
C'est montrer, pour le sexe, assez de fermeté.

J U L I E.

C'en est peut-être assez pour une ame commune,
Qui du moindre péril se fait une infortune:

tant de manières, *l'ébranlement* qui sied aux *fermes*
courages, l'esprit le *plus mâle*, le *moins abattu*; c'est
l'auteur qui parle, et c'est le personnage qui doit parler.

1) *Si près de voir* n'est pas français : *près de* veut
un substantif, *près de la ruine*, *près d'être ruiné*.

2) *Le trouble de mon cœur.* Un trouble qui a du
pouvoir sur des larmes, cela est louche et mal exprimé.

3) *Quand on arrête là* ne serait pas souffert aujour-
d'hui ; c'est une expression de comédie.

Cette petite distinction, *moins qu'un homme*, *plus
qu'une femme*, est trop recherché pour la vraie douleur.

Elle revient encore une troisième fois à la charge
pour dire qu'elle ne pleure point.

Mais de cette foiblesse un grand cœur est honteux ;
Il ose espérer tout dans un succès douteux.
Les deux camps sont rangés au pied de nos murailles ;
Mais Rome ignore encor comme on perd des batailles.
Loin de trembler pour elle, il lui faut applaudir :
Puisqu'elle va combattre, elle va s'agrandir.
Bannissez, bannissez une frayeur si vaine,
Et concevez des vœux dignes d'une romaine.

SABINE.

Je suis romaine, hélas ! puisqu'Horace est romain, 1)
J'en ai reçu le titre en recevant sa main ;
Mais ce nœud me tiendroit en esclave enchaînée
S'il m'empêchoit de voir en quels lieux je suis née.
Albe, où j'ai commencé de respirer le jour,
Albe, mon cher pays, et mon premier amour, 2)

1) *Je suis romaine*, etc. Il y avait dans les premières éditions :

Je suis romaine hélas ! puisque mon époux l'est, etc.

Pourquoi peut-on finir un vers par *je le suis*, et que, *mon époux l'est* est prosaïque, faible et dur ? C'est que ces trois syllabes, *je le suis*, semblent ne composer qu'un mot ; c'est que l'oreille n'est point blessée : mais ce mot *l'est*, détaché et finissant la phrase, détruit toute harmonie. C'est cette attention qui rend la lecture des vers ou agréable ou rebutante. On doit même avoir cette attention en prose. Un ouvrage dont les phrases finiraient par des syllabes sèches et dures ne pourrait être lu, quelque bon qu'il fût d'ailleurs.

2) *Albe, mon cher pays*. Voyez comme ces vers

Lorsqu'entre nous et toi je vois la guerre ouverte,
Je crains notre victoire autant que notre perte.
    Rome, si tu te plains que c'est là te trahir,
Fais-toi des ennemis que je puisse haïr. 1)
Quand je vois de tes murs leur armée et la nôtre,
Mes trois frères dans l'une, et mon mari dans l'autre,
Puis-je former des vœux et sans impiété
Importuner le ciel pour ta félicité ?
Je sais que ton état encore en sa naissance
Ne sauroit sans la guerre affermir sa puissance ;
Je sais qu'il doit s'accroître, et que tes grands destins
Ne le borneront pas chez les peuples latins,
Que les dieux t'ont promis l'empire de la terre,
Et que tu n'en peux voir l'effet que par la guerre.
Bien loin de m'opposer à cette noble ardeur,
Qui suit l'arrêt des dieux et court à ta grandeur,
Je voudrois déjà voir tes troupes couronnées
D'un pas victorieux franchir les Pyrénées.
Va jusqu'en l'orient pousser tes bataillons ;
Va sur les bords du Rhin planter tes pavillons ;

sont supérieurs à ceux du commencement. C'est ici un
sentiment vrai ; il n'y a point là de lieux communs,
point de vaines sentences, rien de recherché ni dans
les idées ni dans les expressions. *Albe, mon cher pays :*
c'est la nature seule qui parle. Cette comparaison de
Corneille avec lui-même formera mieux le goût que
toutes les dissertations et les poétiques.

    1) Ce vers admirable est resté en proverbe.

Fais trembler sous tes pas les colonnes d'Hercule ;
Mais respecte une ville à qui tu dois Romule.
Ingrate, souviens-toi que du sang de ses rois
Tu tiens ton nom, tes murs, et tes premières lois.
Albe est ton origine ; arrête ; et considère
Que tu portes le fer dans le sein de ta mère :
Tourne ailleurs les efforts de tes bras triomphans ;
Sa joie éclatera dans l'heur de ses enfans ; 1)
Et, se laissant ravir à l'amour maternelle, 2)
Ses vœux seront pour toi, si tu n'es plus contre elle.

1) *Sa joie éclatera dans l'heur de ses enfans.* Ce mot
heur, qui favorisait la versification, et qui ne choque
point l'oreille, est aujourd'hui banni de notre langue.
Il serait à souhaiter que la plupart des termes dont
Corneille s'est servi fussent en usage ; son nom devrait
consacrer ceux qui ne sont pas rebutans.

Remarquez que dans ces premières pages vous trou-
verez rarement un mauvais vers, une expression louche,
un mot hors de sa place, pas une rime en épithète ;
et que, malgré la prodigieuse contrainte de la rime,
chaque vers dit quelque chose. Il n'est pas toujours
vrai que dans notre poésie il y ait continuellement un
vers pour le sens, un autre pour la rime, comme il est
dit dans *Hudibras :*

> *For one for sense, and one for rime,*
> *I think sufficient at a time.*

> C'est assez pour des vers méchans,
> Qu'un pour la rime, un pour le sens.

2) *Et se laissant ravir à l'amour maternelle.* Cette
phrase est équivoque et n'est pas française. Le mot de

JULIE.

Ce discours me surprend, vu que, depuis le tems 1)
Qu'on a contre son peuple armé nos combattans,
Je vous ai vu pour elle autant d'indifférence
Que si d'un sang romain vous aviez pris naissance.
J'admirois la vertu qui réduisoit en vous
Vos plus chers intérêts à ceux de votre époux ;
Et je vous consolois au milieu de vos plaintes,
Comme si notre Rome eût fait toutes vos craintes. 2)

SABINE.

Tant qu'on ne s'est choqué qu'en de légers combats
Trop foibles pour jeter un des partis à bas, 3)

ravir, quand il signifie joie, ne prend point un datif.
On n'est point ravi à quelque chose ; c'est un solécisme
de phrase.

1) *Ce discours me surprend*, vu que, *depuis le tems.*
Ce *vu que* est une expression peu noble, même en prose :
s'il y en avait beaucoup de pareilles, la poésie serait
basse et rampante ; mais jusqu'ici vous ne trouvez guère
que ce mot indigne du style de la tragédie.

2) *Comme si Rome eût fait.* On ne fait pas une
crainte, on la cause, on l'inspire, on l'excite, on la
fait naître.

3) *Trop faibles pour jeter un des partis à bas. Jeter
à bas* est une expression familière qui ne serait pas même
admise dans la prose. *Corneille* n'ayant aucun rival qui
écrivit avec noblesse, se permettait ces négligences
dans les petites choses, et s'abandonnait à son génie
dans les grandes.

Tant qu'un espoir de paix a pu flatter ma peine,
Oui, j'ai fait vanité d'être toute romaine.
Si j'ai vu Rome heureuse avec quelque regret,
Soudain j'ai condamné ce mouvement secret;
Et si j'ai ressenti dans ses destins contraires
Quelque maligne joie en faveur de mes frères, 1)
Soudain, pour l'étouffer rappelant ma raison,
J'ai pleuré quand la gloire entroit dans leur maison.
Mais aujourd'hui qu'il faut que l'une ou l'autre tombe,
Qu'Albe devienne esclave, ou que Rome succombe,
Et qu'après la bataille il ne demeure plus
Ni d'obstacle aux vainqueurs, ni d'espoir aux vaincus,
J'aurois pour mon pays une cruelle haine
Si je pouvois encore être toute romaine,

---

1) *Quelque maligne joie en faveur de mes frères.* La joie des succès de sa patrie et d'un frère, peut-elle être appelée *maligne?* elle est naturelle. On pouvait dire, *une secrette joie en faveur de mes frères.*

Ce mot de *maligne joie* est bien plus à sa place dans ces deux admirables vers de la mort de *Pompée:*

> Une *maligne joie* en son cœur s'élevoit,
> Dont sa gloire indignée à peine le sauvoit.

Il faut toujours avoir devant les yeux ce passage de Boileau :

> D'un mot mis en sa place enseigner le pouvoir.

C'est ce mot propre qui distingue les orateurs et les poëtes, de ceux qui ne sont que diserts et versificateurs.

Et si je demandois votre triomphe aux dieux
Au prix de tant de sang qui m'est si précieux. 1)
Je m'attache un peu moins aux intérêts d'un homme;
Je ne suis point pour Albe, et ne suis plus pour Rome:
Je crains pour l'une et l'autre en ce dernier effort ,
Et serai du parti qu'affligera le sort.
Egale à tous les deux jusques à la victoire , 2)
Je prendrai part aux maux sans en prendre à la gloire ;
Et je garde , au milieu de tant d'âpres rigueurs ,
Mes larmes aux vaincus, et ma haine aux vainqueurs. 3)

J U L I E.

Qu'on voit naître souvent de pareilles traverses
En des esprits divers, des passions diverses ! 4)

1) *Tant de sang qui m'est si précieux*. Ce n'est
pas ce *tant* qui est précieux , c'est le sang : c'est au
prix d'un sang qui m'est si précieux. Le *tant* est inu-
tile , et corrompt un peu la pureté de la phrase et la
beauté du vers. C'est une très-petite faute.

2) *Egale à tous les deux* n'est pas français en ce
sens. L'auteur veut dire , juste envers tous les deux ; car
Sabine doit être juste , et non pas indifférente.

3) *Et ma haine aux vainqueurs*. Elle ne doit pas haïr
son mari , ses enfans , s'ils sont victorieux ; ce sentiment
n'est pas permis : elle devrait plutôt dire , *sans haïr*
les vainqueurs.

4) *Qu'on voit naître souvent de pareilles traverses*
en des esprits divers , des passions diverses. Le lec-
teur se sent arrêté à ces deux vers ; ces *de des* embar-
rassent l'esprit. *Traverses* n'est point le mot propre. Les

Et qu'à nos yeux Camille agit bien autrement !
Son frère est votre époux, le vôtre est son amant :
Mais elle voit d'un œil bien différent du vôtre
Son sang dans une armée, et son amour dans l'autre.
Lorsque vous conserviez un esprit tout romain,
Le sien irrésolu, le sien tout incertain, 1)
De la moindre mêlée appréhendoit l'orage,
De tous les deux partis détestoit l'avantage,
Au malheur des vaincus donnoit toujours ses pleurs,
Et nourrissoit ainsi d'éternelles douleurs.
Mais hier quand elle sut qu'on avoit pris journée, 2)
Et qu'enfin la bataille alloit être donnée,

passions ici ne sont pas diverses : *Sabine* et *Camille* se
trouvent dans une situation à peu près semblable. Le
sens de l'auteur est probablement *que les mêmes mal-
heurs produisent quelquefois des sentimens différens.*

1) Les premières éditions portent : Le sien irrésolu,
tremblotant, incertain. *Tremblotant* n'est pas du style
noble, et on doit en avertir les étrangers, pour qui
principalement ces remarques sont faites. *Corneille*
changea :

> Le sien irrésolu, le sien tout incertain.

Mais comme *incertain* ne dit pas plus qu'*irrésolu*,
ce changement n'est pas heureux. Ce redoublement de
sien fait attendre une idée forte, qu'on ne trouve pas.

2) *Qu'on avait pris journée.* On prend *jour*, et on
ne prend point *journée*, parce que *jour* signifie tems,
et que *journée* signifie bataille. La journée d'Ivri, la
journée de Fontenoy.

Une soudaine joie éclatant sur son front....

S A B I N E.

Ah! que je crains, Julie, un changement si prompt!
Hier dans sa belle humeur elle entretint Valère ; 1)
Pour ce rival, sans doute, elle quitte mon frère ; 2)
Son esprit, ébranlé par les objets présens,
Ne trouve point d'absent aimable après deux ans. 3)
Mais excusez l'ardeur d'une amour fraternelle ;
Le soin que j'ai de lui me fait craindre tout d'elle :

1) Hier *dans* sa belle humeur *elle entretint Valère.*
Hier, comme on l'a déjà dit, est toujours aujourd'hui
de deux syllabes. La prononciation serait trop gênée en
le faisant d'une seule, comme s'il y avait *her. Belle hu-
meur* ne peut se dire que dans la comédie.

2) *Sabine* ne doit point dire que sans doute *Camille*
est volage et infidelle, sur cela seul que *Camille* a parlé
civilement à *Valère*, et paraissait être dans sa belle
humeur. Ces petits moyens, ces soupçons, peuvent pro-
duire quelquefois de grands mouvemens et des intérêts
tragiques, comme la méprise peu vraisemblable d'*Aco-
mat*, dans la tragédie de *Bajazeth*. Le plus léger in-
cident peut causer de grands troubles : mais c'est ici
tout le contraire ; il ne s'agit que de savoir si *Camille*
a quitté *Curiace* pour *Valère. Sur de trop vains ob-
jets c'est arrêter la vue.* Cela serait un peu froid, même
dans une comédie.

3) *Ne trouve point d'absent aimable après deux
ans.* Ces deux vers appartiennent plutôt au genre de la
comédie qu'à la tragédie.

Je forme des soupçons d'un trop léger sujet. 1)
Près d'un jour si funeste, on change peu d'objet :
Les ames rarement sont de nouveau blessées ;
Et dans un si grand trouble on a d'autres pensées :
Mais on n'a pas aussi de si doux entretiens , 2)
Ni de contentemens qui soient pareils aux siens.

JULIE.

Les causes, comme à vous, m'en semblent fort obscures,
Je ne me satisfais d'aucunes conjectures.
C'est assez de constance en un si grand danger ,
Que de le voir, l'attendre, et ne point s'affliger ;
Mais certes c'en est trop d'aller jusqu'à la joie.

SABINE.

Voyez qu'un bon génie à propos nous l'envoie. 3)

1) *D'un trop léger sujet.* Ces mots font voir que
l'auteur sentait que *Sabine* a tort ; mais il valait
mieux supprimer ces soupçons de *Sabine* que vouloir
les justifier , puisqu'en effet *Sabine* semble se contre-
dire en prétendant que *Camille* a *sans doute* quitté
son frère , et en disant ensuite que les ames sont rare-
ment blessées de nouveau. Tout cet examen du sujet de
la joie de *Camille* n'est nullement héroïque.

2) . . . . *De si doux entretiens , ni de conten-
temens qui soient pareils aux siens* , sont de la comé-
die de ce tems-là. L'art de dire noblement les petites
choses n'était pas encore trouvé.

3) *Voyez qu'un bon génie à propos nous l'envoie.*
Ce tour a vieilli ; c'est un malheur pour la langue ; il
est vif et naturel , et mérite , je crois , d'être imité.

Essayez sur ce point à la faire parler ; 1)
Elle vous aime assez pour ne vous rien celer.
Je vous laisse.

S C E N E I I.

C A M I L L E, S A B I N E, J U L I E.

S A B I N E.

　　　　Ma sœur, entretenez Julie. 2)
J'ai honte de montrer tant de mélancolie ;
Et mon cœur, accablé de mille déplaisirs,
Cherche la solitude à cacher ses soupirs. 3)

---

1) *Essayez à la faire parler.* On essaie *de*, on s'essaie *à*. Ce vers d'ailleurs est trop comique.

2) *Ma sœur, entretenez Julie*, est encore de la comédie ; mais il y a ici un plus grand défaut, c'est qu'il semble que *Camille* vienne sans aucun intérêt, et seulement pour faire conversation. La tragédie ne permet pas qu'un personnage paraisse sans une raison importante. On est fort dégoûté aujourd'hui de toutes ces longues conversations, qui ne sont amenées que pour remplir le vide de l'action, et qui ne le remplissent pas. D'ailleurs pourquoi s'en aller quand un bon génie lui envoie *Camille*, et qu'elle peut s'éclaircir ?

3) *Cherche la* solitude *à cacher ses soupirs.* Cela n'est pas français. On cherche la solitude pour cacher ses soupirs, et une solitude propre à les cacher. On ne dit point une solitude, une chambre à pleurer, à gémir, à réfléchir, comme on dit une chambre à cou-

SCENE III.

CAMILLE, JULIE.

CAMILLE.

Qu'ELLE a tort de vouloir que je vous entretienne! 1)
Croit-elle ma douleur moins vive que la sienne,
Et que, plus insensible à de si grands malheurs,
A mes tristes discours je mêle moins de pleurs?

cher, une salle à manger; mais du tems de *Corneille*
presque personne ne s'étudiait à parler purement.

Corneille a ici une grande attention à lier les scènes,
attention inconnue avant lui. On pourrait dire seulement que *Sabine* n'a pas une raison assez forte pour
s'en aller; que cette sortie rend son personnage plus
inutile et plus froid; que c'était à *Sabine* et non à
une confidente à écouter les choses importantes que
Camille va annoncer; que cette idée d'entretenir *Julie*
diminue l'intérêt; qu'un simple entretien ne doit jamais
entrer dans la tragédie; que les principaux personnages
ne doivent paraître que pour avoir quelque chose d'important à dire ou à entendre; qu'enfin il eût été plus
théâtral et plus intéressant que *Sabine* eût reproché à
Camille sa joie, et que *Camille* lui en eût appris la
cause.

1) *Qu'elle a tort de vouloir que je vous entretienne.*
Cette formule de conversation ne doit jamais entrer
dans la tragédie, où les personnages doivent, pour ainsi
dire, parler malgré eux, emportés par la passion qui
les anime.

De pareilles frayeurs mon ame est alarmée ;
Comme elle je perdrai dans l'une et l'autre armée,
Je verrai mon amant, mon plus unique bien , 1)
Mourir pour son pays, ou détruire le mien ,
Et cet objet d'amour devenir, pour ma peine ,
Digne de mes soupirs, ou digne de ma haine.
Hélas !

J U L I E.

Elle est pourtant plus à plaindre que vous :
On peut changer d'amant, mais non changer d'époux. 2)
Oubliez Curiace , et recevez Valère ;
Vous ne tremblerez plus pour le parti contraire ,
Vous serez toute nôtre, et votre esprit remis 3)
N'aura plus rien à perdre au camp des ennemis.

1) *Je verrai mon amant , mon* plus unique *bien*.
Plus unique ne se peut dire ; *unique* n'admet ni de plus
ni de moins.

2) *On peut changer d'amant, mais non changer
d'époux*. Ce vers porte entièrement le caractère de la
comédie. *Corneille* en ayant fait plusieurs en conserva
souvent le style. Cela était permis de son tems ; on ne
distinguait pas assez les bornes qui séparent le familier
du simple : le simple est nécessaire , le familier ne
peut être souffert. Peut-être une attention trop scrupu-
leuse aurait éteint le feu du génie : mais , après avoir
écrit avec la rapidité du génie , il faut corriger avec
la lenteur scrupuleuse de la critique.

3) *Vous serez toute nôtre* , n'est pas du style noble.
Ces familiarités étaient encore d'usage.

CAMILLE.

Donnez-moi des conseils qui soient plus légitimes,
Et plaignez mes malheurs sans m'ordonner des crimes.
Quoiqu'à peine à mes maux je puisse résister,
J'aime mieux les souffrir que de les mériter.

JULIE.

Quoi! vous appelez crime un change raisonnable?

CAMILLE.

Quoi! le manque de foi vous semble pardonnable?

JULIE.

Envers un ennemi qui peut nous obliger?

CAMILLE.

D'un serment solemnel qui peut nous dégager?

JULIE.

Vous déguisez en vain une chose trop claire :
Je vous vis encor hier entretenir Valère ;
Et l'accueil gracieux qu'il recevoit de vous
Lui permet de nourrir un espoir assez doux.

CAMILLE.

Si je l'entretins hier et lui fis bon visage, 1)
N'en imaginez rien qu'à son désavantage ; 2)

1) *Si je l'entretins hier et lui fis bon visage. Faire
bon visage* est du discours le plus familier.

2) *Qu'à son désavantage.* Tout cela est d'un style
un peu trop bourgeois, qui était admis alors. Il ne serait
pas permis aujourd'hui qu'une fille dit que c'est un
désavantage de ne lui pas plaire.

De mon contentement un autre étoit l'objet.
Mais pour sortir d'erreur sachez-en le sujet.
Je garde à Curiace une amitié trop pure
Pour souffrir plus long-tems qu'on m'estime parjure.
Il vous souvient qu'à peine on voyoit de sa sœur 1)
Par un heureux hymen mon frère possesseur,
Quand pour comble de joie il obtint de mon père
Que de ses chastes feux je serois le salaire.
Ce jour nous fut propice et funeste à la fois ;
Unissant nos maisons, il désunit nos rois ;
Un même instant conclut notre hymen et la guerre,
Fit naître notre espoir, et le jeta par terre, 2)
Nous ôta tout si tôt qu'il nous eut tout promis ;
Et nous faisant amans, il nous fit ennemis.

1) *Il vous souvient, etc.* Il y avait dans les premières éditions :

Quelques cinq ou six mois après que de sa sœur
L'hyménée eut rendu mon frère possesseur.

Corneille changea heureusement ces deux vers de cette façon. Il a corrigé beaucoup de ses vers au bout de vingt années dans ses pièces immortelles ; et d'autres auteurs laissent subsister une foule de barbarismes dans des pièces qui ont eu quelques succès passagers !

2) *Et le jeta par terre.* Non-seulement un espoir jeté par terre est une expression vicieuse ; mais la même idée est exprimée ici en quatre façons différentes, ce qui est un vice plus grand. Il faut, autant qu'on le peut, éviter ces pléonasmes ; c'est une abondance stérile : je ne crois pas qu'il y en ait un seul exemple dans *Racine*.

Combien nos déplaisirs parurent lors extrêmes !
Combien contre le ciel il vomit de blasphêmes !
Et combien de ruisseaux coulèrent de mes yeux !
Je ne vous le dis point, vous vîtes nos adieux.
Vous avez vu depuis les troubles de mon ame.
Vous savez pour la paix quels vœux a faits ma flâme,
Et quels pleurs j'ai versés à chaque événement,
Tantôt pour mon pays, tantôt pour mon amant.
Enfin mon désespoir, parmi ces longs obstacles,
M'a fait avoir recours à la voix des oracles.
Ecoutez si celui qui me fut hier rendu
Eût droit de rassurer mon esprit éperdu.
Ce Grec si renommé qui depuis tant d'années
Au pied de l'Aventin prédit nos destinées,
Lui qu'Apollon jamais n'a fait parler à faux, 1)
Me promit par ces vers la fin de mes travaux :
« Albe et Rome demain prendront une autre face; 2)
» Tes veux sont exaucés, elles auront la paix ;
» Et tu seras unie avec ton Curiace,
» Sans qu'aucun mauvais sort t'en sépare jamais. »

1) *Lui qu'Apollon jamais* n'a fait parler à faux.
Parler à faux n'est pas sans doute assez noble ni même
assez juste. Un coup porte à faux, on est accusé à faux,
dans le style familier ; mais on ne peut dire, *il parle
à faux*, dans un discours tant soit peu relevé.

2) *Albe et Rome demain prendront une autre face,*
etc. On pourrait souhaiter que cet oracle eût été plutôt
rendu dans un temple que par un Grec qui fait des
prédictions au pied d'une montagne. Remarquons en-

Je pris sur cet oracle une entière assurance ;
Et comme le succès passoit mon espérance,
J'abandonnai mon ame à des ravissemens
Qui passoient les transports des plus heureux amans.
Jugez de leur excès : je recontrai Valère ;
Et contre sa coutume. il ne put me déplaire ;
Il me parla d'amour sans me donner d'ennui ; 1)
Je ne m'apperçus pas que je parlois à lui ;

core qu'un oracle doit produire un événement et servir
au nœud de la pièce, et qu'ici il ne sert presqu'à rien
qu'à donner un moment d'espérance.

'J'oserais encore dire que ces mots à double entente,
sans qu'aucun mauvais sort t'en sépare jamais, pa-
raissent seulement une plaisanterie amère, une équivoque
cruelle sur la destinée malheureuse de *Camille*.

Le plus grand défaut de cette scène, c'est son inuti-
lité. Cet entretien de *Camille* et de *Julie* roule sur un
objet trop mince, et qui ne sert en rien ni au nœud
ni au dénouement. *Julie* veut pénétrer le secret de *Ca-
mille*, et savoir si elle aime un autre que *Curiace* :
rien n'est moins tragique.

1) *Il me parla d'amour sans me donner d'ennui,
etc.* On pourrait faire ici une réflexion que je ne ha-
sarde qu'avec la défiance convenable ; c'est que *Camille*
était plus en droit de laisser paraître son indifférence
pour *Valère* que de l'écouter avec complaisance ; c'est
qu'il était même plus naturel de lui montrer de *la glace*
quand elle se croyait sure d'épouser son amant, que
de faire bon visage à un homme qui lui déplait : et
enfin ce trait rafiné marque plus de subtilité que de

Je ne lui pus montrer de mépris ni de glace :
Tout ce que je voyois me sembloit Curiace ;
Tout ce qu'on me disoit me parloit de ses feux ;
Tout ce que je disois l'assuroit de mes vœux.
Le combat général aujourd'hui se hasarde ,
J'en sus hier la nouvelle , et je n'y pris pas garde ; 1)
Mon esprit rejetoit ces funestes objets ,
Charmé des doux pensers d'hymen et de la paix.
La nuit a dissipé des erreurs si charmantes ;
Mille songes affreux , mille images sanglantes ,

sentiment : il n'y a rien là de tragique. Mais ce vers ,

> Tout ce que je voyois me sembloit Curiace ,

est si beau , qu'il semble tout excuser.

Il est vrai que ce petit incident , qui ne consiste que
dans la joie que *Camille* a ressentie , ne produit au-
cun événement , et n'est pas nécessaire à la pièce ; mais
il produit des sentimens. Ajoutons que dans un premier
acte on permet des incidens de peu d'importance , qu'on
ne souffriroit pas dans le cours d'une intrigue tragique.

1) *J'en sus hier la nouvelle , et je n'y pris pas garde.*
Elle ne prend pas garde à une bataille qui va se donner !
le spectacle de deux armées prêtes à combattre , et le dan-
ger de son amant , ne devoient-ils pas autant l'alarmer que
le discours d'un Grec au pied du mont Aventin n'a dû
la rassurer ? Le premier mouvement dans une telle oc-
casion n'est-il pas de dire , *ce Grec m'a trompé , c'est
un faux prophète ?* Avait-elle besoin d'un songe pour
craindre ce que deux armées rangées en bataille devoient
assez lui faire redouter ?

Ou plutôt mille amas de carnage et d'horreur ;
M'ont arraché ma joie , et rendu ma terreur.
J'ai vu du sang, des morts, et n'ai rien vu de suite : 1)
Un spectre en paroissant prenoit soudain la fuite ;
Ils s'effaçoient l'un l'autre ; et chaque illusion
Redoubloit mon effroi par sa confusion.

JULIE.

C'est en contraire sens qu'un songe s'interprète. 2)

CAMILLE.

Je le dois croire ainsi , puisque je le souhaite :
Mais je me trouve enfin, malgré tous mes souhaits,
Au jour d'une bataille , et non pas d'une paix.

1) *J'ai vu du sang , des morts , et n'ai rien vu de
suite , etc.* Ce songe est beau en ce qu'il alarme un es-
prit rassuré par un oracle. Je remarquerai ici qu'en
général un songe ainsi qu'un oracle doit servir au nœud
de la pièce ; tel est le songe admirable d'*Athalie :* elle
voit un enfant en songe ; elle trouve ce même enfant
dans le temple : c'est là que l'art est poussé à sa per-
fection.

Un rêve qui ne sert qu'à faire craindre ce qui doit
arriver ne peut avoir que des beautés de détail , n'est
qu'un ornement passager. C'est ce qu'on appelle aujour-
d'hui un remplissage. *Mille* songes , *mille* images , *mille*
amas , sont d'un style trop négligé , et ne disent rien
d'assez positif.

2) Pourquoi un songe s'interprète - t - il en sens con-
traire ? Voyez les songes expliqués par *Joseph* , par
Daniel : ils sont funestes par eux-mêmes , et par leur ex-
plication.

JULIE.

Par là finit la guerre, et la paix lui succéde.

CAMILLE.

Dure à jamais le mal s'il y faut ce reméde !
Soit que Rome y succombe, ou qu'Albe ait le dessous, 1)
Cher amant, n'attends plus d'être un jour mon époux ;
Jamais, jamais ce nom ne sera pour un homme
Qui soit ou le vainqueur ou l'esclave de Rome.
Mais quel objet nouveau se présente en ces lieux ?
Est-ce toi, Curiace ? en croirai-je mes yeux ?

SCENE IV.

CURIACE, CAMILLE, JULIE.

CURIACE.

N'EN doutez point, Camille, et revoyez un homme 2)
Qui n'est ni le vainqueur ni l'esclave de Rome.
Cessez d'appréhender de voir rougir mes mains 3)
Du poids honteux des fers, ou du sang des Romains.

---

1) Avoir le dessus ou le dessous, ne se dit que dans
la poésie burlesque ; c'est le *di sopra* et le *di sotto* des
Italiens. L'*Arioste* emploie cette expression lorsqu'il se
permet le comique ; le *Tasse* ne s'en sert jamais.

2) On ne permet plus de répéter ainsi un vers.

3) *Cessez d'appréhender de voir* rougir *mes mains.*
Rougir est employé ici en deux acceptions différentes.
Les mains *rouges de sang,* elles sont rouges en un
autre sens quand elles sont meurtries par le poids des

J'ai cru que vous aimiez assez Rome et la gloire
Pour mépriser ma chaîne et haïr ma victoire ;
Et comme également en cette extrémité
Je craignois la victoire et la captivité....

CAMILLE.

Curiace, il suffit, je devine le reste.
Tu fuis une bataille à tes vœux si funeste ; 1)
Et ton cœur tout à moi, pour ne me perdre pas,
Dérobe à ton pays le secours de ton bras.
Qu'un autre considère ici ta renommée, 2)
Et te blâme, s'il veut, de m'avoir trop aimée,
Ce n'est point à Camille à t'en mésestimer ;
Plus ton amour paroît, plus elle doit t'aimer ;

fers ; mais cette figure ne manque pas de justesse, parce qu'en effet il y a de la rougeur dans l'un et dans l'autre cas.

1) *Tu fuis une bataille.* Il est bien étrange que *Camille* interrompe *Curiace* pour le soupçonner et le louer d'être un lâche. Ce défaut est grand, et il était aisé de l'éviter. Il était naturel que *Curiace* dît d'abord ce qu'il doit dire ; qu'il ne commençât point par répéter les vers de *Camille* ; par lui dire qu'il a cru que *Camille* aimait Rome et la gloire, qu'elle mépriserait sa chaîne, et haïrait sa victoire ; et que *comme* il craint la victoire et la captivité.... etc. De tels propos ne sont pas à leur place ; il faut aller au fait : *Semper ad eventum festinat.*

2) *Qu'un autre, etc.* Ces vers condamnent trop l'idée de *Camille* que son amant est traître à son pays. Il fallait supprimer toute cette tirade.

Et si tu dois beaucoup aux lieux qui t'ont vu naître,
Plus tu quittes pour moi, plus tu le fais paroître.
Mais as-tu vu mon père? et peut-il endurer 1)
Qu'ainsi dans sa maison tu t'oses retirer?
Ne préfère-t-il point l'état à sa famille?
Ne regarde-t-il point Rome plus que sa fille?
Enfin notre bonheur est-il bien affermi?
T'a-t-il vu comme gendre, ou bien comme ennemi?

CURIACE.

Il m'a vu comme gendre, avec une tendresse
Qui témoignoit assez une entière alégresse;
Mais il ne m'a point vu par une trahison
Indigne de l'honneur d'entrer dans sa maison.
Je n'abandonne point l'intérêt de ma ville;
J'aime encor mon honneur en adorant Camille.
Tant qu'a duré la guerre, on m'a vu constamment
Aussi bon citoyen que véritable amant.
D'Albe avec mon amour j'accordois la querelle;
Je soupirois pour vous en combattant pour elle;
Et, s'il falloit encor que l'on en vînt aux coups,
Je combattrois pour elle en soupirant pour vous.
Oui, malgré les desirs de mon ame charmée,
Si la guerre duroit, je serois dans l'armée:

1) *Peut-il endurer.* Ce mot *endurer* est du style de
la comédie : on ne dit que dans le discours le plus fa-
milier, *j'endure que, je n'endure pas que.* Le terme
endurer ne s'admet dans le style noble qu'avec un ac-
cusatif, *les peines que j'endure.*

C'est la paix qui chez vous me donne un libre accès,
La paix, à qui nos feux doivent ce beau succès.

CAMILLE.

La paix ! Et le moyen de croire un tel miracle ?

JULIE.

Camille, pour le moins croyez-en votre oracle ; 1)
Et sachons pleinement par quels heureux effets
L'heure d'une bataille a produit cette paix.

CURIACE.

L'auroit-on jamais cru ? Déjà les deux armées,
D'une égale chaleur au combat animées,
Se menaçoient des yeux, et, marchant fièrement,
N'attendoient, pour donner, que le commandement,
Quand notre dictateur devant les rangs s'avance,
Demande à votre prince un moment de silence ;
Et l'ayant obtenu : « Que faisons-nous, Romains, 2)
» Dit-il, et quel démon nous fait venir aux mains ?

1) *Camille, pour le moins croyez-en votre oracle.*
On sent ici combien *Sabine* ferait un meilleur effet
que la confidente *Julie.* Ce n'est point à *Julie* à dire,
sachons pleinement ; c'est toujours à la personne la plus
intéressée à interroger.

2) . . . . . *Que faisons-nous, Romains,* dit-il, *et
quel démon nous fait venir aux mains ?* J'ose dire
que, dans ce discours, imité de *Tite-Live,* l'auteur
français est au-dessus du romain, plus nerveux, plus
touchant ; et quand on songe qu'il était gêné par la
rime et par une langue embarrassée d'articles et qui
souffre peu d'inversions, qu'il a surmonté toutes ces
difficultés, qu'il n'a employé le secours d'aucune épi-

» Souffrons que la raison éclaire enfin nos ames :
» Nous sommes vos voisins, nos filles sont vos femmes ;
» Et l'hymen nous a joints par tant et tant de nœuds,
» Qu'il est peu de nos fils qui ne soient vos neveux.
» Nous ne sommes qu'un sang, et qu'un peuple en deux villes;
» Pourquoi nous déchirer par des guerres civiles,
» Où la mort des vaincus affoiblit les vainqueurs,
» Et le plus beau triomphe est arrosé de pleurs ?
» Nos ennemis communs attendent avec joie
» Qu'un des partis défait leur donne l'autre en proie,
» Lassé, demi-rompu, vainqueur, mais pour tout fruit
» Dénué d'un secours par lui-même détruit.
» Ils ont assez long-tems joui de nos divorces : 1)
» Contre eux dorénavant joignons toutes nos forces;
» Et noyons dans l'oubli ces petits différens
» Qui de si bons guerriers font de mauvais parens.
» Que si l'ambition de commander aux autres
» Fait marcher aujourd'hui vos troupes et les nôtres,
» Pourvu qu'à moins de sang nous voulions l'appaiser,
» Elle nous unira, loin de nous diviser.
» Nommons des combattans pour la cause commune ;
» Que chaque peuple aux siens attache sa fortune ;

thète, que rien n'arrête l'éloquente rapidité de son dis-
cours ; c'est là qu'on reconnaît le grand *Corneille*. Il
n'y a que *tant et tant de nœuds* à reprendre.

1) *Ils ont assez long-tems joui de nos divorces.* Ce
mot de *divorces*, s'il ne signifiait que des querelles,
serait impropre ; mais ici il dénote les querelles de
deux peuples unis, et par là il est juste, nouveau, et
excellent.

» Et, suivant ce que d'eux ordonnera le sort,
» Que le parti plus foible obéisse au plus fort. 1)
» Mais sans indignité pour des guerriers si braves,
» Qu'ils deviennent sujets sans devenir esclaves,
» Sans honte, sans tribut, et sans autre rigueur
» Que de suivre en tout lieux les drapeaux du vainqueur.
» Ainsi nos deux états ne feront qu'un empire. »
Il semble qu'à ces mots notre discorde expire.
Chacun, jetant les yeux dans un rang ennemi,
Reconnoît un beau-frère, un cousin, un ami.
Ils s'étonnent comment leurs mains de sang avides
Voloient sans y penser à tant de parricides,

---

1) *Que le parti plus faible obéisse au plus fort.* Ce
vers est ainsi dans d'autres éditions ,

Que le faible parti prenne loi du plus fort.

Il est à croire qu'on reprocha à *Corneille* une petite
faute de grammaire. On doit , dans l'exactitude scru-
puleuse de la prose , dire : que le parti *le plus* faible
obéisse au plus fort ; mais si ces libertés ne sont pas
permises aux poëtes , et sur-tout aux poëtes de génie ,
il ne faut point faire de vers. *Prendre loi* ne se dit pas,
ainsi la première leçon est préférable. .

Racine a bien dit :

Charger de mon débris les reliques plus chères :

au lieu de *reliques les plus chères.*

Encore une fois , ces licences sont heureuses quand
on les emploie dans un morceau élégamment écrit ; car
si elles sont précédées et suivies de mauvais vers , elles
en prennent la teinture , et en deviennent plus insup-
portables.

Et font paroître un front couvert tout à la fois
D'horreur pour la bataille, et d'ardeur pour ce choix.
Enfin l'offre s'accepte, et la paix desirée
Sous ces conditions est aussitôt jurée.
Trois combattront pour tous; mais pour les mieux choisir
Nos chefs ont voulu prendre un peu plus de loisir:
Le vôtre est au sénat, le nôtre dans sa tente.

CAMILLE.

O dieux! que ce discours rend mon ame contente!

CURIACE.

Dans deux heures au plus, par un commun accord,
Le sort de nos guerriers réglera notre sort.
Cependant tout est libre, attendant qu'on les nomme:
Rome est dans notre camp, et notre camp dans Rome.
D'un et d'autre côté l'accès étant permis,
Chacun va renouer avec ses vieux amis. 1)
Pour moi, ma passion m'a fait suivre vos frères;
Et mes desirs ont eu des succès si prospères,
Que l'auteur de vos jours m'a promis à demain 2)
Le bonheur sans pareil de vous donner la main 3)

1) *Chacun va* renouer *avec ses vieux amis.* On doit
avouer que *renouer avec ses vieux amis* est de la prose
familière, qu'il faut éviter dans le style tragique, bien
entendu qu'on ne sera jamais ampoulé.

2) *A demain* est trop du style de la comédie. Je fais
souvent cette observation; c'était un des vices du tems.
La *Sophonisbe* de *Mairet* est toute entière dans ce style;
et *Corneille* s'y livrait quand les grandes images ne le
soutenaient pas.

3) *Le bonheur sans pareil, etc.* n'était pas si ridi-

Vous ne deviendrez pas rebelle à sa puissance ?

C A M I L L E.

Le devoir d'une fille est en l'obéissance 1)

C U R I A C E.

Venez donc recevoir ce doux commandement
Qui doit mettre le comble à mon contentement.

C A M I L L E.

Je vais suivre vos pas, mais pour revoir mes frères,
Et savoir d'eux encor la fin de nos misères. 2)

J U L I E.

Allez, et cependant au pied de nos autels
J'irai rendre pour vous graces aux immortels.

Fin du premier acte.

cule qu'aujourd'hui. Ce fut *Boileau* qui proscrivit toutes ces expressions communes de *sans pareil , sans seconde , à nul autre pareil , à nulle autre seconde.*

1) *Le devoir d'une fille est en l'obéissance. — Venez donc recevoir ce doux commandement.* Ces deux vers sont de pure comédie ; aussi les retrouve-t-on mot à mot dans la comédie du *Menteur ;* mais l'auteur aurait dû les retrancher de la tragédie des *Horaces.*

2) *Et savoir d'eux encor la fin de nos misères.* Il n'est pas inutile de dire aux étrangers que *misère* est en poésie un terme noble qui signifie calamité et non pas indigence.

> Hécube près d'Ulysse acheva *sa misère.*
> Peut-être je devrois, plus humble en *ma misère.*
> R A C I N E.

ACTE SECOND.

SCENE I.

HORACE, CURIACE.

CURIACE.

Ainsi Rome n'a point séparé son estime ;
Elle eût cru faire ailleurs un choix illégitime. 1)
Cette superbe ville en vos frères et vous
Trouve les trois guerriers qu'elle préfère à tous ;
Et son illustre ardeur d'oser plus que les autres 2)
D'une seule maison brave toutes les nôtres.

1) *Elle eût cru faire ailleurs un choix illégitime. Illégitime* pourrait n'être pas le mot propre en prose ; on dirait, *un mauvais choix, un choix dangereux*, etc. *Illégitime* non-seulement est pardonné à la rime, mais devient une expression forte, et signifie qu'il y aurait de l'injustice à ne point choisir les trois plus braves.

2) *Et son illustre ardeur, etc*. Il y avait dans les premières éditions :

Et ne nous opposant d'autres bras que les vôtres.

Ni l'une ni l'autre manière n'est élégante, et *illustre ardeur d'oser* n'est pas français. *D'une maison braver les autres*, n'est pas une expression heureuse ; mais le sens est fort beau. On voit que quelquefois *Corneille* a mal corrigé ses vers. Je crois qu'on peut imputer cette singularité, non-seulement au peu de bons cri-

Nous croirons, à la voir toute entière en vos mains,
Que hors les fils d'Horace il n'est point de Romains.
Ce choix pouvoit combler trois familles de gloire,
Consacrer hautement leurs noms à la mémoire : 1)
Oui, l'honneur que reçoit la vôtre par ce choix 2)
En pouvoit à bon titre immortaliser trois ;
Et puisque c'est chez vous que mon heur et ma flame
M'ont fait placer ma sœur et choisir une femme,
Ce que je vais vous être et ce que je vous suis,
Me font y prendre part autant que je le puis.
Mais un autre intérêt tient ma joie en contrainte,
Et parmi ses douceurs mêle beaucoup de crainte.
La guerre en tel éclat a mis votre valeur,
Que je tremble pour Albe, et prévois son malheur.
Puisque vous combattez, sa perte est assurée ;
En vous faisant nommer, le destin l'a jurée.

tiques que la France avait alors, au peu de connais-
sance de la pureté et de l'élégance de la langue, mais
au génie même de *Corneille* qui ne produisait ses beau-
tés que quand il était animé par la force de son
sujet.

1) *Consacrer hautement leurs noms à la mémoire.* Re-
marquez que *hautement* fait languir le vers, parce que
ce mot est inutile.

2) *Oui l'honneur que reçoit la vôtre par ce choix.*
Cette répétition, *oui l'honneur*, est très-vicieuse.
Omne supervacuum pleno de pectore manat. C'est ici
ce qu'on appelle une battologie : il est permis de ré-
péter dans la passion, mais non pas dans un com-
pliment.

Je vois trop dans ce choix ses funestes projets,
Et me compte déjà pour un de vos sujets.

HORACE.

Loin de trembler pour Albe, il vous faut plaindre Rome,
Voyant ceux qu'elle oublie, et les trois qu'elle nomme.
C'est un aveuglement pour elle bien fatal
D'avoir tant à choisir et de choisir si mal.
Mille de ses enfans beaucoup plus dignes d'elle
Pouvoient bien mieux que nous soutenir sa querelle.
Mais quoique ce combat me promette un cercueil,
La gloire de ce choix m'enfle d'un juste orgueil;
Mon esprit en conçoit une mâle assurance;
J'ose espérer beaucoup de mon peu de vaillance;
Et du sort envieux quels que soient les projets,
Je ne me compte point pour un de vos sujets.
Rome a trop cru de moi; mais mon ame ravie
Remplira son attente, ou quittera la vie.
Qui veut mourir, ou vaincre, est vaincu rarement;
Ce noble désespoir périt mal-aisément. 1)
Rome, quoi qu'il en soit, ne sera point sujette
Que mes derniers soupirs n'assurent ma défaite.

CURIACE.

Hélas! c'est bien ici que je dois être plaint:
Ce que veut mon pays, mon amitié le craint.

---

1) *Ce noble désespoir périt mal-aisément.* Un *désespoir* qui *périt mal-aisément* n'a pas un sens clair.
De plus *Horace* n'a point de désespoir. Ce vers est le
seul qu'on puisse reprendre dans cette belle tirade.

Dures extrémités de voir Albe asservie,
Ou sa victoire au prix d'une si chère vie;
Et que l'unique bien où tendent ses desirs
S'achète seulement par vos derniers soupirs!
Quels vœux puis-je former? et quel bonheur attendre
De tous les deux côtés j'ai des pleurs à répandre;
De tous les deux côtés mes desirs sont trahis.

H O R A C E.

Quoi! vous me pleureriez mourant pour mon pays!
Pour un cœur généreux ce trépas a des charmes;
La gloire qui le suit ne souffre point de larmes;
Et je le recevrois en bénissant mon sort,
Si Rome et tout l'état perdoient moins à ma mort.

C U R I A C E.

A vos amis pourtant permettez de le craindre;
Dans un si beau trépas ils sont les seuls à plaindre:
La gloire en est pour vous, et la perte pour eux. 1)
Il vous fait immortel, et les rend malheureux.
On perd tout quand on perd un ami si fidelle.
Mais Flavian m'apporte ici quelque nouvelle.

1) *La gloire en est pour vous, et la* perte *pour eux.*
   On perd *tout quand on* perd *un ami si fidelle.*
Perte suivie de deux fois *perd* est une faute bien légère.

SCENE II.

HORACE, CURIACE, FLAVIAN.

CURIACE.

Albe de trois guerriers a-t-elle fait le choix ?

FLAVIAN.

Je viens pour vous l'apprendre.

CURIACE.

Hé bien ! qui sont les trois ?

FLAVIAN.

Vos deux frères et vous. 1)

CURIACE.

Qui ?

FLAVIAN.

Vous et vos deux frères.
Mais pourquoi ce front triste et ces regards sévères ?
Ce choix vous déplaît-il ?

CURIACE.

Non, mais il me surprend ;
Je m'estimois trop peu pour un honneur si grand.

---

1) *Vos deux frères et vous. Qui ? Vous et vos deux frères.* Ce n'est pas ici une battologie ; cette répétition, *vous et vos deux frères*, est sublime par la situation. Voilà la première scène au théâtre, où un simple messager ait fait un effet tragique, en croyant apporter des nouvelles ordinaires. J'ose croire que c'est la perfection de l'art.

FLAVIAN.

Dirai-je au dictateur, dont l'ordre ici m'envoie,
Que vous le recevez avec si peu de joie ?
Ce morne et froid accueil me surprend à mon tour.

CURIACE.

Dis-lui que l'amitié, l'alliance, et l'amour,
Ne pourront empêcher que les trois Curiaces
Ne servent leur pays contre les trois Horaces.

FLAVIAN.

Contre eux ! Ah ! c'est beaucoup me dire en peu de mots.

CURIACE.

Porte-lui ma réponse, et nous laisse en repos.

S C E N E I I I.

H O R A C E , C U R I A C E.

CURIACE.

Que désormais le ciel, les enfers, et la terre,
Unissent leurs fureurs à nous faire la guerre ;
Que les hommes, les dieux, les démons, et le sort,1)
Préparent contre nous un général effort ;
Je mets à faire pis, en l'état où nous sommes,
Le sort et les démons, et les dieux, et les hommes ;

---

1) *Que les hommes, les dieux, les démons, et le sort.*
Cet entassement, cette répétition, cette combinaison
de *ciel*, de *dieux*, d'*enfer*, de *démons*, de *terre* et
d'*hommes*, de *cruel*, d'*horrible*, d'*affreux*, est, je
l'avoue, bien condamnable. Cependant le dernier vers
fait presque pardonner ce défaut.

Ce qu'ils ont de cruel, et d'horrible, et d'affreux,
L'est bien moins que l'honneur qu'on nous fait à tous deux.

HORACE.

Le sort, qui de l'honneur nous ouvre la barrière,
Offre à notre constance une illustre matière ;
Il épuise sa force à former un malheur
Pour mieux se mesurer avec notre valeur ; 1)
Et comme il voit en nous des ames peu communes,
Hors de l'ordre commun il nous fait des fortunes. 2)
Combattre un ennemi pour le salut de tous,
Et contre un inconnu s'exposer seul aux coups,
D'une simple vertu c'est l'effet ordinaire ;
Mille déjà l'ont fait, mille pourroient le faire : 3)

1) *Pour mieux se mesurer avec notre valeur.* Le sort qui veut se mesurer avec la valeur parait bien recherché, bien peu naturel ; mais que ce qui suit est admirable !

2) *Il nous fait des fortunes* n'est pas une expression propre. Ce mot de *fortunes* au pluriel ne doit jamais être employé sans épithète ; *bonnes* et *mauvaises fortunes*, *fortunes diverses*, mais jamais *des fortunes*. Cependant le sens est si beau, et la poésie a tant de priviléges, que je ne crois pas qu'on puisse condamner ce vers.

3) *Mille l'ont fait, mille pourraient le faire.* Rien ne fait mieux sentir les difficultés attachées à la rime que ce vers faible, ces mille qui ont *fait*, ces mille qui pourraient *faire*, pour rimer à *ordinaire.* Le reste est d'une beauté achevée.

Mourir pour le pays est un si digne sort,
Qu'on brigueroit en foule une si belle mort.
Mais vouloir au public immoler ce qu'on aime,
S'attacher au combat contre un autre soi-même,
Attaquer un parti qui prend pour défenseur
Le frère d'une femme, et l'amant d'une sœur,
Et rompant tous ces nœuds s'armer pour la patrie
Contre un sang qu'on voudroit racheter de sa vie,
Une telle vertu n'appartenoit qu'à nous.
L'éclat de son grand nom lui fait peu de jaloux;
Et peu d'hommes au cœur l'ont assez imprimée
Pour oser aspirer à tant de renommée.

C U R I A C E.

Il est vrai que nos noms ne sauroient plus périr;
L'occasion est belle, il nous la faut chérir :
Nous serons les miroirs d'une vertu bien rare.
Mais votre fermeté tient un peu du barbare.
Peu, même des grands cœurs, tireroient vanité
D'aller par ce chemin à l'immortalité :
A quelque prix qu'on mette une telle fumée,
L'obscurité vaut mieux que tant de renommée.
Pour moi, je l'ose dire, et vous l'avez pu voir,
Je n'ai point consulté pour suivre mon devoir;
Notre longue amitié, l'amour, ni l'alliance,
N'ont pu mettre un moment mon esprit en balance;
Et puisque par ce choix Albe montre en effet
Qu'elle m'estime autant que Rome vous a fait, 1)

1) *Que Rome vous a fait* n'est pas français. On peut

Je crois faire pour elle autant que vous pour Rome;
J'ai le cœur aussi bon, mais enfin je suis homme.
Je vois que votre honneur demande tout mon sang,
Que tout le mien consiste à vous percer le flanc,
Prêt d'épouser la sœur qu'il faut tuer-le frère,
Et que pour mon pays j'ai le sort si contraire.
Encor qu'à mon devoir je coure sans terreur,
Mon cœur s'en effarouche, et j'en frémis d'horreur;
J'ai pitié de moi-même, et jette un œil d'envie
Sur ceux dont notre guerre a consumé la vie;
Sans souhait toutefois de pouvoir reculer.
Ce triste et fier honneur m'émeut sans m'ébranler:
J'aime ce qu'il me donne, et je plains ce qu'il m'ôte;
Et si Rome demande une vertu plus haute,
Je rends graces aux dieux de n'être pas romain,
Pour conserver encor quelque chose d'humain. 1)

H O R A C E.

Si vous n'êtes romain, soyez digne de l'être;
Et si vous m'égalez, faites-le mieux paroître.

dire en prose, et non en vers, *J'ai dû vous estimer au-
tant que je fais*, ou *autant que je le fais*, mais non pas,
autant que je vous fais : et le mot *faire*, qui revient im-
médiatement après, est encore une faute; mais ce sont
des fautes légères qui ne peuvent gâter une si belle scène.

1) *Pour conserver encor quelque chose d'humain.*
Cette tirade fit un effet surprenant sur tout le public; et
les deux derniers vers sont devenus un proverbe, ou plu-
tôt une maxime admirable.

La solide vertu dont je fais vanité
N'admet point de foiblesse avec sa fermeté ;
Et c'est mal de l'honneur entrer dans la carrière
Que dès le premier pas regarder en arrière.
Notre malheur est grand, il est au plus haut point ;
Je l'envisage entier, mais je n'en frémis point.
Contre qui que ce soit que mon pays m'emploie,
J'accepte aveuglément cette gloire avec joie.
Celle de recevoir de tels commandemens
Doit étouffer en nous tous autres sentimens.
Qui près de le servir considère autre chose
A faire ce qu'il doit lâchement se dispose.
Ce droit saint et sacré rompt tout autre lien.
Rome a choisi mon bras, je n'examine rien.
Avec une alégresse aussi pleine et sincère
Q e j'épousai la sœur je combattrai le frère ;
Et pour trancher enfin ces discours superflus,
Albe vous a nommé, je ne vous connois plus. 1)

C U R I A C E.

Je vous connois encore, et c'est ce qui me tue ;
Mais cette âpre vertu ne m'étoit pas connue ;

1) *Je ne vous connais plus. Je vous connais encore.*
A ces mots *je ne vous connais plus, je vous connais en-
core*, on se récria d'admiration ; on n'avait jamais rien
vu de si sublime : il n'y a pas dans *Longin* un seul
exemple d'une pareille grandeur : ce sont ces traits qui
ont mérité à *Corneille* le nom de *grand*, non-seulement
pour le distinguer de son frère, mais du reste des hommes.
Une telle scène fait pardonner mille défauts.

Comme notre malheur elle est au plus haut point :
Souffrez que je l'admire et ne l'imite point.

HORACE.

Non, non, n'embrassez pas de vertu par contrainte; 1)
Et puisque vous trouvez plus de charme à la plainte,
En toute liberté goûtez un bien si doux.
Voici venir ma sœur pour se plaindre avec vous. 2)
Je vais revoir la vôtre, et résoudre son ame
A se bien souvenir qu'elle est toujours ma femme,

1) *Non, non, n'embrassez pas de vertu par contrainte, etc.* Un des excellens esprits de nos jours * trouvait dans ces vers un outrage odieux qu'*Horace* ne devait pas faire à son beau-frère. Je lui dis que cela préparait au meurtre de *Camille*, et il ne se rendit pas. Voici ce qu'il en dit dans son introduction à la connaissance de l'esprit humain : « *Corneille* apparemment veut peindre » ici une valeur féroce ; mais s'exprime-t-on ainsi avec » un ami et un guerrier modeste ? La fierté est une pas- » sion fort théâtrale ; mais elle dégénère en vanité et » en petitesse, si tôt qu'on la montre sans qu'on la pro- » voque. » J'ajouterai à cette réflexion de l'homme du monde qui pensait le plus noblement, qu'outre la fierté déplacée d'*Horace* il y a une ironie, une amertume, un mépris dans sa réponse, qui sont plus déplacés encore.

2) *Voici venir* ne se dit plus. Pourquoi fait-il un si bel effet en italien, *Ecco venir la barbara Reina*, et qu'il en fait un si mauvais en français ? n'est-ce point parce que l'italien fait toujours usage de l'infinitif ? *Un bel tacer ;* nous ne disons pas *un beau taire.* C'est dans ces exemples que se découvre le génie des langues.

* Le marquis de Vauvenargue.

A vous aimer encor si je meurs par vos mains,
Et prendre en son malheur des sentimens romains.

SCENE IV.

CAMILLE, HORACE, CURIACE.

HORACE.

Avez-vous su l'état qu'on fait de Curiace, 1)
Ma sœur ?

CAMILLE.

Hélas! mon sort a bien changé de face.

HORACE.

Armez-vous de constance, et montrez-vous ma sœur
Et si par mon trépas il retourne vainqueur,
Ne le recevez point en meurtrier d'un frère,
Mais en homme d'honneur qui fait ce qu'il doit faire,
Qui sert bien son pays, et sait montrer à tous,
Par sa haute vertu, qu'il est digne de vous :
Comme si je vivois, achevez l'hyménée.
Mais si ce fer aussi tranche sa destinée,
Faites à ma victoire un pareil traitement,
Ne me reprochez point la mort de votre amant.
Vos larmes vont couler, et votre cœur se presse ;
Consumez avec lui toute cette foiblesse ;

1) *Avez-vous su* l'état *qu'on fait de Curiace ? L'état*
ne se dit plus, et je voudrais qu'on le dit ; notre langue
n'est pas assez riche pour bannir tant de termes dont *Cor-*
neille s'est servi heureusement.

Querellez ciel et terre , et maudissez le sort ;
Mais après le combat ne pensez plus au mort.

(*A Curiace.*)

Je ne vous laisserai qu'un moment avec elle ,
Puis nous irons ensemble où l'honneur nous appelle.

SCENE V.

CURIACE, CAMILLE.

CAMILLE.

Iras-tu, Curiace ? et ce funeste honneur 1)
Te plaît-il aux dépens de tout notre bonheur?

CURIACE.

Hélas ! je vois trop bien qu'il faut, quoi que je fasse ,
Mourir ou de douleur ou de la main d'Horace.
Je vais comme au supplice à cet illustre emploi ;
Je maudis mille fois l'état qu'on fait de moi ;
Je hais cette valeur qui fait qu'Albe m'estime :
Ma flâme au désespoir passe jusques au crime ;
Elle se prend au ciel , et l'ose quereller.
Je vous plains, je me plains ; mais il y faut aller.

1) Il y avait dans les éditions anciennes ,

Iras-tu , ma chère ame ? et ce funeste honneur.

Chère ame ne révoltait point en 1639 , et ces expressions
tendres rendaient encore la situation plus haute. Depuis
peu même une grande actrice a rétabli cette expression
ma chère ame.

C A M I L L E.

Non, je te connois mieux ; tu veux que je te prie ,
Et qu'ainsi mon pouvoir t'excuse à ta patrie. 1)
Tu n'es que trop fameux par tes autres exploits ;
Albe a reçu par eux tout ce que tu lui dois.
Autre n'a mieux que toi soutenu cette guerre, 2)
Autre de plus de morts n'a couvert notre terre :
Ton nom ne peut plus croître , il ne lui manque rien ;
Souffre qu'un autre ici puisse ennoblir le sien.

C U R I A C E.

Que je souffre à mes yeux qu'on ceigne une autre tête
Des lauriers immortels que la gloire m'apprête ,
Ou que tout mon pays reproche à ma vertu
Qu'il auroit triomphé si j'avois combattu ;
Et que sous mon amour ma valeur endormie
Couronne tant d'exploits d'une telle infamie !
Non, Albe, après l'honneur que j'ai reçu de toi ,
Tu ne succomberas ni vaincras que par moi :
Tu m'as commis ton sort, je t'en rendrai bon compte,
Et vivrai sans reproche , ou périrai sans honte.

1) *T'excuse à ta patrie* n'est pas français ; il faut *envers ta patrie , auprès de ta patrie.*

2) *Autre n'a mieux que toi. Autre de plus de morts.*
Ces *autres* ne seraient plus soufferts , même dans le style
comique. Telle est la tyrannie de l'usage : *nul autre*
donne peut-être moins de rapidité et de force au discours.

CAMILLE.

Quoi ! tu ne veux pas voir qu'ainsi tu me trahis !

CURIACE.

Avant que d'être à vous je suis à mon pays.

CAMILLE.

Mais te priver pour lui toi-même d'un beau-frère,
Ta sœur de son mari !

CURIACE.

Telle est notre misère.
Le choix d'Albe et de Rome ôte toute douceur
Aux noms jadis si doux de beau-frère et de sœur.

CAMILLE.

Tu pourras donc, cruel, me présenter sa tête,
Et demander ma main pour prix de ta conquête !

CURIACE.

Il n'y faut plus penser : en l'état où je suis,
Vous aimer sans espoir c'est tout ce que je puis.
Vous en pleurez, Camille !

CAMILLE.

Il faut bien que je pleure,
Mon insensible amant ordonne que je meure ;
Et quand l'hymen pour nous allume son flambeau,
Il l'éteint de sa main pour m'ouvrir le tombeau.
Ce cœur impitoyable à ma perte s'obstine,
Et dit qu'il m'aime encore alors qu'il m'assassine.

CURIACE.

Que les pleurs d'une amante ont de puissans discours ! 1)
Et qu'un bel œil est fort avec un tel secours ! 2)
Que mon cœur s'attendrit à cette triste vue !
Ma constance contre elle à regret s'évertue.
N'attaquez plus ma gloire avec tant de douleurs ; 3)
Et laissez-moi sauver ma vertu de vos pleurs ;

1) *Que les pleurs d'une amante ont de puissans dis-
cours.* Remarquez qu'on peut dire *le langage des pleurs !*
comme on dit *le langage des yeux* ; pourquoi ? parce
que les regards et les pleurs expriment le sentiment :
mais on ne peut dire *le discours des pleurs ,* parce que
ce mot *discours* tient au raisonnement. Les pleurs n'ont
point de discours , et de plus , *avoir des discours* est un
barbarisme.

2) *Et qu'un bel œil est fort avec un tel secours.* Ces ré-
flexions générales font rarement un bon effet : on sent
que c'est le poëte qui parle ; c'est à la passion du per-
sonnage à parler. Un *bel œil* n'est ni noble ni conve-
nable : il n'est pas question ici de savoir si *Camille* a un
bel œil , et si un bel œil est fort ; il s'agit de perdre une
femme qu'on adore et qu'on va épouser. Retranchez ces
quatre premiers vers , le discours en devient plus rapide
et plus pathétique.

3) Les premières éditions portent :

N'attaquez plus ma gloire avecque vos douleurs.

Comme on s'est fait une loi de remarquer les plus petites
choses dans les belles scènes , on observera que c'est avec
raison que nous avons rejeté *avecque* de la langue , ce
que était inutile et rude.

Je sens qu'elle chancelle, et défend mal la place,
Plus je suis votre amant, moins je suis Curiace.
Foible d'avoir déjà combattu l'amitié,
Vaincroit-elle à la fois l'amour et la pitié ?
Allez, ne m'aimez plus, ne versez plus de larmes,
Ou j'oppose l'offense à de si fortes armes :
Je me défendrai mieux contre votre courroux ;
Et, pour le mériter,... je n'ai plus d'yeux pour vous.
Vengez-vous d'un ingrat, punissez un volage.... 1)
Vous ne vous montrez point sensible à cet outrage !
Je n'ai plus d'yeux pour vous, vous en avez pour moi !
En faut-il plus encor ? Je renonce à ma foi.
Rigoureuse vertu dont je suis la victime,
Ne peux-tu résister sans le secours d'un crime ?

CAMILLE.

Ne fais point d'autre crime, et j'atteste les dieux
Qu'au lieu de t'en haïr je t'en aimerai mieux.
Oui, je te chérirai tout ingrat et perfide ;
Et cesse d'aspirer au nom de fratricide.
Pourquoi suis-je romaine ? ou que n'es-tu romain ?
Je te préparerois des lauriers de ma main ;
Je t'encouragerois, au lieu de te distraire ;
Et je te traiterois comme j'ai fait mon frère.

---

1) *Vengez-vous d'un ingrat, punissez un volage.*
J'ose penser qu'il y a ici plus d'artifice et de subtilité que
de naturel. On sent trop que *Curiace* ne parle pas sérieu-
sement. Ce trait de rhéteur refroidit ; mais *Camille* ré-
pond avec des sentimens si vrais, qu'elle couvre tout
d'un coup ce petit défaut.

Hélas ! j'étois aveugle en mes vœux aujourd'hui ,
J'en ai fait contre toi quand j'en ai fait pour lui.
Il revient. Quel malheur, si l'amour de sa femme
Ne peut non plus sur lui que le mien sur ton ame ! 1)

S C E N E   V I.

HORACE, SABINE, CURIACE, CAMILLE.

C U R I A C E.

DIEUX ! Sabine le suit ! Pour ébranler mon cœur
Est-ce peu de Camille ? y joignez-vous ma sœur ?
Et, laissant à ses pleurs vaincre ce grand courage ;
L'amenez-vous ici chercher même avantage ?

S A B I N E.

Non, non, mon frère, non ; je ne viens en ce lieu 2)
Que pour vous embrasser, et pour vous dire adieu.

1) *Ne peut non plus sur lui. Non plus sur lui* n'est pas
français ; la grammaire demande , *ne peut pas plus sur
lui.* Ces deux vers ne sont pas bien faits ; il ne faut pas
s'attendre à trouver dans *Corneille* la pureté , la correc-
tion , l'élégance du style ; ce mérite ne fut connu que
dans les beaux jours du siècle de *Louis XIV.* C'est une
réflexion que les lecteurs doivent faire souvent pour jus-
tifier *Corneille* , et pour excuser la multitude des notes
du commentateur.

2) Ce trois *non* , et *en ce lieu* font un mauvais effet.
On sent que le *lieu* est pour la rime , et les *non* redou-
blés , pour le vers. Ces négligences si pardonnables dans
un bel ouvrage sont remarquées aujourd'hui. Mais ces

Votre sang est trop bon, n'en craignez rien de lâche,
Rien dont la fermeté de ces grands cœurs se fâche; 1)
Si ce malheur illustre ébranloit l'un de vous,
Je le désavoûrois pour frère, ou pour époux.
Pourrai-je toutefois vous faire une prière.
Digne d'un tel époux, et digne d'un tel frère?
Je veux d'un coup si noble tuer l'impiété,
A l'honneur qui l'attend rendre sa pureté,
La mettre en son éclat sans mélange de crimes;
Enfin je vous veux faire ennemis légitimes.

termes *en ce lieu*, *en ces lieux*, cessent d'être une expression oiseuse, une cheville, quand ils signifient qu'on doit être en ce lieu plutôt qu'ailleurs.

1) *Rien dont la fermeté de ces grands cœurs se fâche.* Se *fâche* est trop faible, trop du style familier. Mais le lecteur doit examiner quelque chose de plus important; il verra que cette scène de *Sabine* n'était pas nécessaire, qu'elle ne fait pas un coup de théâtre, que le discours de *Sabine* est trop artificieux, que sa douleur est trop étudiée, que ce n'est qu'un effort de rhétorique. Cette proposition, qu'un des deux la tue, et que l'autre la venge, n'a pas l'air sérieux; et d'ailleurs cela n'empêchera pas que *Curiace* ne combatte le frère de sa maitresse, et qu'*Horace* ne combatte l'époux promis à sa sœur. De plus *Camille* est un personnage nécessaire, et *Sabine* ne l'est pas: c'est sur *Camille* que roule l'intrigue. Epousera-t-elle son amant? ne l'épousera-t-elle pas? ce sont les personnages dont le sort peut changer, et dont les passions doivent être heureuses ou malheureuses, qui sont l'ame de la tragédie. *Sabine* n'est introduite dans la pièce que pour se plaindre.

Du saint nœud qui vous joint je suis le seul lien :
Quand je ne serai plus, vous ne vous serez rien.
Brisez votre alliance, et rompez-en la chaîne ;
Et puisque votre honneur veut des effets de haine,
Achetez par ma mort le droit de vous haïr :
Albe le veut, et Rome ; il faut leur obéir :
Qu'un de vous deux me tue, et que l'autre me venge :
Alors votre combat n'aura plus rien d'étrange ;
Et du moins l'un des deux sera juste agresseur
Ou pour venger sa femme, ou pour venger sa sœur.
Mais quoi ! vous souilleriez une gloire si belle,
Si vous vous animiez par quelque autre querelle.
Le zèle du pays vous défend de tels soins ;
Vous feriez peu pour lui si vous vous étiez moins ; 1)
Il lui faut, et sans haine, immoler un beau-frère.
Ne différez donc plus ce que vous devez faire,
Commencez par sa sœur à répandre son sang,
Commencez par sa femme à lui percer le flanc,
Commencez par Sabine à faire de vos vies
Un digne sacrifice à vos chères patries :
Vous êtes ennemis en ce combat fameux,
Vous d'Albe, vous de Rome, et moi de toutes deux.
Quoi ! me réservez-vous à voir une victoire
Où pour haut appareil d'une pompeuse gloire, 2)

1) Ce *peu* et ce *moins* font un mauvais effet. Et *vous
vous étiez moins* est prosaïque et familier.

2) *Haut appareil d'une pompeuse gloire.* Ces vers
échappent quelquefois au génie dans le feu de la compo-
sition. Ils ne disent rien ; mais ils accompagnent des vers
qui disent beaucoup.

Je verrai les lauriers d'un frère ou d'un mari
Fumer encor d'un sang que j'aurai tant chéri?
Pourrai-je entre vous deux régler alors mon ame,
Satisfaire aux devoirs et de sœur et de femme,
Embrasser le vainqueur en pleurant le vaincu?
Non, non, avant ce coup Sabine aura vécu:
Ma mort le préviendra, de qui que je l'obtienne:
Le refus de vos mains y condamne la mienne.
Sus donc! qui vous retient? Allez, cœurs inhumains,
J'aurai trop de moyens pour y forcer vos mains;
Vous ne les aurez point au combat occupées,
Que ce corps au milieu n'arrête vos épées;
Et malgré vos refus il faudra que leurs coups
Se fassent jour ici pour aller jusqu'à vous.

HORACE.

O ma femme!

CURIACE.

O ma sœur!

CAMILLE.

Courage! ils s'amollissent

SABINE.

Vous poussez des soupirs! vos visages pâlissent!
Quelle peur vous saisit? Sont-ce là ces grands cœurs,
Ces héros qu'Albe et Rome ont pris pour défenseurs?

HORACE.

Que t'ai-je fait, Sabine? et quelle est mon offense 1)
Qui t'oblige à chercher une telle vengeance?

1) Il y avait auparavant,
    Femme, que t'ai-je fait! et quelle est mon offense? ....
La naïveté qui régnait encore en ce tems là dans les

HORACE,

Que t'a fait mon honneur, et par quel droit viens-tu
Avec toute ta force attaquer ma vertu ?
Du moins contente-toi de l'avoir étonnée,
Et me laisse achever cette grande journée.
Tu me viens de réduire en un étrange point; 1)
Aime assez ton mari pour n'en triompher point;
Va-t-en, et ne rends plus la victoire douteuse;
La dispute déjà m'en est assez honteuse.
Souffre qu'avec honneur je termine mes jours.

SABINE.

Va, cesse de me craindre, on vient à ton secours.

SCENE VII.

Le vieil HORACE, HORACE, CURIACE, SABINE, CAMILLE.

Le vieil HORACE.

Qu'est ceci, mes enfans ? écoutez-vous vos flâmes ? 2)
Et perdez-vous encor le tems avec des femmes ? 3)

écrits permettait ce mot. La rudesse romaine y paraît
même toute entière.

1) *Tu me viens de réduire en un étrange point.* Notre
malheureuse rime arrache quelquefois de ces mauvais
vers : ils passent à la faveur des bons; mais ils fe-
raient tomber un ouvrage médiocre dans lequel ils se-
raient en grand nombre.

2) *Qu'est ceci, mes enfans ? Qu'est ceci* ne se dit
plus aujourd'hui que dans le discours familier.

3) *Avec des femmes* serait comique en toute autre oc-

Prêts à verser du sang, regardez-vous des pleurs?
Fuyez, et laissez-les déplorer leurs malheurs.
Leurs plaintes ont pour vous trop d'art et de tendresse
Elles vous feroient part enfin de leur foiblesse;
Et ce n'est qu'en fuyant qu'on pare de tels coups.

SABINE.

N'appréhendez rien d'eux, ils sont dignes de vous.
Malgré tous nos efforts, vous en devez attendre
Ce que vous souhaitez et d'un fils et d'un gendre;
Et, si notre foiblesse ébranloit leur honneur,
Nous vous laissons ici pour leur rendre du cœur.
Allons, ma sœur, allons; ne perdons plus de larmes;
Contre tant de vertus ce sont de foibles armes.
Ce n'est qu'au désespoir qu'il nous faut recourir.
Tigres, allez combattre; et nous, allons mourir.

SCENE VIII.

LE VIEIL HORACE, HORACE, CURIACE.

HORACE.

Mon père, retenez des femmes qui s'emportent;
Et, de grace, empêchez sur-tout qu'elles ne sortent;
Leur amour importun viendroit avec éclat
Par des cris et des pleurs troubler notre combat;

casion; mais je ne sais si cette expression commune ne
va pas ici jusqu'à la noblesse, tant elle peint bien le
vieil *Horace.*

Et ce qu'elles nous sont feroit qu'avec justice
On nous imputeroit ce mauvais artifice.
L'honneur d'un si beau choix seroit trop acheté
Si l'on nous soupçonnoit de quelque lâcheté.

Le vieil H O R A C E.

J'en aurai soin. Allez; vos frères vous attendent;
Ne pensez qu'aux devoirs que vos pays demandent. 1)

C U R I A C E.

Quel adieu vous dirai-je ? et par quels complimens....

Le vieil H O R A C E.

Ah! n'attendrissez point ici mes sentimens.
Pour vous encourager ma voix manque de termes;
Mon cœur ne forme point de pensers assez fermes;
Moi-même en cet adieu j'ai les larmes aux yeux.
Faites votre devoir; et laissez faire aux dieux. 2)

Fin du second acte.

1) *Aux devoirs que vos pays demandent.* Des pays
ne demandent point *des devoirs.* La patrie impose *des*
devoirs, elle en demande l'accomplissement.

2) *Faites votre devoir; et laissez faire aux dieux.*
J'ai cherché dans tous les anciens et dans tous les
théâtres étrangers une situation pareille, un pareil mé-
lange de grandeur d'ame, de douleur, de bienséance,
et je ne l'ai point trouvé. Je remarquerai sur-tout que
chez les Grecs il n'y a rien dans ce goût.

ACTE TROISIÈME.

SCENE I.

SABINE, *seule.* 1)

PRENONS parti, mon ame, en de telles disgraces;
Soyons femme d'Horace, ou sœur des Curiaces;
Cessons de partager nos inutiles soins;
Souhaitons quelque chose, et craignons un peu moins.

    Mais, las! quel parti prendre en un sort si contraire?
Quel ennemi choisir, d'un époux, ou d'un frère?
La nature ou l'amour parle pour chacun d'eux;
Et la loi du devoir m'attache à tous les deux.
Sur leurs hauts sentimens réglons plutôt les nôtres;
Soyons femme de l'un ensemble et sœur des autres;
Regardons leur honneur comme un souverain bien;
Imitons leur constance, et ne craignons plus rien.

1) Ce monologue de *Sabine* est absolument inutile, et
fait languir la pièce. Les comédiens voulaient alors des
monologues. La déclamation approchait du chant, sur-
tout celle des femmes; les auteurs avaient cette com-
plaisance pour elle. *Sabine* s'adresse sa pensée, la
retourne, répète ce qu'elle a dit, oppose parole à
parole :

> En l'une je suis femme, en l'autre je suis fille.
> En l'une je suis fille, en l'autre je suis femme.
> Songeons pour quelle cause, et non par quelles mains.
> Je songe par quels bras, et non pour quelle cause.

Les quatre derniers vers sont plus dans la passion.

La mort qui les menace est une mort si belle,
Qu'il en faut sans frayeur attendre la nouvelle.
N'appelons point alors les destins inhumains ;
Songeons pour quelle cause, et non par quelles mains.
Revoyons les vainqueurs, sans penser qu'à la gloire
Que toute leur maison reçoit de leur victoire ;
Et, sans considérer aux dépens de quel sang
Leur vertu les élève en cet illustre rang 1)
Faisons nos intérêts de ceux de leur famille :
En l'une je suis femme, en l'autre je suis fille,
Et tiens à toutes deux par de si forts liens,
Qu'on ne peut triompher que par les bras des miens.

Fortune, quelques maux que ta rigueur m'envoie,
J'ai trouvé les moyens d'en tirer de la joie,
Et puis voir aujourd'hui le combat sans terreur,
Les morts sans désespoir, les vainqueurs sans horreur.

Flatteuse illusion, erreur douce et grossière,
Vain effort de mon ame, impuissante lumière,
De qui le faux brillant prend droit de m'éblouir ;
Que tu sais peu durer, et tôt t'évanouir !
Pareille à ces éclairs qui dans le fort des ombres
Poussent un jour qui fuit, et rend les nuits plus sombres, 2)

1) Il ne s'agit point ici de rang. L'auteur a voulu rimer
à sang. La plus grande difficulté de la poésie française
et son plus grand mérite est que la rime ne doit jamais
empêcher d'employer le mot propre.

2) *Poussent un jour qui fuit*, etc. La tragédie admet
les métaphores, mais non pas les comparaisons : pour-
quoi ? parce que la métaphore, quand elle est naturelle,

Tu n'as frappé mes yeux d'un moment de clarté
Que pour les abîmer dans plus d'obscurité.
Tu charmois trop ma peine ; et le ciel qui s'en fâche
Me vend déjà bien cher ce moment de relâche.
Je sens mon triste cœur percé de tous les coups
Qui m'ôtent maintenant un frère, ou mon époux :
Quand je songe à leur mort, quoique je me propose,
Je songe par quels bras, et non pour quelle cause,
Et ne vois les vainqueurs en leur illustre rang
Que pour considérer aux dépens de quel sang.
La maison des vaincus touche seule mon ame ;
En l'une je suis fille, en l'autre je suis femme ;
Et tiens à toutes deux par de si forts liens,
Qu'on ne peut triompher que par la mort des miens.
C'est donc là cette paix que j'ai tant souhaitée !
Trop favorables dieux, vous m'avez écoutée !
Quels foudres lancez-vous quand vous vous irritez,
Si même vos faveurs ont tant de cruautés ?
Et de quelle façon punissez-vous l'offense,
Si vous traitez ainsi les vœux de l'innocence. 1)

appartient à la passion ; les comparaisons n'appartiennent
qu'à l'esprit.

1) Ces quatre derniers vers semblent dignes de la
tragédie, mais ce monologue ne semble qu'une ampli-
fication.

SCENE II.

SABINE, JULIE.

SABINE.

En est-ce fait, Julie? et que m'apportez-vous? 1)
Est-ce la mort d'un frère, ou celle d'un époux?
Le funeste succès de leurs armes impies
De tous les combattans a-t-il fait des hosties? 2)
Et m'enviant l'horreur que j'aurois des vainqueurs,
Pour tous tant qu'ils étoient demande-t-il mes pleurs ?

JULIE.

Quoi! ce qui s'est passé, vous l'ignorez encore ?

SABINE.

Vous faut-il étonner de ce que je l'ignore ?
Et ne savez-vous pas que de cette maison
Pour Camille et pour moi l'on fait une prison ?

---

1) *En est-ce fait; Julie ? et que m'apportez-vous ?* Autant la première scène a refroidi les esprits, autant cette seconde les échauffe ; pourquoi ? c'est qu'on y apprend quelque chose de nouveau et d'intéressant : il n'y a point de vaine déclamation ; et c'est là le grand art de la tragédie ; fondé sur la connaissance du cœur humain, qui veut toujours être remué.

2) *De tous les combattans a-t-il fait des* hosties ? *Hostie* ne se dit plus, et c'est dommage ; il ne reste plus que le mot de *victime*. Plus on a de termes pour exprimer la même chose, plus la poésie est variée.

Julie, on nous renferme, on a peur de nos larmes ;
Sans cela nous serions au milieu de leurs armes ;
Et par les désespoirs 1) d'une chaste amitié
Nous aurions des deux camps tiré quelque pitié.

JULIE.

Il n'étoit pas besoin d'un si tendre spectacle ;
Leur vue à leur combat apporte assez d'obstacle.
Sitôt qu'ils ont paru prêts à se mesurer,
On a dans les deux camps entendu murmurer.
A voir de tels amis, des personnes si proches,
Venir pour leur patrie aux mortelles approches,
L'un s'émeut de pitié, l'autre est saisi d'horreur,
L'autre d'un si grand zèle admire la fureur ;
Tel porte jusqu'aux cieux leur vertu sans égale,
Et tel l'ose nommer sacrilége et brutale.
Ces divers sentimens n'ont pourtant qu'une voix ;
Tous accusent leurs chefs, tous détestent leurs choix ;
Et ne pouvant souffrir un combat si barbare,
On s'écrie, on s'avance, enfin on les sépare.

1) *Et par les désespoirs.* On n'emploie plus aujourd-
d'hui *désespoir* au pluriel ; il fait pourtant un très-bel
effet. *Mes déplaisirs , mes craintes , mes douleurs ,
mes ennuis ,* disent plus que *mon déplaisir , ma
crainte , etc.* Pourquoi ne pourrait-on pas dire *mes dé-
sespoirs ,* comme on dit, *mes espérances ?* Ne peut-on
pas désespérer de plusieurs choses , comme on peut en
espérer plusieurs ?

SABINE.

Que je vous dois d'encens, grands dieux, qui m'exaucez !

JULIE.

Vous n'êtes pas, Sabine, encore où vous pensez :
Vous pouvez espérer, vous avez moins à craindre;
Mais il vous reste encore assez de quoi vous plaindre.
En vain d'un sort si triste on les veut garantir,
Ces cruels généreux n'y peuvent consentir.
La gloire de ce choix leur est si précieuse,
Et charme tellement leur ame ambitieuse,
Qu'alors on les déplore ils s'estiment heureux,
Et prennent pour affront la pitié qu'on a d'eux.
Le trouble des deux camps souille leur renommée;
Ils combattront plutôt et l'une et l'autre armée,
Et mourront par les mains qui leur font d'autres lois, 1)
Que pas un d'eux renonce aux honneurs d'un tel choix.

SABINE.

Quoi ! dans leur dureté ces cœurs d'acier s'obstinent !

JULIE.

Oui : mais d'autre côté les deux camps se mutinent;

---

1) Il y avait ,
　　Et mourront par les mains qui les ont séparés ,
　　Que quitter les honneurs qui leur sont déférés.

Comme il y a ici une faute évidente de langage, *mour-
ront, que quitter,* et que l'auteur avait oublié le mot *plu-
tôt,* qu'il ne pouvait pourtant répéter parce qu'il est au
vers précédent, il changea ainsi cet endroit : par mal-
heur la même faute s'y retrouve. Tout le reste de ce
couplet est très-bien écrit.

Et leurs cris des deux parts poussés en même tems
Demandent la bataille, ou d'autres combattans.
La présence des chefs à peine est respectée,
Leur pouvoir est douteux, leur voix mal écoutée ;
Le roi même s'étonne, et pour dernier effort,
« Puisque chacun, dit-il, s'échauffe en ce discord, 1)
» Consultons des grands dieux la majesté sacrée,
» Et voyons si ce change à leurs bontés agrée.
» Quel impie osera se prendre à leur vouloir,
» Lorsqu'en un sacrifice ils nous l'auront fait voir ?»
Il se tait, et ces mots semblent être des charmes;
Même aux six combattans ils arrachent les armes;
Et ce desir d'honneur qui leur ferme les yeux,
Tout aveugle qu'il est, respecte encor les dieux.
Leur plus bouillante ardeur cède à l'avis de Tulle;
Et, soit par déférence, ou par un prompt scrupule,
Dans l'une et l'autre armée on s'en fait une loi,
Comme si toutes deux le connoissoient pour roi. 2)
Le reste s'apprendra par la mort des victimes.

SABINE.

Les dieux n'avoûront point un combat plein de crimes;
J'en espère beaucoup, puisqu'il est différé;
Et je commence à voir ce que j'ai desiré.

1) *En ce discord* ne se dit plus, mais il est à regretter.

2) C'est une petite faute. Le sens est, *comme si toutes deux voyaient en lui leur roi.* Connaître un homme pour roi ne signifie pas le reconnaître pour son souverain. On peut connaître un homme pour roi d'un autre pays. Connaître ne veut pas dire reconnaitre.

S C E N E   I I I.

C A M I L L E ,   S A B I N E ,   J U L I E.

S A B I N E.

MA sœur, que je vous die une bonne nouvelle. 1)

C A M I L L E.

Je pense la savoir, s'il faut la nommer telle ;
On l'a dite à mon père, et j'étois avec lui ;
Mais je n'en conçois rien qui flatte mon ennui.
Ce délai de nos maux rendra leurs coups plus rudes ;
Cé n'est qu'un plus long terme à nos inquiétudes ;
Et tout l'allégement qu'il en faut espérer,
C'est de pleurer plus tard ceux qu'il faudra pleurer.

1) *Ma sœur que je vous* die *une bonne nouvelle.* Au lieu de *die* on a imprimé *dise* dans les éditions suivantes. *Die* n'est plus qu'une licence ; on ne l'emploie que pour la rime. *Une bonne nouvelle* est du style de la comédie ; ce n'est là qu'une très-légère inattention. Il était très-aisé à *Corneille* de mettre, *Ah ! ma sœur, apprenez une heureuse nouvelle,* et d'exprimer ce petit détail autrement : mais alors ces expressions familières étaient tolérées ; elles ne sont devenues des fautes que quand la langue s'est perfectionnée ; et c'est à *Corneille* même qu'elle doit en partie cette perfection. On fit bientôt une étude sérieuse d'une langue dans laquelle il avait écrit de si belles choses.

SABINE.

Les dieux n'ont pas en vain inspiré ce tumulte.

CAMILLE.

Disons plutôt, ma sœur, qu'en vain on les consulte.
Ces mêmes dieux à Tulle ont inspiré ce choix;
Et la voix du public n'est pas toujours leur voix.
Ils descendent bien moins dans de si bas étages 1)
Que dans l'ame des rois leurs vivantes images,
De qui l'indépendante et sainte autorité
Est un rayon secret de leur divinité.

JULIE.

C'est vouloir sans raison vous former des obstacles,
Que de chercher leurs voix ailleurs qu'en leurs oracles;
Et vous ne vous pouvez figurer tout perdu,
Sans démentir celui qui vous fut hier rendu.

---

1) *Ils descendent bien moins dans de si bas étages.*
Bas étages est bien bas , et la pensée n'est que poétique.
Cette contestation de *Sabine* et de *Camille* paraît froide
dans un moment où l'on est si impatient de savoir ce
qui se passe. Ce discours de *Camille* semble avoir un
autre défaut : ce n'est point à une amante à dire que les
dieux inspirent toujours les rois , qu'ils sont des rayons
de la divinité ; c'est là de la déclamation d'un rhéteur
dans un panégirique.

Ces contestations de *Camille* et de *Sabine* sont à la
vérité des jeux d'esprit un peu froids ; c'est un grand
malheur que le peu de matière que fournit la pièce
ait obligé l'auteur à y mêler ces scènes qui par leur
inutilité sont toujours languissantes.

CAMILLE.

Un oracle jamais ne se laisse comprendre;
On l'entend d'autant moins, que plus on croit l'entendre
Et loin de s'assurer sur un pareil arrêt,
Qui n'y voit rien d'obscur, doit croire que tout l'est.

SABINE.

Sur ce qu'il fait pour nous prenons plus d'assurance,
Et souffrons les douleurs d'une juste espérance.
Quand la faveur du ciel ouvre à demi ses bras,
Qui ne s'en promet rien ne la mérite pas;
Il empêche souvent qu'elle ne se déploie;
Et lorsqu'elle descend, son refus la renvoie.

CAMILLE.

Le ciel agit sans nous en ces événemens,
Et ne les règle point dessus nos sentimens.

JULIE.

Il ne vous a fait peur que pour vous faire grace.
Adieu. Je vais savoir comme enfin tout se passe. 1)
Modérez vos frayeurs; j'espère, à mon retour,
Ne vous entretenir que de propos d'amour 2)
Et que nous n'emploîrons la fin de la journée
Qu'aux doux préparatifs d'un heureux hyménée.

1) Ce vers de comédie, *Je vais savoir comme enfin
tout se passe*, démontre l'inutilité de la scène. La né-
cessité de savoir comme tout se passe condamne tout
ce froid dialogue.

2) ....*J'espère à mon retour ne vous entretenir que de
propos d'amour.* Ce discours de *Julie* est trop d'une sou-
brette de comédie.

SABINE.

J'òse encor l'espérer.

CAMILLE.

Moi, je n'espére rien.

JULIE.

L'effet vous fera voir que nous en jugeons bien.

SCENE IV.

SABINE, CAMILLE.

SABINE.

PARMI nos déplaisirs souffrez que je vous blâme. 1)
Je ne puis approuver tant de trouble en votre ame.

---

1) *Parmi nos déplaisirs souffrez que je vous blâme.*
Cette scène est encore froide. On sent trop que *Sabine*
et *Julie* ne sont là que pour amuser le peuple, en at-
tendant qu'il arrive un évènement intéressant ; elles ré-
pètent ce qu'elles ont déjà dit. *Corneille* manque à la
grande règle, *semper ad eventum festinat* ; mais quel
homme l'a toujours observée ? J'avouerai que *Shakes-
pear* est de tous les auteurs tragiques celui où l'on
trouve le moins de ces scènes de pure conversation :
il y a presque toujours quelque chose de nouveau dans
chacune de ses scènes ; c'est à la vérité aux dépens
des règles et de la bienséance et de la vraisemblance ;
c'est en entassant vingt années d'évènemens les uns sur
les autres ; c'est en mêlant le grotesque au terrible ;
c'est en passant d'un cabaret à un champ de bataille,
et d'un cimetière à un trône : mais enfin il attache.

HORACE,

Que feriez-vous, ma sœur, au point où je me vois,
Si vous aviez à craindre autant que je le dois,
Et si vous attendiez de leurs armes fatales
Des maux pareils aux miens et des pertes égales ?

CAMILLE.

Parlez plus sainement de vos maux et des miens :
Chacun voit ceux d'autrui d'un autre œil que les siens ;
Mais, à bien regarder ceux où le ciel me plonge,
Les vôtres auprès d'eux vous sembleront un songe.
La seule mort d'Horace est à craindre pour vous.
Des frères ne sont rien à l'égal d'un époux.
L'hymen qui nous attache en une autre famille 1)
Nous détache de celle où l'on a vécu fille.
On voit d'un œil divers des nœuds si différens ;
Et pour suivre un mari l'on quitte ses parens.
Mais, si près d'un hymen l'amant que donne un père
Nous est moins qu'un époux, et non moins qu'un frère,
Nos sentimens entr'eux demeurent suspendus,
Notre choix impossible, et nos vœux confondus.
Ainsi, ma sœur, du moins vous avez dans vos plaintes
Où porter vos souhaits et terminer vos craintes ;
Mais si le ciel s'obstine à nous persécuter,
Pour moi j'ai tout à craindre, et rien à souhaiter.

L'art serait d'attacher et de surprendre toujours, sans
aucun de ces moyens irréguliers et burlesques tant
employés sur les théâtres espagnols et anglais.

1) *Attache en une autre famille.* Il faut *à une autre
famille ;* d'ailleurs ces vers sont trop familiers.

SABINE.

Quand il faut que l'un meure, et par les mains de l'autre.
C'est un raisonnement bien mauvais que le vôtre. 1)
Quoique ce soient, ma sœur, des nœuds bien différens,
C'est sans les oublier qu'on quitte ses parens.
L'hymen n'efface point ses profonds caractères;
Pour aimer un mari l'on ne hait pas ses frères;
La nature en tout tems garde ses premiers droits;
Aux dépens de leur vie on ne fait point de choix :
Aussi-bien qu'un époux ils sont d'autres nous-mêmes;
Et tous maux sont pareils alors qu'ils sont extrêmes. 2)
Mais l'amant qui vous charme, et pour qui vous brûlez,
Ne vous est après tout que ce que vous voulez :
Une mauvaise humeur, un peu de jalousie,
En fait assez souvent passer la fantaisie. 3)

1) *C'est un raisonnement bien mauvais que le vôtre.*
Ce mot seul de *raisonnement* est la condamnation de
cette scène et de toutes celles qui lui ressemblent. Tout
doit être action dans une tragédie : non que chaque
scène doive être un évènement ; mais chaque scène
doit servir à nouer ou à dénouer l'intrigue, chaque
discours doit être préparation ou obstacle. C'est en
vain qu'on cherche à mettre des contrastes entre les
caractères dans ces scènes inutiles, si ces contrastes ne
produisent rien.

2) *Et tous maux sont pareils alors qu'ils sont ex-
trêmes.* Ce beau vers est d'une grande vérité. Il est triste
qu'il soit perdu dans une amplification.

3) *En fait assez souvent passer la fantaisie*, est un
vers comique qui gâterait la plus belle tirade.

Ce que peut le caprice, osez-le par raison ;
Et laissez votre sang hors de comparaison.
C'est crime qu'opposer des liens volontaires
A ceux que la naissance a rendu nécessaires.
Si donc le ciel s'obstine à nous persécuter,
Seule j'ai tout à craindre, et rien à souhaiter ;
Mais pour vous, le devoir vous donne dans vos plaintes
Où porter vos souhaits, et terminer vos craintes.

C A M I L L E.

Je le vois bien, ma sœur, vous n'aimâtes jamais ;
Vous ne connoissez point ni l'amour ni ses traits ; 1)
On peut lui résister quand il commence à naître,
Mais non pas le bannir quand il s'est rendu maître,
Et que l'aveu d'un pére, engageant notre foi,
A fait de ce tyran un légitime roi.
Il entre avec douceur, mais il règne par force ; 2)
Et quand l'ame une fois a goûté son amorce,

---

1) *Vous ne connoissez point ni l'amour ni ses traits.*
Ce *point* est de trop. Il faut *Vous ne connaissez ni
l'amour ni ses traits.*

2) *Il entre avec douceur, mais il règne par force,* etc.
Ces maximes détachées, qui sont un défaut quand la
passion doit parler, avait alors le mérite de la nouveauté.
On s'écriait, *c'est connaître le cœur humain* ; mais c'est
le connaître bien mieux que de faire dire en sentiment
ce qu'on n'exprimait guère alors qu'en sentences ; défaut
éblouissant que les auteurs imitaient de *Sénèque.*

Vouloir ne plus aimer, c'est ce qu'elle ne peut, 1)
Puisqu'elle ne peut plus vouloir que ce qu'il veut ;
Ses chaînes sont pour nous aussi fortes que belles. 2)

SCENE V.

LE VIEIL HORACE, SABINE, CAMILLE.

Le vieil HORACE.

JE viens vous apporter de fâcheuses nouvelles, 3)

1) . . . *C'est ce qu'elle ne* peut, *puisqu'elle ne* peut
plus vouloir que ce qu'il veut. Ces deux *peut*, ces syl-
labes dures, ces monosyllabes *veut* et *peut*, et cette idée
de vouloir ce que l'amour veut, comme s'il était question
ici du dieu d'amour ; tout cela constitue deux des plus
mauvais vers qu'on pût faire, et c'était de tels vers qu'il
fallait corriger.

2) Toute cette scène est ce qu'on appelle du rem-
plissage, défaut insupportable, mais devenu presque
nécessaire dans nos tragédies, qui sont toutes trop
longues, à l'exception d'un très-petit nombre.

3) *Je viens vous apporter de fâcheuses nouvelles.*
Comme l'arrivée du vieil *Horace* rend la vie au théâtre
qui languissait ! Quel moment ! et quelle noble simpli-
cité ! On pourrait objecter qu'*Horace* ne devrait pas
venir avertir des femmes que leurs époux et leurs frères
sont aux mains, que c'est venir les désespérer inuti-
lement et sans raison, qu'on les a même renfermées
pour ne point entendre leurs cris, qu'il ne résulte rien
de cette nouvelle : mais il en résulte du plaisir pour
le spectateur, qui malgré cette critique est très-aise
de voir le vieil *Horace.*

Mes filles ; mais en vain je voudrois vous celer
Ce qu'on ne vous sauroit long-tems dissimuler :
Vos frères sont aux mains, les dieux ainsi l'ordonnent.

SABINE.

Je veux bien l'avouer, ces nouvelles m'étonnent ;
Et je m'imaginois dans la divinité
Beaucoup moins d'injustice , et bien plus de bonté.
Ne nous consolez point contre tant d'infortune : 1)
La pitié parle en vain , la raison importune.
Nous avons en nos mains la fin de nos douleurs,
Et qui veut bien mourir peut braver les malheurs.
Nous pourrions aisément faire en votre présence
De notre désespoir une fausse constance ; 2)
Mais quand on peut sans honte être sans fermeté, 3)
L'affecter au dehors c'est une lâcheté :
L'usage d'un tel art nous le laissons aux hommes,
Et ne voulons passer que pour ce que nous sommes.
Nous ne demandons point qu'un courage si fort
S'abaisse, à notre exemple, à se plaindre du sort.

1) *Consolez contre tant d'infortune.* Cela n'est pas
français. On console du malheur ; on s'arme , on se sou-
tient contre le malheur.

2) *Faire une fausse constance de son désespoir* est
du phébus , du galimatias : est-il possible que le mauvais
se trouve ainsi presque toujours à côté du bon !

3) *Mais quand on peut sans honte être sans fermeté ;*
etc. Ces sentences et ces raisonnemens sont bien mal pla-
cés, dans un moment si douloureux ; c'est là le poëte
qui parle et qui raisonne.

Recevez sans frémir ces mortelles alarmes ;
Voyez couler nos pleurs sans y mêler vos larmes ;
Enfin , pour toute grace, en de tels déplaisirs ,
Gardez votre constance, et souffrez nos soupirs.

Le vieil H O R A C E.

Loin de blâmer les pleurs que je vous vois répandre,
Je crois faire beaucoup de m'en pouvoir défendre,
Et céderois peut-être à de si rudes coups ,
Si je prenois ici même intérêt que vous :
Non qu'Albe par son choix m'ait fait haïr vos frères ;
Tous trois me sont encor des personnes bien chères:
Mais enfin l'amitié n'est pas de même rang ,
Et n'a point les effets de l'amour ni du sang.
Je ne sens point pour eux la douleur qui tourmente
Sabine comme sœur, Camille comme amante :
Je puis les regarder comme nos ennemis ,
Et donne sans regret mes souhaits à mes fils.
Ils sont , graces aux dieux, dignes de leur patrie ;
Aucun étonnement n'a leur gloire flétrie ;
Et j'ai vu leur honneur croître de la moitié
Quand ils ont des deux camps refusé la pitié.
Si par quelque foiblesse ils l'avoient mendiée ,
Si leur haute vertu ne l'eût répudiée ,
Ma main bientôt sur eux m'eût vengé hautement 1)
De l'affront que m'eût fait ce mol consentement.

___

1) *Ma main bientôt sur eux m'eût vengé hautement.*
Ce discours du vieil *Horace* est plein d'un art d'autant
plus beau qu'il ne paraît pas. On ne voit que la hau-
teur d'un Romain et la chaleur d'un vieillard qui pré-

Mais lorsqu'en dépit d'eux on en a voulu d'autres,
Je ne le cèle point, j'ai joint mes vœux aux vôtres.
Si le ciel pitoyable eût écouté ma voix,
Albe seroit réduite à faire un autre choix ;
Nous pourrions voir tantôt triompher les Horaces
Sans voir leurs bras souillés du sang des Curiaces;
Et de l'événement d'un combat plus humain
Dépendroit maintenant l'honneur du nom romain.
La prudence des dieux autrement en dispose ;
Sur leur ordre éternel mon esprit se repose ;
Il s'arme en ce besoin de générosité ,
Et du bonheur public fait sa félicité.
Tâchez d'en faire autant pour soulager vos peines;
Et songez toutes deux que vous êtes Romaines;
Vous l'êtes devenue , et vous l'êtes encor :
Un si glorieux titre est un digne trésor. 1)
Un jour, un jour viendra, que par toute la terre
Rome se fera craindre à l'égal du tonnerre ;

fère l'honneur à la nature. Mais cela même prépare tout
ce qu'il dit dans la scène suivante ; c'est là qu'est le
vrai génie.

1) *Est un digne trésor*. Notre malheureuse rime n'a-
mène que trop souvent de ces expressions faibles ou
impropres. Un titre qui est un digne trésor ne serait
permis que dans le cas où il s'agirait d'opposer ce titre à
la fortune ; mais ici il ne forme pas de sens , et ce mot
de *digne* achève de rendre ce vers intolérable. Quand
les poëtes se trouvent ainsi gênés par une rime , ils
doivent absolument en chercher deux autres.

Et que, tout l'univers tremblant dessous ses lois,
Ce grand nom deviendra l'ambition des rois.
Les dieux à notre Enée ont promis cette gloire.

SCENE VI.

Le vieil HORACE, SABINE, CAMILLE, JULIE.

Le vieil HORACE.

Nous venez-vous, Julie, apprendre la victoire? 1)

1) Il semble intolérable qu'une suivante ait vu le combat, et que ce père des trois champions de Rome reste inutilement avec des femmes pendant que ses enfans sont aux mains, lui qui a dit auparavant,

Qu'est ceci, mes enfans ? écoutez-vous vos flâmes ?
Et perdez-vous encor le tems avec des femmes ?

C'est une grande inconséquence ; c'est démentir son caractère. Quoi ! cet homme qui se sent assez de force pour tuer ses trois enfans *hautement* s'ils donnent un *mol consentement* à un nouveau choix que le peuple est en droit de faire, quitte le champ où ses trois fils combattent pour venir apprendre à des femmes une nouvelle qu'on doit leur cacher ! il ne prétexte pas même cette disparate sur l'horreur qu'il aurait de voir ses fils combattre contre son gendre ! il ne vient que comme messager, tandis que Rome entière est sur le champ de bataille ! il reste les bras croisés, tandis qu'une soubrette a tout vu ! ce défaut peut-il se pardonner ? on peut répondre qu'il est resté pour empêcher ces femmes d'aller séparer les combattans : comme s'il n'y avait pas tant d'autres moyens.

J U L I E .

Mais plutôt du combat les funestes effets.
Rome est sujette d'Albe , et vos fils sont défaits ;
Des trois les deux sont morts, son époux seul vous reste.

Le vieil H O R A C E .

O d'un triste combat effet vraiment funeste !
Rome est sujette d'Albe, et pour l'en garantir
Il n'a pas employé jusqu'au dernier soupir !
Non , non , cela n'est point, on vous trompe , Julie ;
Rome n'est point sujette , ou mon fils est sans vie.
Je connois mieux mon sang , il sait mieux son devoir.

J U L I E .

Mille de nos remparts comme moi l'ont pu voir.
Il s'est fait admirer tant qu'ont duré ses frères ;
Mais comme il s'est vu seul contre trois adversaires,
Prêt d'être enfermé d'eux , sa fuite l'a sauvé.

Le vieil H O R A C E .

Et nos soldats trahis ne l'ont point achevé !
Dans leurs rangs à ce lâche ils ont donné retraite !

J U L I E .

Je n'ai rien voulu voir après cette défaite.

C A M I L L E .

O mes frères !

Le vieil H O R A C E .

　　　Tout beau , ne les pleurez pas tous ;
Deux jouissent d'un sort dont leur père est jaloux.
Que des plus nobles fleurs leur tombe soit couverte ;
La gloire de leur mort m'a payé de leur perte :

Ce bonheur a suivi leur courage invaincu, 1)
Qu'ils ont vu Rome libre autant qu'ils ont vécu,
Et ne l'auront point vue obéir qu'à son prince, 2)
Ni d'un état voisin devenir la province.
Pleurez l'autre, pleurez l'irréparable affront
Que sa fuite honteuse imprime à notre front;
Pleurez le déshonneur de toute notre race,
Et l'opprobre éternel qu'il laisse au nom d'Horace.

JULIE:

Que vouliez-vous qu'il fît contre trois? 3)

1) *Ce bonheur a suivi leur courage invaincu.* Ce
mot *invaincu* n'a été employé que par *Corneille*, et
devrait l'être, je crois, par tous nos poëtes. Une ex-
pression si bien mise à sa place dans le *Cid*, et dans
cette admirable scène, ne doit jamais vieillir.

2) *Et ne l'auront point vu obéir qu'à son prince.*
Ce *point* est ici un solécisme : il faut, *et ne l'auront
vu obéir qu'à.*

3) *Que vouliez-vous qu'il fît contre trois?* -- *Qu'il
mourût.* Voilà ce fameux *qu'il mourût,* ce trait du plus
grand sublime, ce mot auquel il n'en est aucun de com-
parable dans toute l'antiquité. Tout l'auditoire fut si
transporté, qu'on n'entendit jamais le vers faible qui
suit ; et le morceau,

    N'eût-il que d'un moment retardé sa défaite,

étant plein de chaleur, augmenta encore la force du
qu'il mourût. Que de beautés! et d'où naissent-elles?
d'une simple méprise très-naturelle, sans complications
d'évènemens, sans aucune intrigue recherchée, sans

Le vieil H O R A C E.

Qu'il mourût,
Ou qu'un beau désespoir alors le secourût.
N'eût-il que d'un moment reculé sa défaite,
Rome eût été du moins un peu plus tard sujette ;
Il eût avec honneur laissé mes cheveux gris ;
Et c'étoit de sa vie un assez digne prix.
Il est de tout son sang comptable à sa patrie,
Chaque goutte épargnée a sa gloire flétrie ; 1)
Chaque instant de sa vie, après ce lâche tour, 2)
Met d'autant plus ma honte avec la sienne au jour.
J'en romprai bien le cours ; et ma juste colère, 3)
Contre un indigne fils usant des droits d'un père,

aucun effort. Il y a d'autres beautés tragiques, mais celle-ci est au premier rang.

Il est vrai que le vieil *Horace*, qui était présent quand les *Horaces* et les *Curiaces* ont refusé qu'on nommât d'autres champions, a dû être présent à leur combat. Cela gâte jusqu'au *qu'il mourût.*

1) *Chaque goutte* paraît être de trop. Il ne faut pas tant retourner sa pensée.

A sa gloire flétrie. La sévérité de la grammaire ne permet point ce *flétrie :* il faut dans la rigueur *a flétri sa gloire ;* mais *a sa gloire flétrie* est plus beau, plus poétique, plus éloigné du langage ordinaire, sans causer d'obscurité.

2) *Après ce lâche tour* est une expression trop triviale.

3) *J'en romprai bien le cours.* Ces mots se rapportent naturellement à la honte, mais on ne rompt point le cours d'une honte. Il faut donc qu'ils tombent sur *chaque*

Saura bien faire voir dans sa punition
L'éclatant désaveu d'une telle action.

SABINE.

Ecoutez un peu moins ces ardeurs généreuses,
Et ne nous rendez point tout-à-fait malheureuses.

Le vieil HORACE.

Sabine, votre cœur se console aisément ;
Nos malheurs jusqu'ici vous touchent foiblement.
Vous n'avez point encor de part à nos misères ;
Le ciel vous a sauvé votre époux et vos frères :
Si nous sommes sujets, c'est de votre pays ;
Vos frères sont vainqueurs quand nous sommes trahis ;
Et voyant le haut point où leur gloire se monte,
Vous regardez fort peu ce qui nous vient de honte.
Mais votre trop d'amour pour cet infame époux
Vous donnera bientôt à plaindre comme à nous.
Vos pleurs en sa faveur sont de foibles défenses.
J'atteste des grands dieux les suprêmes puissances
Qu'avant ce jour fini, ces mains, ces propres mains,
Laveront dans son sang la honte des Romains.

(*Le vieil Horace sort.*)

SABINE.

Suivons-le promptement, la colère l'emporte.
Dieux ! verrons-nous toujours des malheurs de la sorte ? 1)

instant de sa vie, qui est plus haut. Mais *je romprai
bien le cours de chaque instant de sa vie* ne peut so
dire. *Bien* signifie dans ces occasions *fortement* ou *aisé-
ment* : je le punirai *bien*, je l'empêcherai *bien*.

1) *Des malheurs de la sorte.* Ce *de la sorte* est une

Nous faudra-t-il toujours en craindre de plus grands,
Et toujours redouter la main de nos parens ? 1)

Fin du troisième acte.

expression, du peuple , qui n'est pas convenable ; elle
n'est pas même française. Il faudrait *de cette sorte ,* ou
d'une telle sorte.

1) *Et toujours redouter la main de nos parens.* Ce
dernier vers est de la plus grande beauté : non-seule-
ment il dit ce dont il s'agit , mais il prépare ce qui doit
suivre.

ACTE QUATRIÈME.

SCENE I.

LE VIEIL HORACE, CAMILLE.

Le vieil HORACE.

NE me parlez jamais en faveur d'un infame ; 1)
Qu'il me fuie à l'égal des frères de sa femme ;
Pour conserver un sang qu'il tient si précieux
Il n'a rien fait encor s'il n'évite mes yeux.
Sabine y peut mettre ordre, ou derechef j'atteste 2)
Le souverain pouvoir de la troupe céleste....

1) *Ne parlez jamais en faveur d'un infame.* Nous avons vu qu'il est très-extraordinaire que le pére n'ait pas été détrompé entre le troisième et le quatrième acte ; qu'un vieillard de son caractére, qui a assez de force pour tuer son fils de ses propres mains, à ce qu'il dit, n'en ait pas assez pour être allé sur le champ de bataille ; qu'il reste dans sa maison tandis que Rome entière est spectatrice du combat. Comment souffrir qu'une suivante soit allé voir ce fameux duel, et que le vieil *Horace* soit demeuré chez lui ? comment ne s'est-il pas mieux informé pendant l'entr'acte ? pourquoi le pére des *Horaces* ignore-t-il seul ce que tout Rome sait ? Je ne sais de réponse à cette critique, sinon que ce défaut est presque excusable, puisqu'il amène de grandes beautés.

2) . . . . . *Ou derechef j'atteste le souverain pou-*

CAMILLE.

Ah ! mon père, prenez un plus doux sentiment ;
Vous verrez Rome même en user autrement ;
Et , de quelque malheur que le ciel l'ait comblée ,
Excuser la vertu sous le nombre accablée.

Le vieil HORACE.

Le jugement de Rome est peu pour mon regard : 1)
Camille, je suis père, et j'ai mes droits à part.
Je sais trop comme agit la vertu véritable ;
C'est sans en triompher que le nombre l'accable ;
Et sa mâle vigueur, toujours en même point,
Succombe sous la force, et ne lui cède point.
Taisez-vous, et sachons ce que nous veut Valère.

SCENE II.

Le vieil HORACE, VALERE, CAMILLE.

VALERE.

Envoyé par le roi pour consoler un père ,
Et pour lui témoigner....

Le vieil HORACE.

N'en prenez aucun soin.
C'est un soulagement dont je n'ai pas besoin ;

voir de la troupe céleste. Derechef et la troupe cé-
leste sont hors d'usage. La troupe céleste est bannie du
style noble , sur-tout depuis que Scarron l'a employée
dans le style burlesque.

1) Pour mon regard est suranné et hors d'usage ; c'est
pourtant une expression nécessaire.

Et j'aime mieux voir morts que couverts d'infamie
Ceux que vient de m'ôter une main ennemie.
Tous deux pour leur pays sont morts en gens d'honneur;
Il me suffit.

VALERE.

Mais l'autre est un rare bonheur ;
De tous les trois chez vous il doit tenir la place.

Le vieil HORACE.

Que n'a-t-on vu périr en lui le nom d'Horace !

VALERE.

Seul vous le maltraitez après ce qu'il a fait.

Le vieil HORACE.

C'est à moi seul aussi de punir son forfait: 1)

VALERE.

Quel forfait trouvez-vous en sa bonne conduite?

Le vieil HORACE.

Quel éclat de vertu trouvez-vous en sa fuite ?

VALERE.

La fuite est glorieuse en cette occasion.

Le vieil HORACE.

Vous redoublez ma honte et ma confusion. 2)

1) Si son fils est coupable d'un *forfait* envers Rome,
pourquoi serait-ce au père seul à le punir ?

2) *Vous redoublez ma honte et ma confusion.* Je
ne sais s'il n'y a pas dans cette scène un artifice trop
visible , une méprise trop long-tems soutenue. Il semble
que l'auteur ait eu plus d'égards au jeu de théâtre , qu'à
la vraisemblance. C'est le même défaut que dans la scène

Certes l'exemple est rare et digne de mémoire,
De trouver dans la fuite un chemin à la gloire !

VALERE.

Quelle confusion et quelle honte à vous
D'avoir produit un fils qui nous conserve tous,
Qui fait triompher Rome, et lui gagne un empire ?
A quels plus grands honneurs faut-il qu'un père aspire ?

Le vieil HORACE.

Quels honneurs, quel triomphe, et quel empire enfin,
Lorsqu'Albe sous ses loix range notre destin ? 1)

VALERE.

Que parlez-vous ici d'Albe et de sa victoire ?
Ignorez-vous encor la moitié de l'histoire ?

Le vieil HORACE.

Je sais que par sa fuite il a trahi l'état.

VALERE.

Oui, s'il eût en fuyant terminé le combat ;
Mais on a bientôt vu qu'il ne fuyoit qu'en homme
Qui savoit ménager l'avantage de Rome.

Le vieil HORACE.

Quoi ! Rome donc triomphe ! 2)

---

de *Chimène* avec *don Sanche* dans le *Cid*. Ce petit et faible artifice dont *Corneille* se sert trop souvent n'est pas la véritable tragédie.

1) On ne range point ainsi un destin.

2) *Quoi ! Rome donc triomphe !* Que ce mot est pathétique ! comme il sort des entrailles d'un vieux Romain !

VALERE.

Apprenez, apprenez
La valeur de ce fils qu'à tort vous condamnez.
Resté seul contre trois, mais, en cette aventure,
Tous trois étant blessés, et lui seul sans blessure,
Trop foible pour eux tous, trop fort pour chacun d'eux,
Il sait bien se tirer d'un pas si hasardeux;
Il fuit, pour mieux combattre, et cette prompte ruse
Divise adroitement trois frères qu'elle abuse.
Chacun le suit d'un pas ou plus ou moins pressé,
Selon qu'il se rencontre ou plus ou moins blessé;
Leur ardeur est égale à poursuivre sa fuite,
Mais leurs coups inégaux séparent leur poursuite.
Horace, les voyant l'un de l'autre écartés,
Se retourne, et déjà les croit demi-domptés;
Il attend le premier, et c'étoit votre gendre.
L'autre, tout indigné qu'il ait osé l'attendre,
En vain en l'attaquant fait paroître un grand cœur;
Le sang qu'il a perdu ralentit sa vigueur.
Albe a son tour commence à craindre un sort contraire;
Elle crie au second qu'il secoure son frère.
Il se hâte, et s'épuise en efforts superflus;
Il trouve en les joignant que son frère n'est plus.

CAMILLE.

Hélas !

VALERE.

Tout hors d'haleine il prend pourtant sa place,
Et redouble bientôt la victoire d'Horace.

Son courage sans force est un débile appui :
Voulant venger son frère, il tombe auprès de lui.
L'air résonne des cris qu'au ciel chacun envoie ;
Albe en jette d'angoisse, et les Romains de joie. 1)
Comme notre héros se voit près d'achever,
C'est peu pour lui de vaincre, il veut encor braver : 2)
« J'en viens d'immoler deux aux mânes de mes frères
» Rome aura le dernier de mes trois adversaires,
» C'est à ses intérêts que je vais l'immoler, »
Dit-il ; et tout d'un tems on le voit y voler.
La victoire entr'eux deux n'étoit pas incertaine ;
L'Albain percé de coups ne se traînoit qu'à peine ;
Et comme une victime aux marches de l'autel,
Il sembloit présenter sa gorge au coup mortel :
Aussi le reçoit-il, peu s'en faut, sans défense,
Et son trépas de Rome établit la puissance.

Le vieil HORACE.

O mon fils ! ô ma joie ! ô l'honneur de nos jours !
O d'un état penchant l'inespéré secours !

---

1) *Albe en jette d'angoisse et les Romains de joie.*
On ne dit plus guère *angoisse* ; et pourquoi ? quel mot
lui a-t-on substitué ? douleur, horreur, peine, afflic-
tion, ne sont pas des équivalens : *angoisse* exprime la
douleur pressante et la crainte à la fois.

1) *Il veut encor braver. Braver* est un verbe actif
qui demande toujours un régime. De plus ce n'est pas
ici une bravade, c'est un sentiment généreux d'un ci-
toyen qui venge ses frères et sa patrie.

Vertu digne de Rome, et sang digne d'Horace!
Appui de ton pays, et gloire de ta race!
Quand pourrai-je étouffer dans tes embrassemens
L'erreur dont j'ai formé de si faux sentimens?
Quand pourra mon amour baigner avec tendresse
Ton front victorieux de larmes d'alégresse?

VALERE.

Vos caresses bientôt pourront se déployer,
Le roi dans un moment vous le va renvoyer;
Et remet à demain la pompe qu'il prépare
D'un sacrifice aux dieux pour un bonheur si rare.
Aujourd'hui seulement on s'acquitte vers eux,
Par des chants de victoire, et par de simples vœux.
C'est où le roi le mène; 1) et tandis il m'envoie 2)
Faire office vers vous de douleur et de joie.
Mais cet office encor n'est pas assez pour lui;
Il y viendra lui-même, et peut-être aujourd'hui;

1) *C'est où le roi le mène.* Mener à des chants et
à des vœux, n'est ni noble ni juste; mais le récit de
Valère a été si beau, qu'on pardonne aisément ces pe-
tites fautes.

2) . . . . . *Et tandis il m'envoie faire office vers
vous de douleur et de joie.* Tandis sans un *que* est
absolument proscrit, et n'est plus permis que dans une
espèce de style burlesque et naïf, qu'on nomme ma-
rotique: *tandis la perdrix vire.*

Faire office de douleur n'est plus français, et je ne
sais s'il l'a jamais été; on dit familièrement *faire office
d'ami, office de serviteur, office d'homme intéressé,*
mais non *office de douleur et de joie.*

Il croit mal reconnoître une vertu si pure ,
Si de sa propre bouche il ne vous en assure,
S'il ne vous dit chez vous combien vous doit l'état.

Le vieil H O R A C E.

De tels remercîmens ont pour moi trop d'éclat ;
Et je me tiens déjà trop payé par les vôtres
Du service d'un fils, et du sang des deux autres.

V A L E R E.

Le roi ne sait que c'est d'honorer à demi ; 1)
Et son sceptre arraché des mains de l'ennemi
Fait qu'il tient cet honneur qu'il lui plaît de vous faire
Au-dessous du mérite et du fils et du père.
Je vais lui témoigner quels nobles sentimens
La vertu vous inspire en tous vos mouvemens ,
Et combien vous montrez d'ardeur pour son service.

Le vieil H O R A C E.

Je vous devrai beaucoup pour un si bon office. 1)

1) *Le roi ne sait que c'est d'honorer à demi. Ne sait que c'est.* Cette phrase est italienne ; nous disons aujourd'hui *ne sait ce que c'est.* Mais la dignité du tragique rejette ces expressions de comédie.

1) *Je vous devrai beaucoup pour un si bon office.* Ici la pièce est finie : l'action est complètement terminée. Il s'agissait de la victoire , et elle est remportée ; du destin de Rome , et il est décidé.

SCENE III.

Le vieil HORACE, CAMILLE.

Le vieil HORACE.

MA fille, il n'est plus tems de répandre des pleurs, 1)
Il sied mal d'en verser où l'on voit tant d'honneurs :
On pleure injustement des pertes domestiques
Quand on en voit sortir des victoires publiques. 2)

1) *Ma fille, il n'est plus tems de répandre des pleurs.*
Voici donc une autre pièce qui commence : le sujet en
est bien moins grand, moins intéressant, moins théâtral,
que celui de la première. Ces deux actions différentes
ont nui au succès complet des *Horaces*. Il est vrai qu'en
Espagne, en Angleterre, on joint quelquefois plusieurs
actions sur le théâtre : on représente dans la même pièce
la mort de *César*, et la bataille de Philippes. *Nos mu-
sas colimus severiores.*

> Qu'en un lieu, qu'en un jour, un seul fait accompli
> Tienne jusqu'à la fin le théâtre rempli.
> BOILEAU.

Remarquez que *Camille* a été si inutile sur la fin de
la première pièce des *Horaces*, qu'elle n'a proféré qu'un
hélas pendant le récit de la mort de *Curiace*.

Remarquez encore que le vieil *Horace* n'a plus rien
à dire, et qu'il perd le tems à répéter à *Camille* qu'il
va consoler *Sabine*.

1) *Quand on en voit sortir des victoires.* Des victoires
qui sortent font une image peu convenable. On ne voit
point sortir des victoires comme on voit sortir des
troupes d'une ville.

Rome triomphe d'Albe, et c'est assez pour nous ;
Tous nos maux à ce prix doivent nous être doux.
En la mort d'un amant vous ne perdez qu'un homme 1)
Dont la perte est aisée à réparer dans Rome ;
Après cette victoire, il n'est point de Romain
Qui ne soit glorieux de vous donner la main.
Il me faut à Sabine en porter la nouvelle.
Ce coup sera sans doute assez rude pour elle ;
Et ses trois frères morts par la main d'un époux
Lui donneront des pleurs bien plus justes qu'à vous : 2)
Mais j'espère aisément en dissiper l'orage,
Et qu'un peu de prudence, aidant son grand courage,
Fera bientôt régner sur un si noble cœur
Le généreux amour qu'elle doit au vainqueur.
Cependant étouffez cette lâche tristesse ;
Recevez-le, s'il vient, avec moins de foiblesse ;
Faites-vous voir sa sœur, et qu'en un même flanc 3)
Le ciel vous a tous deux formés d'un même sang.

1) *Vous ne perdez qu'un homme.* L'auteur répète
trop souvent cette idée, et ce n'est pas là le tems de par-
ler de mariage à *Camille.*

2) *Lui donneront des pleurs justes* n'est pas français.
C'est *Sabine* qui donnera des pleurs : ce ne sont pas
ses frères morts qui lui en donneront. Un accident fait
couler des pleurs, et ne les donne pas.

3) *Faites-vous voir . . . et qu'en* est un solécisme,
parce que *faites-vous voir* signifie *montrez-vous, soyez
sa sœur.* Et *montrez-vous, soyez, paraissez ;* ne peut
régir un *que.*

Ajoutez qu'après lui avoir dit *faites-vous voir sa*

SCENE IV.

CAMILLE, *seule.*

Oui, je lui ferai voir par d'infaillibles marques 1)
Qu'un véritable amour brave la main des parques,
Et ne prend point de lois de ces cruels tyrans,
Qu'un astre injurieux nous donne pour parens.
Tu blâmes ma douleur, tu l'oses nommer lâche ;
Je l'aime d'autant plus que plus elle te fâche,

sœur, il est très-superflu de dire qu'elle est sortie du même flanc.

1) *Oui, je lui ferai voir par d'infaillibes marques qu'un véritable amour brave la main des Parques.* Voici *Camille* qui, après un long silence dont on ne s'est pas seulement apperçu, parce que l'ame était toute remplie du destin des *Horaces* et des *Curiaces* et de celui de Rome ; voici *Camille*, dis-je, qui s'échauffe tout d'un coup, et comme de propos délibéré ; elle débute par une sentence poétique, *qu'un véritable amour brave la main des Parques. Infaillibles marques* n'est là que pour la rime ; grand défaut de notre poésie.

Ce monologue même n'est qu'une vaine déclamation. La vraie douleur ne raisonne point tant, ne récapitule point ; elle ne dit point qu'on bâtit *en l'air sur le malheur d'autrui*, et que son père *triomphe* comme son frère de ce malheur. Elle ne s'excite point à *braver la colère*, à essayer de déplaire. Tous ces vains efforts sont froids : et pourquoi ? c'est qu'au fond le sujet manque à l'auteur. Dès qu'il n'y a plus de combats dans le cœur, il n'y a plus rien à dire.

Impitoyable père, et, par un juste effort;
Je la veux rendre égale aux rigueurs de mon sort. 1)
En vit-on jamais un dont les rudes traverses
Prissent en moins de rien tant de faces diverses,
Qui fût doux tant de fois, et tant de fois cruel,
Et portât tant de coups avant le coup mortel?
Vit-on jamais une ame en un jour plus atteinte
De joie et de douleur, d'espérance et de crainte,
Asservie en esclave à plus d'évènemens,
Et le piteux jouet de plus de changemens?
Un oracle m'assure, un songe me travaille; 2)
La paix calme l'effroi que me fait la bataille;
Mon hymen se prépare; et presque en un moment
Pour combattre mon frère on choisit mon amant. 3)

1) . . . . *Et, par un juste effort, je la veux rendre
égale aux rigueurs de mon sort.* Elle dit ici qu'elle
veut rendre sa douleur *égale par un juste effort, aux
rigueurs de son sort.* Quand on fait ainsi des efforts
pour proportionner sa douleur à son état, on n'est pas
même poétiquement affligé.

2) *M'assure* ne signifie pas *me rassurer.* Et c'est *me
rassure* que l'auteur entend. Je suis effrayé, on me ras-
sure. Je doute d'une chose, on m'assure qu'elle est ainsi...
Assurer avec l'accusatif ne s'emploie que pour certifier;
j'assure ce fait : et en termes d'art il signifie *affermir;*
Assurez cette solive, ce chevron.

3) *Pour combattre mon frère on choisit mon amant.*
Cette récapitulation de la pièce précédente n'est-elle
point encore l'opposé d'une affliction véritable ? *Curæ
leves loquuntur.*

Ce choix me désespère, et tous le désavouent;
La partie est rompue; et les dieux la renouent.
Rome semble vaincue, et seul des trois Albains
Curiace en mon sang n'a point trempé ses mains.
O dieux! sentois-je alors des douleurs trop légères
Pour le malheur de Rome et la mort de deux frères?
Et me flattois-je trop quand je croyois pouvoir
L'aimer encor sans crime, et nourrir quelque espoir?
Sa mort m'en punit bien, et la façon cruelle
Dont mon ame éperdue en reçoit la nouvelle :
Son rival me l'apprend; et, faisant à mes yeux
D'un si triste succès le récit odieux,
Il porte sur le front une alégresse ouverte
Que le bonheur public fait bien moins que ma perte;
Et bâtissant en l'air sur le malheur d'autrui,
Aussi-bien que mon frère il triomphe de lui.
Mais ce n'est rien encore au prix de ce qui reste :
On demande ma joie en un jour si funeste ;
Il me faut applaudir aux exploits du vainqueur,
Et baiser une main qui me perce le cœur.
En un sujet de pleurs si grand, si légitime,
Se plaindre est une honte, et soupirer un crime :
Leur brutale vertu veut qu'on s'estime heureux;
Et si l'on n'est barbare, on n'est point généreux.
Dégénérons, mon cœur, d'un si vertueux père; 1)
Soyons indigne sœur d'un si généreux frère :

1) *Dégénérons, mon cœur, d'un si vertueux père,
etc.* Ce *dégénérons, mon cœur,* cette résolution de se
mettre en colère, ce long discours, cette nouvelle sen-

C'est gloire de passer pour un cœur abattu
Quand la brutalité fait la haute vertu.
Eclatez, mes douleurs; à quoi bon vous contraindre ?
Quand on a tout perdu, que sauroit-on plus craindre ?
Pour ce cruel vainqueur n'ayez point de respect ;
Loin d'éviter ses yeux, croîssez à son aspect ;
Offensez sa victoire, irritez sa colère,
Et prenez, s'il se peut, plaisir à lui déplaire.
Il vient, préparons-nous à montrer constamment 1)
Ce que doit une amante à la mort d'un amant.

tence mal exprimée que *c'est gloire de passer par un
cœur abattu* ; enfin tout refroidit, tout glace le lecteur,
qui ne souhaite plus rien. C'est, encore une fois, la faute
du sujet. L'aventure des *Horaces*, des *Curiacés* et de
Camille, est plus propre en effet pour l'histoire que pour
le théâtre.

On ne peut trop honorer *Corneille*, qui a senti ce
défaut, et qui en parle dans son examen avec la can-
deur d'un grand homme.

1) *Préparons-nous* augmente encore le défaut. On voit
une femme qui s'étudie à montrer son affliction, qui
répète, pour ainsi dire, sa leçon de douleur.

SCENE V.

HORACE, CAMILLE, PROCULE.

(Procule porte en sa main les trois épées des Curiaces.)

HORACE.

MA sœur, voici le bras qui venge nos deux frères, 1)
Le bras qui rompt le cours de nos destins contraires,

1) *Ma sœur, voici le bras qui venge nos deux frères.* Ce n'est plus là l'*Horace* du second acte. Ce *bras* trois fois répété, et cet ordre de rendre ce *qu'on doit à l'heur de sa victoire*, témoignent, ce semble, plus de vanité que de grandeur : il ne devrait parler à sa sœur que pour la consoler ; ou plutôt il n'a rien du tout à dire. Qui l'amène auprès d'elle ? est-ce à elle qu'il doit présenter les armes de ses beaux-frères ? C'est au roi, c'est au sénat assemblé, qu'il devait montrer ces trophées. Les femmes ne se mêlaient de rien chez les premiers Romains. Ni la bienséance, ni l'humanité, ni son devoir, ne lui permettaient de venir faire à sa sœur une telle insulte. Il parait qu'*Horace* pouvait déposer au moins ces dépouilles dans la maison paternelle, en attendant que le roi vînt ; que sa sœur, à cet aspect, pouvait s'abandonner à sa douleur, sans qu'*Horace* lui dit, *voici le bras*, et sans qu'il lui ordonnât de ne s'entretenir jamais que de sa victoire : il semble qu'alors *Camille* aurait paru un peu plus coupable, et que l'emportement d'*Horace* aurait eu quelque excuse.

Qui nous rend maîtres d'Albe ; enfin voici le bras
Qui seul fait aujourd'hui le sort de deux états.
Vois ces marques d'honneurs, ces témoins de ma gloire
Et rends ce que tu dois à l'heur de ma victoire.

CAMILLE.

Recevez donc mes pleurs , c'est ce que je lui dois.

HORACE.

Rome n'en veut point voir après de tels exploits ;
Et nos deux frères morts dans le malheur des armes
Sont trop payés de sang pour exiger des larmes.
Quand la perte est vengée , on n'a plus rien perdu.

CAMILLE.

Puisqu'ils sont satisfaits par le sang épandu,
Je cesserai pour eux de paroître affligée ,
Et j'oublirai leur mort que vous avez vengée.
Mais qui me vengera de celle d'un amant,
Pour me faire oublier sa perte en un moment ?

HORACE.

Que dis-tu , malheureuse ?

CAMILLE.

                 O mon cher Curiace !

HORACE.

O d'une indigne sœur insupportable audace ! 1)

---

1) *O d'une indigne sœur insupportable audace !* Observez que la colère du vieil *Horace* contre son fils étoit très-intéressante , et que celle de son fils contre sa sœur est révoltante , et sans aucun intérêt. C'est que la colère du vieil *Horace* supposait le malheur de Rome , au lieu que le jeune *Horace* ne se met en colère que

D'un ennemi public, dont je reviens vainqueur,
Le nom est dans ta bouche, et l'amour dans ton cœur! 1)
Ton ardeur criminelle à la vengeance aspire !
Ta bouche la demande, et ton cœur la respire !
Suis moins ta passion, règle mieux tes desirs,
Ne me fais plus rougir d'entendre tes soupirs;
Tes flâmes désormais doivent être étouffées;
Bannis-les de ton ame, et songe à mes trophées;
Qu'ils soient dorénavant ton unique entretien.

C A M I L L E.

Donne-moi donc, barbare, un cœur comme le tien; 2)
Et si tu veux enfin que je t'ouvre mon ame,
Rends-moi mon Curiace, ou laisse agir ma flâme.

contre une femme qui pleure et qui crie, et qu'il faut
laisser crier et pleurer. Cela est historique, oui : mais
cela n'est nullement tragique, nullement théâtral.

1) *Le nom est dans ta bouche.* Le reproche est évi-
demment injuste. *Horace* lui-même devait plaindre *Cu-
riace*, c'est son beau-frère ; il n'y a plus d'ennemis,
les deux peuples n'en font plus qu'un. Il a dit lui-même,
au second acte, qu'il *aurait voulu racheter de sa vie
le sang de* Curiace.

2) *Donne-moi donc, barbare, un cœur comme le
tien.* Ces plaintes seraient plus touchantes si l'amour
de *Camille* avait été le sujet de la pièce ; mais il n'en
a été que l'épisode : on y a songé à peine ; on n'a été
occupé que de Rome. Un petit intérêt d'amour, in-
terrompu, ne peut plus reprendre une vraie force. Le
cœur doit saigner par degrés dans la tragédie, et tou-
jours des mêmes coups redoublés, et sur-tout variés.

Ma joie et mes douleurs dépendoient de son sort;
Je l'adorois vivant, et je le pleure mort.
Ne cherche plus ta sœur où tu l'avois laissée ;
Tu ne revois en moi qu'une amante offensée,
Qui comme une furie attachée à tes pas
Te veut incessamment reprocher son trépas.
Tigre altéré de sang, qui me défends les larmes,
Qui veux que dans sa mort je trouve encor des charmes
Et que, jusques au ciel élevant tes exploits,
Moi-même je le tue une seconde fois !
Puissent tant de malheurs accompagner ta vie,
Que tu tombes au point de me porter envie !
Et toi bientôt souiller par quelque lâcheté
Cette gloire si chère à ta brutalité !

H O R A C E.

O ciel, qui vit jamais une pareille rage !
Crois-tu donc que je sois insensible à l'outrage,
Que je souffre en mon sang ce mortel déshonneur ?
Aime, aime cette mort qui fait notre bonheur ;
Et préfère du moins au souvenir d'un homme
Ce que doit ta naissance aux intérêts de Rome.

C A M I L L E.

Rome, l'unique objet de mon ressentiment ! 1)
Rome, à qui vient ton bras d'immoler mon amant !

---

1) *Rome, l'unique objet de mon ressentiment !* Ces
imprécations de *Camille* ont toujours été un beau mor-
ceau de déclamation, et ont fait valoir toutes les ac-
trices qui ont joué ce rôle. Plusieurs juges sévères n'ont

Rome qui t'a vu naître, et que ton cœur adore!
Rome enfin que je hais parce qu'elle t'honore !
Puissent tous ses voisins ensemble conjurés
Saper ses fondemens encor mal assurés !
Et si ce n'est assez de toute l'Italie ,
Que l'orient contre elle à l'occident s'allie ;
Que cent peuples unis des bouts de l'univers
Passent pour la détruire et les monts et les mers ;
Qu'elle-même sur soi renverse ses murailles,
Et de ses propres mains déchire ses entrailles !
Que le courroux du ciel allumé par mes vœux
Fasse pleuvoir sur elle un déluge de feux !
Puissai-je de mes yeux y voir tomber ce foudre ,
Voir ses maisons en cendre , et tes lauriers en poudre
Voir le dernier Romain à son dernier soupir ,
Moi seule en être cause , et mourir de plaisir ! ·

pas aimé le *mourir de plaisir ;* ils ont dit que l'hyber-
bole est si forte , qu'elle va jusqu'à la plaisanterie.

 Il y a une observation à faire ; c'est que jamais les dou-
leurs de *Camille* , ni sa mort , n'ont fait répandre une
larme.

  Pour m'arracher des pleurs il faut que vous pleuriez.

Mais *Camille* n'est que furieuse : elle ne doit pas être en
colère contre Rome ; elle doit s'être attendue que Rome
ou Albe triompherait. Elle n'a raison d'être en colère
que contre *Horace* , qui au lieu d'être auprès du roi
après sa victoire , vient se vanter assez mal à propos
à sa sœur d'avoir tué son amant. Encore une fois , ce
ne peut être un sujet de tragédie.

HORACE, *mettant l'épée à la main, et pour-*
suivant sa sœur qui s'enfuit.

C'est trop ; ma patience à la raison fait place !
Va dedans les enfers plaindre ton Curiace! 1)

CAMILLE, *blessée, derrière le théâtre.*

Ah traître !

HORACE, *revenant sur le théâtre.*

Ainsi reçoive un châtiment soudain
Quiconque ose pleurer un ennemi romain !

SCENE VI.

HORACE, PROCULE.

PROCULE.

Que venez-vous de faire? 1)

1) *Va dedans les enfers plaindre ton Curiace.* On ne
se sert plus du mot de *dedans*, et il fut toujours un so-
lécisme, quand on lui donne un régime : on ne peut
l'employer que dans un sens absolu : *Etes-vous hors du*
cabinet ? Non, je suis dedans. Mais il est toujours mal
de dire, *dedans ma chambre, dehors de ma chambre.*
Corneille au cinquième acte dit :

Dans les murs, hors des murs, tout parle de sa gloire.

Il n'aurait pas parlé français, s'il eût dit : *dedans les*
murs, dehors des murs.

1) *Que venez-vous de faire ?* D'où vient ce *Procule ?*
à quoi sert ce *Procule*, ce personnage subalterne qui n'a
pas dit un mot jusqu'ici ? C'est encore un très-grand dé-
faut ; non pas de ces défauts de convenances, de ces

HORACE.

                    Un acte de justice.
Un semblable forfait veut un pareil supplice.

PROCULE.

Vous deviez la traiter avec moins de rigueur.

HORACE.

Ne me dis point qu'elle est et mon sang et ma sœur.
Mon père ne peut plus l'avouer pour sa fille :
Qui maudit son pays renonce à sa famille ;
Des noms si pleins d'amour ne lui sont plus permis ;
De ses plus chers parens il fait ses ennemis ;
Le sang même les arme en haine de son crime ;
La plus prompte vengeance en est plus légitime ;
Et ce souhait impie, encore qu'impuissant,
Est un monstre qu'il faut étouffer en naissant.

fautes qui amènent des beautés , mais de celles qui amè-
nent de nouveaux défauts.

Cette scène a toujours paru dure et révoltante. *Aris-
tote* remarque que la plus froide des catastrophes est
celle dans laquelle on commet de sang-froid une ac-
tion atroce qu'on a voulu commettre. *Adisson* , dans
son *Spectateur*, dit que ce meurtre de *Camille* est d'au-
tant plus révoltant , qu'il semble commis de sang-froid ,
et qu'*Horace* traversant tout le théâtre pour aller poi-
gnarder sa sœur avait tout le tems de la réflexion. Le pu-
blic éclairé ne peut jamais souffrir un meurtre sur le
théâtre , à moins qu'il ne soit absolument nécessaire ,
ou que le meurtrier n'ait les plus violens remords.

S C E N E V I I.

S A B I N E , H O R A C E , P R O C U L E.

S A B I N E.

A quoi s'arrête ici ton illustre colère ? 1)
Viens voir mourir ta sœur dans les bras de ton pére ;
Viens repaître tes yeux d'un spectacle si doux ;
Ou , si tu n'es point las de ces généreux coups,
Immole au cher pays des vertueux Horaces
Ce reste malheureux du sang des Curiaces ;
Si prodigue du tien n'épargne pas le leur ;
Joins Sabine à Camille, et ta femme à ta sœur.
Nos crimes sont pareils, ainsi que nos miséres ;
Je soupire comme elle, et déplore mes frères ;
Plus coupable en ce point contre tes dures lois,
Qu'elle n'en pleuroit qu'un, et que j'en pleure trois ;

---

1) *A quoi s'arrête ici ton illustre colère ? Sabine*, ar-
rivant après le meurtre de *Camille* seulement pour re-
procher cette mort à son mari , achève de jeter de la
froideur sur un évènement qui autrement préparé devait
être terrible.

L'illustre colère et les généreux coups sont une dé-
clamation ironique. *Racine* a pourtant imité ce vers
dans *Andromaque :*

　　　Que peut-on refuser à ces généreux coups ?

Cette conversation de *Sabine* et d'*Horace* , après le
meurtre de *Camille* , est aussi inutile que la scène de
Procule ; elle ne produit aucun changement.

Qu'après son châtiment ma faute continue.

HORACE.

Séche tes pleurs, Sabine, ou les cache à ma vue ;
Rends-toi digne du nom de ma chaste moitié ;
Et ne m'accable point d'une indigne pitié.
Si l'absolu pouvoir d'une pudique flâme
Ne nous laisse à tous deux qu'un penser et qu'une ame
C'est à toi d'élever tes sentimens aux miens ,
Non à moi de descendre à la honte des tiens.
Je t'aime , et je connois la douleur qui te presse ;
Embrasse ma vertu , pour vaincre ta foiblesse ; 1)
Participe à ma gloire au lieu de la souiller ,
Tâche à t'en revêtir, non à m'en dépouiller. 2)
Es-tu de mon honneur si mortelle ennemie ,
Que je te plaise mieux couvert d'une infamie ?
Sois plus femme que sœur , et, te réglant sur moi ,
Fais-toi de mon exemple une immuable loi.

SABINE.

Cherche pour t'imiter des ames plus parfaites.
Je ne t'impute point les pertes que j'ai faites ;
J'en ai les sentimens que je dois en avoir ;
Et je m'en prends au sort plutôt qu'à ton devoir.

---

1) *Embrasse ma vertu.* Est-ce là le langage qu'il doit
tenir à sa femme , quand il vient d'assassiner sa sœur
dans un moment de colère ?

2) *Tâche à t'en revêtir , etc.* Sans parler des fautes de
langage , tous ces conseils ne peuvent faire aucun bon
effet , parce que la douleur de *Sabine* n'en peut faire
aucun.

Mais enfin je renonce à la vertu romaine, 1)
Si pour la posséder je dois être inhumaine ;
Et ne puis voir en moi la femme du vainqueur
Sans y voir des vaincus la déplorable sœur.
Prenons part en public aux victoires publiques,
Pleurons dans la maison nos malheurs domestiques;
Et ne regardons point des biens communs à tous
Quand nous voyons des maux qui ne sont que pour nous.
Pourquoi veux-tu, cruel, agir d'une autre sorte ? 2)
Laisse en entrant ici tes lauriers à la porte,
Mêle tes pleurs aux miens. Quoi! ces lâches discours
N'arment point ta vertu contre mes tristes jours?
Mon crime redoublé n'émeut point ta colére ?
Que Camille est heureuse! elle a pu te déplaire;
Elle a reçu de toi ce qu'elle a prétendu,
Et recouvre là-bas tout ce qu'elle a perdu.
Cher époux, cher auteur du tourment qui me presse,
Ecoute la pitié, si ta colére cesse ;
Exerce l'une ou l'autre, après de tels malheurs,
A punir ma foiblesse, ou finir mes douleurs.

1) *Mais enfin je renonce à la vertu romaine.* C'est
une répétition un peu froide des vers de *Curiace :*

    Je rends graces aux dieux de n'être pas Romain. . . .

2) *Pourquoi veux-tu, cruel, agir d'une autre sorte ?*
Laisse en entrant ici tes lauriers à la porte. On sent
assez qu'*agir d'une autre sorte,* et *laisser en entrant les*
lauriers à la porte, ne sont des expressions ni nobles ni
tragiques, et que toute cette tirade est une déclamation
oiseuse d'une femme inutile.

Je demande la mort pour grace, ou pour supplice :
Qu'elle soit un effet d'amour, ou de justice,
N'importe; tous ses traits n'auront rien que de doux
Si je les vois partir de la main d'un époux.

HORACE.

Quelle injustice aux dieux d'abandonner aux femmes 1)
Un empire si grand sur les plus belles ames,
Et de se plaire à voir de si foibles vainqueurs
Régner si puissamment sur les plus nobles cœurs!
A quel point ma vertu devient-elle réduite ! 2)
Rien ne la sauroit plus garantir que la fuite.
Adieu. Ne me suis point, ou retiens tes soupirs.

SABINE, *seule.*

O colère, ô pitié, sourdes à mes desirs,
Vous négligez mon crime, et ma douleur vous lasse ;
Et je n'obtiens de vous ni supplice ni grace !

1) *Quelle injustice.... d'abandonner aux femmes....*
Cette tendresse est-elle convenable à l'assassin de sa
sœur, qui n'a aucun remords de cette indigne action,
et qui parle encore de sa vertu ? Voyez comme ces sen-
tences et ces discours vagues sur le pouvoir des femmes
conviennent peu devant le corps sanglant de *Camille*
qu'*Horace* vient d'assassiner.

2) *Devient réduite* n'est pas français. Ce mot *devenir*
ne convient jamais qu'aux affections de l'ame. On de-
vient faible, malheureux, hardi, timide, etc. mais on
ne devient pas forcé à, réduit à.

Allons-y par nos pleurs faire encore un effort ;
Et n'employons après que nous à notre mort. 1)

Fin du quatrième acte,

1) *Que nous à notre mort. Sabine* parle toujours de
mourir ; il n'en faut pas tant parler quand on ne meurt
point.

ACTE CINQUIÈME. 1)

SCENE I.

LE VIEIL HORACE, HORACE.

Le vieil HORACE.

RETIRONS nos regards de cet objet funeste,
Pour admirer ici le jugement céleste.
Quand la gloire nous enfle, il sait bien comme il faut
Confondre notre orgueil qui s'élève trop haut.

---

1) *Corneille*, dans son jugement sur *Horace*, s'exprime ainsi : *Tout ce cinquième acte est encore une des causes du peu de satisfaction que laisse cette tragédie ; il est tout en plaidoyers*, etc. Après un si noble aveu, il ne faut parler de la pièce que pour rendre hommage au génie d'un homme assez grand pour se condamner lui-même. Si j'ose ajouter quelque chose, c'est qu'on trouvera de beaux détails dans ces plaidoyers.

Il est vrai que cette pièce n'est pas régulière ; qu'il y a en effet trois tragédies absolument distinctes, la victoire d'*Horace*, la mort de *Camille*, et le procès d'*Horace*. C'est imiter en quelque façon le défaut qu'on reproche à la scène anglaise et à l'espagnole ; mais les scènes d'*Horace*, de *Curiace*, et du vieil *Horace*, sont d'une si grande beauté, qu'on reverra toujours ce poëme avec plaisir, quand il se trouvera des acteurs qui auront assez de talent pour faire sentir ce qu'il y a d'excellent, et faire pardonner ce qu'il y a de défectueux.

Nos plaisirs les plus douxne vont point sans tristesse; 1)
Il mêle à nos vertus des marques de foiblesse ,
Et rarement accorde à notre ambition
L'entier et pur honneur d'une bonté action.
Je ne plains point Camille , elle étoit criminelle :
Je me tiens plus à plaindre, et je te plains plus qu'elle;
Moi, d'avoir mis au jour un cœur si peu romain ;
Toi , d'avoir par sa mort déshonoré ta main.
Je ne la trouve point injuste ni trop prompte ;
Mais tu pouvois , mon fils, t'en épargner la honte ;
Son crime, quoiqu'énorme et digne du trépas ,
Etoit mieux impuni , que puni par ton bras.

HORACE.

Disposez de mon sang, les lois vous en font maître ;
J'ai cru devoir le sien aux lieux qui m'ont vu naître.
Si dans vos sentimens mon zèle est criminel,
S'il m'en faut recevoir un reproche éternel,
Si ma main en devient honteuse et profanée, 2)
Vous pouvez d'un seul mot trancher ma destinée :
Reprenez tout ce sang de qui ma lâcheté 3)
A si brutalement souillé la pureté.

1) *Ne vont point sans tristesse*. Expression familière
dont il ne faut jamais se servir dans le style noble. En
effet, des plaisirs ne vont point.

2) *Si ma main en devient honteuse*. Une action est
honteuse, mais la main ne l'est pas ; elle est souillée ,
coupable , etc.

3) *Lâcheté . . . . brutalement*. S'il a été lâche et
brutal , pourquoi parlait-il à sa femme de *la vertu* avec
laquelle il avait tué sa sœur ?

Ma main n'a pu souffrir de crime en votre race ;
Ne souffrez point de tache en la maison d'Horace.
C'est en ces actions dont l'honneur est blessé
Qu'un père tel que vous se montre intéressé;
Son amour doit se taire où toute excuse est nulle; 1)
Lui-même il y prend part lorsqu'il les dissimule ;
Et de sa propre gloire il fait trop peu de cas
Quand il ne punit point ce qu'il n'approuve pas.

Le vieil HORACE.

Il n'use pas toujours d'une rigueur extrême ;
Il épargne ses fils bien souvent pour soi-même ;
Sa vieillesse sur eux aime à se soutenir,
Et ne les punit point , de peur de se punir.
Je te vois d'un autre œil que tu ne te regardes ;
Je sais.... Mais le roi vient, je vois entrer ses gardes.

SCENE II.

TULLE, VALERE, LE VIEIL HORACE,
HORACE, troupe de gardes.

Le vieil HORACE.

Ah ! sire, un tel honneur a trop d'excés pour moi;
Ce n'est point en ce lieu que je dois voir mon roi.
Permettez qu'à genoux....

TULLE.

Non, levez-vous, mon père;
Je fais ce qu'à ma place un bon prince doit faire.

1) *Est nulle.* Expression qui doit être bannie des vers.

Un si rare service et si fort important 1)
Veut l'honneur le plus rare et le plus éclatant.
     (*Montrant Valère.*)
Vous en aviez déjà sa parole pour gage ;
Je ne l'ai pas voulu différer davantage.
J'ai su par son rapport, et je n'en doutois pas,
Comme de vos deux fils vous portez le trépas ; 2)
Et que déjà votre ame étant trop résolue
Ma consolation vous seroit superflue :
Mais je viens de savoir quel étrange malheur
D'un fils victorieux a suivi la valeur ;
Et que son trop d'amour pour la cause publique
Par ses mains à son père ôte une fille unique.
Ce coup est un peu rude à l'esprit le plus fort ;
Et je doute comment vous portez cette mort. 3)
       Le vieil H O R A C E.
Sire, avec déplaisir, mais avec patience.
        T U L L E.
C'est l'effet vertueux de votre expérience.
Beaucoup par un long âge ont appris comme vous
Que le malheur succède au bonheur le plus doux :
Peu savent comme vous s'appliquer ce remède ;
Et dans leur intérêt toute leur vertu cède.
Si vous pouvez trouver dans ma compassion
Quelque soulagement pour votre affliction,

    1) *Si fort important. Fort* est de trop.
    2) *Comme vous portez.* Il faut *comment ;* et *portez*
n'est plus d'usage.
    3) *Comment vous portez ;* répétition vicieuse.

Ainsi que votre mal sachez qu'elle est extrême,
Et que je vous en plains autant que je vous aime.

VALERE.

Sire, puisque le ciel entre les mains des rois 1)
Dépose sa justice et la force des lois,
Et que l'état demande aux princes légitimes
Des prix pour les vertus, des peines pour les crimes,
Souffrez qu'un bon sujet vous fasse souvenir
Que vous plaignez beaucoup ce qu'il vous faut punir;
Souffrez....

Le vieil HORACE.

Quoi? qu'on envoie un vainqueur au supplice?

TULLE.

Permettez qu'il achève, et je ferai justice; 2)
J'aime à la rendre à tous, à toute heure, en tout lieu;
C'est par elle qu'un roi se fait un demi-dieu;

1) *Sire, puisque le ciel.* Il faut avouer que ce *Valère*
fait là un fort mauvais personnage : il n'a encore paru
dans la pièce que pour faire un compliment ; on n'en a
parlé que comme d'un homme sans conséquence. C'est
un défaut capital que *Corneille* tâche en vain de pallier
dans son examen.

2) *Permettez qu'il achève, et je ferai justice.* C'est la
loi de l'unité de lieu qui force ici l'auteur à faire le pro-
cès d'*Horace* dans sa propre maison, ce qui n'est ni con-
venable ni vraisemblable. J'ajouterai ici une remarque
purement historique : c'est que les chefs de Rome appe-
lés rois ne rendaient point justice seuls ; il fallait le
concours du sénat entier, ou des délégués.

Et c'est dont je vous plains, qu'après un tel service
On puisse contre lui me demander justice.

V A L E R E.

Souffrez donc, ô grand roi, le plus juste des rois, 1)
Que tous les gens de bien vous parlent par ma voix.
Non que nos cœurs jaloux de ses honneurs s'irritent;
S'il en reçoit beaucoup, les hauts faits les méritent :
Ajoutez-y plutôt que d'en diminuer ;
Nous sommes tous encor prêts d'y contribuer.
Mais puisque d'un tel crime il s'est montré capable,
Qu'il triomphe en vainqueur, et périsse en coupable.
Arrêtez sa fureur, et sauvez de ses mains,
Si vous voulez régner, le reste des Romains :
Il y va de la perte ou du salut du reste.
La guerre avoit un cours si sanglant, si funeste,
Et les nœuds de l'hymen, durant nos bons destins,
Ont tant de fois uni des peuples si voisins,
Qu'il est peu de Romains que le parti contraire
N'intéresse en la mort d'un gendre, ou d'un beau-frère
Et qui ne soient forcés de donner quelques pleurs,
Dans le bonheur public, à leurs propres malheurs.
Si c'est offenser Rome, et que l'heur de ses armes
L'autorise à punir ce crime de nos larmes,
Quel sang épargnera ce barbare vainqueur
Qui ne pardonne pas à celui de sa sœur,

1) *Souffrez donc, ô grand roi.* Ce plaidoyer ressemble
à celui d'un avocat qui s'est préparé : il n'est ni dans le
génie de ces tems-là, ni dans le caractère d'un amant
qui parle contre l'assassin de sa maîtresse.

Et ne peut excuser cette douleur pressante,
Que la mort d'un amant jette au cœur d'une amante,
Quand, près d'être éclairés du nuptial flambeau,
Elle voit avec lui son espoir au tombeau ?
Faisant triomper Rome, il se l'est asservie ;
Il a sur nous un droit et de mort et de vie ;
Et nos jours criminels ne pourront plus durer
Qu'autant qu'à sa clémence il plaira l'endurer.
Je pourrois ajouter aux intérêts de Rome
Combien un pareil coup est indigne d'un homme ;
Je pourrois demander qu'on mît devant vos yeux
Ce grand et rare exploit d'un bras victorieux.
Vous verriez un beau sang, pour accuser sa rage,
D'un frère si cruel rejaillir au visage ;
Vous verriez des horreurs qu'on ne peut concevoir ;
Son âge et sa beauté vous pourroient émouvoir :
Mais je hais ces moyens qui sentent l'artifice. 1)
Vous avez à demain remis le sacrifice ;
Pensez-vous que les dieux, vengeurs des innocens,
D'une main parricide acceptent de l'encens ?
Sur vous ce sacrilége attireroit sa peine ;
Ne le considérez qu'en objet de leur haine ;
Et croyez avec nous qu'en tous ses trois combats
Le bon destin de Rome a plus fait que son bras,
Puisque ces mêmes dieux, auteurs de sa victoire,
Ont permis qu'aussitôt il en souillât la gloire,

---

1) *Ces moyens qui sentent l'artifice.* Ce trait est de
l'art oratoire, et non de l'art tragique ; mais, quelque
chose que pût dire *Valére*, il ne pouvait toucher.

Et qu'un si grand courage, après ce noble effort ,
Fût digne en même jour de triomphe et de mort.
Sire, c'est ce qu'il faut que votre arrêt décide.
En ce lieu Rome a vu le premier parricide ;
La suite en est à craindre , et la haine des cieux.
Sauvez-nous de sa main , et redoutez les dieux.

T U L L E

Défendez-vous, Horace.

H O R A C E.

               A quoi bon me défendre ?
Vous savez l'action, vous la venez d'entendre ;
Ce que vous en croyez me doit être une loi.
Sire , on se défend mal contre l'avis d'un roi ;
Et le plus innocent devient soudain coupable
Quand aux yeux de son prince il paroît condamnable.
C'est crime qu'envers lui se vouloir excuser :
Notre sang est son bien , il en peut disposer;
Et c'est à nous de croire, alors qu'il en dispose,
Qu'il ne s'en prive point sans une juste cause.
Sire, prononcez donc, je suis prêt d'obéir ;
D'autres aiment la vie, et je la dois haïr.
Je ne reproche point à l'ardeur de Valère
Qu'en amant de la sœur il accuse le frère :
Mes vœux avec les siens conspirent aujourd'hui;
Il demande ma mort, je la veux comme lui.
Un seul point entre nous met cette différence,
Que mon honneur par là cherche son assurance,
Et qu'à ce même but nous voulons arriver,
Lui pour flétrir ma gloire , et moi pour la sauver.

Sire, c'est rarement qu'il s'offre une matière 1)
A montrer d'un grand cœur la vertu toute entière ;
Suivant l'occasion elle agit plus ou moins,
Et paroît forte ou foible aux yeux de ses témoins.
Le peuple, qui voit tout seulement par l'écorce,
S'attache à son effet pour juger de sa force :
Il veut que ses dehors gardent un même cours,
Qu'ayant fait un miracle elle en fasse toujours.
Après une action pleine, haute, éclatante,
Tout ce qui brille moins remplit mal son attente :
Il veut qu'on soit égal en tous tems, en tous lieux ;
Il n'examine point si lors on pouvoit mieux,
Ni que, s'il ne voit pas sans cesse une merveille,
L'occasion est moindre, et la vertu pareille.
Son injustice accable et détruit les grands noms ;
L'honneur des premiers faits se perd par les seconds ;
Et quand la renommée a passé l'ordinaire,
Si l'on en veut déchoir il ne faut plus rien faire.

  Je ne vanterai point les exploits de mon bras ;
Votre majesté, sire, a vu mes trois combats ;
Il est bien mal-aisé qu'un pareil les seconde,
Qu'une autre occasion à celle-ci réponde,
Et que tout mon courage, après de si grands coups,
Parvienne à des succès qui n'aillent au-dessous ;
Si bien que, pour laisser une illustre mémoire,
La mort seule aujourd'hui peut conserver ma gloire :

---

  1) *C'est rarement qu'il s'offre une matière, etc.* Ces
vers sont beaux, parce qu'ils sont vrais et bien écrits.

Encor la falloit-il si tôt que j'eus vaincu,
Puisque pour mon honneur j'ai déjà trop vécu.
Un homme tel que moi voit sa gloire ternie
Quand il tombe en péril de quelque ignominie :
Et ma main auroit su déjà m'en garantir ;
Mais sans votre congé mon sang n'ose sortir ;
Comme il vous appartient, votre aveu doit se prendre ;
C'est vous le dérober qu'autrement le répandre.
Rome ne manque point de généreux guerriers ;
Assez d'autres sans moi soutiendront vos lauriers :
Que votre majesté désormais m'en dispense ; 1)
Et si ce que j'ai fait vaut quelque récompense,
Permettez, ô grand roi, que de ce bras vainqueur
Je m'immole à ma gloire, et non pas à ma sœur.

SCENE III.

TULLE, VALERE, LE VIEIL HORACE, HORACE, SABINE.

SABINE.

Sire, écoutez Sabine, et voyez dans son ame
Les douleurs d'une sœur, et celles d'une femme,
Qui, toute désolée à vos sacrés genoux,
Pleure pour sa famille, et craint pour son époux.
Ce n'est pas que je veuille avec cet artifice
Dérober un coupable aux bras de la justice :

(1 *Votre majesté.* On ne connaissait point alors le titre de majesté.

Quoi qu'il ait fait pour vous, traitez-le comme tel,
Et punissez-en moi ce noble criminel;
De mon sang malheureux expiez tout son crime;
Vous ne changerez point pour cela de victime;
Ce n'en sera point prendre une injuste pitié,
Mais en sacrifier la plus chère moitié.
Les nœuds de l'hyménée et son amour extrême,
Font qu'il vit plus en moi qu'il ne vit en lui-même;
Et si vous m'accordez de mourir aujourd'hui,
Il mourra plus en moi qu'il ne mourroit en lui. 1)
La mort que je demande, et qu'il faut que j'obtienne,
Augmentera sa peine, et finira la mienne.
Sire, voyez l'excès de mes tristes ennuis,
Et l'effroyable état où mes jours sont réduits.
Quelle horreur d'embrasser un homme dont l'épée
De toute ma famille a la trame coupée!
Et quelle impiété de haïr un époux
Pour avoir bien servi les siens, l'état, et vous!
Aimer un bras souillé du sang de tous mes frères!
N'aimer pas un mari qui finit nos misères!
Sire, délivrez-moi, par un heureux trépas,
Des crimes de l'aimer, et de ne l'aimer pas:

---

1) *Il mourra plus en moi qu'il ne mourrait en lui.* Ces
subtilités de *Sabine* jetent beaucoup de froid sur cette
scène. On est las de voir une femme qui à toujours eu
une douleur étudiée, qui a proposé à *Horace* de la tuer
afin que *Curiace* la vengeât, et qui maintenant veut
qu'on la fasse mourir pour *Horace*, parce qu'*Horace*
vit en elle.

J'en nommerai l'arrêt une faveur bien grande.

Ma main peut me donner ce que je vous demande ;

Mais ce trépas enfin me sera bien plus doux

Si je puis de sa honte affranchir mon époux,

Si je puis par mon sang appaiser la colére

Des dieux qu'a pu fâcher sa vertu trop sévére,

Satisfaire en mourant aux mânes de sa sœur,

Et conserver à Rome un si bon défenseur.

Le vieil H O R A C E.

Sire, c'est donc à moi de répondre à Valére.

Mes enfans avec lui conspirent contre un père :

Tous trois veulent me perdre, et s'arment sans raison

Contre si peu de sang qui reste en ma maison.

(A Sabine.)

Toi, qui par des douleurs à ton devoir contraires

Veux quitter un mari pour rejoindre tes frères,

Va plutôt consulter leurs mânes généreux ;

Ils sont morts, mais pour Albe, et s'en tiennent heureux.

Puisque le ciel vouloit qu'elle fût asservie,

Si quelque sentiment demeure aprés la vie,

Ce malheur semble moindre, et moins rudes ses coups,

Voyant que tout l'honneur en retombe sur nous :

Tous trois désavoûront la douleur qui te touche,

Les larmes de tes yeux, les soupirs de ta bouche,

L'horreur que tu fais voir d'un mari vertueux. 1)

Sabine, sois leur sœur, suis ton devoir comme eux.

---

1) *L'horreur que tu fais voir d'un mari vertueux.* Cela
n'est pas vrai. *Sabine*, qui veut mourir pour *Horace*,
n'a point montré d'horreur pour lui.

(*Au roi.*)

Contre ce cher époux Valère en vain s'anime :
Un premier mouvement ne fut jamais un crime ;
Et la louange est due au lieu du châtiment
Quand la vertu produit ce premier mouvement.
Aimer nos ennemis avec idolâtrie,
De rage en leur trépas maudire la patrie,
Souhaiter à l'état un malheur infini,
C'est ce qu'on nomme crime, et ce qu'il a puni.
Le seul amour de Rome a sa main animée ;
Il seroit innocent s'il l'avoit moins aimée.
Qu'ai-je dit, sire ? il l'est, et ce bras paternel
L'auroit déjà puni s'il étoit criminel ;
J'aurois su mieux user de l'entière puissance
Que me donnent sur lui les droits de la naissance.
J'aime trop l'honneur, sire, et ne suis point de rang
A souffrir ni d'affront ni de crime en mon sang.
C'est dont je ne veux point de témoin que Valère ;
Il a vu quel accueil lui gardoit ma colère,
Lorsqu'ignorant encor la moitié du combat
Je croyois que sa fuite avoit trahi l'état.
Qui le fait se charger des soins de ma famille ?
Qui le fait malgré moi vouloir venger ma fille ?
Et par quel raison dans son juste trépas
Prend-il un intérêt qu'un père ne prend pas ?
On craint qu'après sa sœur il n'en maltraite d'autres !
Sire, nous n'avons part qu'à la honte des nôtres ;
Et de quelque façon qu'un autre puisse agir,
Qui ne nous touche point ne nous fait point rougir.

(*A Valère.*)

Tu peux pleurer, Valère, et même aux yeux d'Horace;
Il ne prend intérêt qu'aux crimes de sa race;
Qui n'est point de son sang ne peut faire d'affront
Aux lauriers immortels qui lui ceignent le front.
Lauriers, sacrés rameaux qu'on veut réduire en poudre,
Vous qui mettez sa tête à couvert de la foudre,
L'abandonnerez-vous à l'infame couteau
Qui fait choir les méchans sous la main d'un bourreau?
Romains, souffrirez-vous qu'on vous immole un homme,
Sans qui Rome aujourd'hui cesseroit d'être Rome,
Et qu'un Romain s'efforce à tacher le renom
D'un guerrier à qui tous doivent un si beau nom?
Dis, Valère, dis-nous, si tu veux qu'il périsse,
Où tu penses choisir un lieu pour son supplice:
Sera-ce entre ces murs que mille et mille voix
Font résonner encor du bruit de ses exploits?
Sera-ce hors des murs, au milieu de ces places
Qu'on voit fumer encor du sang des Curiaces;
Entre leurs trois tombeaux, et dans ce champ d'honneur
Témoin de sa vaillance et de nôtre bonheur?
Tu ne saurois cacher sa peine à sa victoire;
Dans les murs, hors des murs, tout parle de sa gloire;
Tout s'oppose à l'effort de ton injuste amour,
Qui veut d'un si bon sang souiller un si beau jour.
Albe ne pourra pas souffrir un tel spectacle,
Et Rome par ses pleurs y mettra trop d'obstacle.
Vous les préviendrez, sire, et par un juste arrêt
Vous saurez embrasser bien mieux son intérêt.

Ce qu'il a fait pour elle il peut encor le faire;
Il peut la garantir encor d'un sort contraire.
Sire, ne donnez rien à mes débiles ans.
Rome aujourd'hui m'a vu père de quatre enfans;
Trois en ce même jour sont morts pour sa querelle;
Il m'en reste encor un, conservez-le pour elle; 1)
N'ôtez pas à ses murs un si puissant appui;
Et souffrez pour finir que je m'adresse à lui.

    Horace, ne crois pas que le peuple stupide
Soit le maître absolu d'un renom bien solide.
Sa voix tumultueuse assez souvent fait bruit:
Mais un moment l'élève, un moment le détruit;
Et ce qu'il contribue à notre renommée
Toujours en moins de rien se dissipe en fumée.
C'est aux rois, c'est aux grands, c'est aux esprits bien faits
A voir la vertu pleine en ses moindres effets;
C'est d'eux seuls qu'on reçoit la véritable gloire,
Eux seuls des vrais héros assurent la mémoire.
Vis toujours en Horace; et toujours auprès d'eux
Ton nom demeurera grand, illustre, fameux,

    1) *Il m'en reste encor un, conservez-le pour elle; etc.*
Quoiqu'en effet tout ce cinquième acte ne soit qu'un plai-
doyer hors d'œuvre, et dans lequel personne ne craint
pour l'accusé, cependant il y a de tems en tems des
maximes profondes, nobles, justes, qu'on écoutait au-
trefois avec grand plaisir. *Pascal* même, qui faisait
un recueil de toutes les pensées qui pouvaient servir
à établir un ouvrage qu'il n'a jamais pu faire, n'a pas
manqué de mettre dans son agenda cette pensée de
Corneille : *Il faut plaire aux esprits bien faits.*

Bien que l'occasion moins haute ou moins brillante
D'un vulgaire ignorant trompe l'injuste attente.
Ne hais donc plus la vie, et du moins vis pour moi,
Et pour servir encor ton pays et ton roi.
 'Sire, j'en ai trop dit : mais l'affaire vous touche ;
Et Rome toute entière a parlé par ma bouche.

VALERE.

Sire, permettez-moi.....

TULLE.

Valère, c'est assez ;
Vos discours par les leurs ne sont pas effacés ;
J'en garde en mon esprit les forces plus pressantes ;
Et toutes vos raisons me sont encor présentes.
Cette énorme action faite presque à nos yeux
Outrage la nature, et blesse jusqu'aux dieux.
Un premier mouvement qui produit un tel crime
Ne sauroit lui servir d'excuse légitime :
Les moins sévères lois en ce point sont d'accord ;
Et si nous les suivons, il est digne de mort.
Si d'ailleurs nous voulons regarder le coupable,
Ce crime, quoique grand, énorme, inexcusable,
Vient de la même épée, et part du même bras
Qui me fait aujourd'hui maître de deux états.
Deux sceptres en ma main, Albe à Rome asservie,
Parlent bien hautement en faveur de sa vie.

1) *Les forces plus pressantes.* Force s'emploie au
pluriel pour les forces du corps, pour celles d'un état,
mais non pour un discours. *Plus* est une faute.

Sans lui j'obéirois où je donne la loi ;
Et je serois sujet où je suis deux fois roi.
Assez de bons sujets dans toutes les provinces.
Par des vœux impuissans s'acquittent vers leurs princes.
Tous les peuvent aimer, mais tous ne peuvent pas
Par d'illustres effets assurer leurs états ;
Et l'art et le pouvoir d'affermir des couronnes
Sont des dons que le ciel fait à peu de personnes.
De pareils serviteurs sont les forces des rois ;
Et de pareils aussi sont au-dessus des lois.
Qu'elles se taisent donc : que Rome dissimule
Ce que dès sa naissance elle vit en Romule ;
Elle peut bien souffrir en son libérateur
Ce qu'elle a bien souffert en son premier auteur.

Vis donc, Horace ; vis, guerrier trop magnanime,
Ta vertu met ta gloire au-dessus de ton crime :
Sa chaleur généreuse a produit ton forfait ;
D'une cause si belle il faut souffrir l'effet.
Vis pour servir l'état ; vis, mais aime Valére ;
Qu'il ne reste entre vous ni haine ni colére ;
Et soit qu'il ait suivi l'amour, ou le devoir,
Sans aucun sentiment résous-toi de le voir.

Sabine, écoutez moins la douleur qui vous presse ;
Chassez de ce grand cœur ces marques de foiblesse.
C'est en séchant vos pleurs que vous vous montrerez
La véritable sœur de ceux que vous pleurez.

Mais nous devons aux dieux demain un sacrifice
Et nous aurions le ciel à nos vœux mal propice

Si nos prêtres, avant que de sacrifier,
Ne trouvoient les moyens de le purifier.
Son père en prendra soin, il lui sera facile
D'appaiser tout d'un tems les mânes de Camille.
Je la plains, et pour rendre à son sort rigoureux
Ce que peut souhaiter son esprit amoureux,
Puisqu'en un même jour l'ardeur d'un même zèle
Achève le destin de son amant et d'elle,
Je veux qu'un même jour, témoin de leurs deux morts.
Dans un même tombeau voye enfermer leurs corps.

S C E N E   D E R N I E R E.

J U L I E, *seule.* 1).

CAMILLE, ainsi le ciel t'avoit bien avertie
Des tragiques succès qu'il t'avoit préparés;

1) Ce commentaire de *Julie* sur le sens de l'oracle a
été retranché dans les éditions suivantes. Il est visi-
blement imité de la fin du *Pastor - fido.* Mais dans
l'italien cette explication fait le dénouement ; elle est
dans la bouche de deux pères infortunés : elle sauve
la vie au héros de la pièce : ici c'est une confidente
inutile qui dit une chose inutile. Ces vers furent ré-
cités dans les premières représentations.

Les lecteurs raisonnables trouveront bon sans doute
qu'on ait ainsi remarqué avec une équité impartiale les
grandes beautés et les défauts de *Corneille ,* et qu'on
poursuive dans cet esprit. Un commentateur n'est pas
un avocat qui cherche seulement à faire valoir en tout

Mais toujours du secret il cache une partie
Aux esprits les plus nets et les plus éclairés.

Il sembloit nous parler de ton proche hyménée,
Il sembloit tout promettre à tes vœux innocens;
Et nous cachant ainsi ta mort inopinée,
Sa voix n'est que trop vraie en trompant notre sens.

« Albe et Rome aujourd'hui prennent une autre face.
» Ses vœux sont exaucés, elles goûtent la paix;
» Et tu vas être unie avec ton Curiace,
» Sans qu'aucun mauvais sort t'en sépare jamais. »

Fin du cinquième et dernier acte.

la cause de sa partie, et ce serait trahir la mémoire
de *Corneille* que de ne pas imiter la candeur avec la-
quelle il se juge lui-même. On doit la vérité au public.

EXAMEN

D'HORACE.

C'est une croyance assez générale que cette pièce pourroit passer pour la plus belle des miennes, si les derniers actes répondoient aux premiers. Tous veulent que la mort de Camille en gâte la fin, et j'en demeure d'accord; mais je ne sais si tous en savent la raison. On l'attribue communément à ce qu'on voit cette mort sur la scène; ce qui seroit plutôt la faute de l'actrice, que la mienne, parce que, quand elle voit son frère mettre l'épée à la main, la frayeur si naturelle au sexe lui doit faire prendre la fuite, et recevoir le coup derrière le théâtre, comme je le remarque dans cette impression. D'ailleurs, si c'est une règle de ne le point ensanglanter, elle n'est pas du tems d'Aristote, qui nous apprend que pour émouvoir puissamment il faut de grands déplaisirs, des blessures et des morts en spectacle. Horace ne veut pas que nous y hasardions les évènemens trop dénaturés, comme de Médée qui tue ses enfans; mais je ne vois pas qu'il en fasse une règle générale pour toutes sortes de morts, ni que l'emportement d'un homme passionné pour sa patrie, contre une sœur qui la maudit en sa présence avec des imprécations horribles, soit de même nature que la cruauté de cette mère. Sénèque l'expose aux yeux du peuple en dépit d'Horace; et, chez Sophocle, Ajax ne se cache point aux spectateurs lorsqu'il se tue. L'adoucissement que j'apporte dans le second de ces discours pour rectifier la mort de Clytemnestre ne peut être propre ici à celle de Camille. Quand elle s'enferreroit d'elle - même par désespoir en voyant son frère l'épée à la main, ce frère ne laisseroit pas d'être criminel de l'avoir tirée contre elle, puisqu'il n'y a point de troisième personne sur le théâtre à qui il pût adresser le coup qu'elle recevroit, comme peut faire Oreste à Egiste. D'ailleurs l'histoire est trop connue pour retrancher le péril qu'il court d'une mort infame après l'avoir tuée; et la défense que lui prête son père pour obtenir sa grace n'auroit plus de lieu s'il demeuroit innocent. Quoi qu'il en soit, voyons si cette action n'a pu causer la chûte de ce poëme que par là, et s'il n'a point d'autre irrégularité que de blesser les yeux.

Comme je n'ai point accoutumé de dissimuler mes défauts, j'en trouve ici deux ou trois assez considérables. Le premier est que cette action, qui devient la principale de la pièce, est momentanée, et n'a point cette juste grandeur que lui

demande Aristote, et qui consiste en un commen-
cement, un milieu, et une fin. Elle surprend tout
d'un coup; et toute la préparation que j'y ai donnée
par la peinture de la vertu farouche d'Horace,
et par la défense qu'il fait à sa sœur de regretter
qui que ce soit de lui ou de son amant qui meure
au combat, n'est point suffisante pour faire atten-
dre un emportement si extraordinaire, et servir
de commencement à cette action.

Le second défaut est que cette mort fait une
action double par le second péril où tombe Horace
après être sorti du premier. L'unité de péril d'un
héros dans la tragédie, fait l'unité d'action; et quand
il est garanti, la pièce est finie, si ce n'est que la
sortie même de ce péril l'engage si nécessairement
dans un autre, que la liaison et la continuité des
deux n'en fasse qu'une action; ce qui n'arrive point
ici, où Horace revient triomphant, sans aucun
besoin de tuer sa sœur, ni même de parler à elle;
et l'action seroit suffisamment terminée à sa vic-
toire. Cette chûte d'un péril en l'autre sans né-
cessité fait ici un effet d'autant plus mauvais, que
d'un péril public où il y va de tout l'état, il tombe
en un péril particulier où il n'y va que de sa vie;
et, pour dire encore plus, d'un péril illustre où il
ne peut succomber que glorieusement, en un péril

infâme dont il ne peut sortir sans tache. Ajoutez pour troisième imperfection que Camille, qui ne tient que le second rang dans les trois premiers actes, et y laisse le premier à Sabine, prend le premier en ces deux derniers, où cette Sabine n'est plus considérable; et qu'ainsi s'il y a égalité dans les mœurs, il n'y en a point dans la dignité des personnages, où se doit étendre ce précepte d'Horace :

Servetur ad imum
Qualis ab incepto processerit, et sibi constet.

Ce défaut en Rodélinde a été une des principales causes du mauvais succès de *Pertharite*, et je n'ai point encore vu sur nos théâtres cette inégalité de rang en un même acteur, qui n'ait produit un très-méchant effet. Il seroit bon d'en établir une règle inviolable.

Du côté du tems, l'action n'est point trop pressée, et n'a rien qui ne me semble vraisemblable. Pour le lieu, bien que l'unité y soit exacte, elle n'est pas sans quelque contrainte. Il est constant qu'Horace et Curiace n'ont point de raison de se séparer du reste de la famille pour commencer le second acte, et c'est une adresse de théâtre de n'en donner aucune quand on n'en peut donner de bonnes. L'attachement de l'auditeur à l'action présente

souvent ne lui permet pas de descendre à l'**examen**
sévère de cette justesse, et ce n'est pas un crime
de s'en prévaloir pour l'éblouïr quand il est mal-
aisé de le satisfaire.

Le personnage de Sabine est assez heureusement
inventé, et trouve sa vraisemblance aisée dans le
rapport à l'histoire, qui marque assez d'amitié et
d'égalité entre les deux familles pour avoir pu faire
cette double alliance.

Elle ne sert pas davantage à l'action, que l'In-
fante à celle du *Cid*, et ne fait que se laisser tou-
cher diversement comme elle à la diversité des
évènemens. Néanmoins on a généralement ap-
prouvé celle-ci et condamné l'autre. J'en ai cher-
ché la raison, et j'en ai trouvé deux. L'une est la
liaison des scènes, qui semblent, s'il m'est permis
de parler ainsi, incorporer Sabine dans cette pièce;
au lieu que dans le *Cid* toutes celles de l'Infante
sont détachées, et paroissent hors d'œuvre :

Tantum series juncturaque pollet :

L'autre, qu'ayant une fois posé Sabine pour femme
d'Horace, il est nécessaire que tous les incidens
de ce poëme lui donnent les sentimens qu'elle en
témoigne avoir, par l'obligation qu'elle a de pren-
dre intérêt à ce qui regarde son mari et ses frères,
mais l'Infante n'est point obligée d'en prendre

aucun en ce qui touche le *Cid ;* et si elle a quelque inclination secrette pour lui, il n'est point besoin qu'elle en fasse rien paroître, puisqu'elle ne produit aucun effet.

L'oracle qui est proposé au premier acte trouve son vrai sens à la conclusion du cinquième. Il semble clair d'abord, et porte l'imagination à un sens contraire; et je les aimerois mieux de cette sorte sur nos théâtres, que ceux qu'on fait entièrement obscurs, parce que la surprise de leur véritable effet en est plus belle. J'en ai usé ainsi encore dans l'*Andromède* et dans l'*OEdipe*. Je ne dis pas la même chose des songes, qui peuvent faire encore un grand ornement dans la protase, pourvu qu'on ne s'en serve pas souvent. Je voudrois qu'ils eussent l'idée de la fin véritable de la pièce, mais avec quelque confusion qui n'en permît pas l'intelligence entière. C'est ainsi que je m'en suis servi deux fois, ici, et dans *Polyeucte*, mais avec plus d'éclat et d'artifice dans ce dernier poëme, où il marque toutes les particularités de l'événement, qu'en celui-ci, où il ne fait qu'exprimer une ébauche tout-à-fait informe de ce qui doit arriver de funeste.

Il passe pour constant que le second acte est un des plus pathétiques qui soient sur la scène, et le troisième un des plus artificieux. Il est soutenu de la seule narration de la moitié du combat des trois frères, qui est coupé très-heureusement pour laisser *Horace* le père dans la colère et le déplaisir, et lui donner ensuite un beau retour à la joie dans le quatrième. Il a été à propos, pour le jeter dans cette erreur, de se servir de l'impatience d'une femme qui suit brusquement sa première idée, et présume le combat achevé parce qu'elle a vu deux des *Horaces* par terre, et le troisième en fuite. Un homme, qui doit être plus posé et plus judicieux, n'eût pas été propre à donner cette fausse alarme; il eût dû prendre plus de patience, afin d'avoir plus de certitude de l'événement, et n'eût pas été excusable de se laisser emporter si légèrement par les apparences à présumer le mauvais succès d'un combat dont il n'eût pas vu la fin.

Bien que le roi n'y paroisse qu'au cinquième, il y est mieux dans sa dignité que dans le *Cid*, parce qu'il a intérêt pour tout son état dans le reste de la pièce; et bien qu'il n'y parle point, il ne laisse pas d'y agir comme roi. Il vient aussi dans ce cinquième comme roi, qui veut honorer par cette visite un père dont les fils lui ont conservé sa couronne, et acquis celle d'Albe au prix de leur sang. S'il y fait l'office de juge, ce n'est que par accident; et il le fait dans ce logis même d'*Horace*, par la seule contrainte qu'impose la régle de l'unité de lieu. Tout ce cinquième est encore une des causes du peu de satisfaction que laisse cette tragédie : il est tout en plaidoyers, et ce n'est pas là la place des harangues ni des longs discours : ils peuvent être supportés en un commencement de piéce, où l'action n'est pas encore échauffée ; mais le cinquième acte doit plus agir que discourir. L'attention de l'auditeur, déjà lassée, se rebute de ces conclusions qui traînent, et tirent la fin en longueur.

Quelques-uns ne veulent pas que Valére y soit un digne accusateur d'*Horace*, parce que dans la piéce il n'a pas fait voir assez de passion pour *Camille ;* à quoi je réponds que ce n'est pas à dire qu'il n'en eût une très-forte, mais qu'un amant mal voulu ne pouvoit se montrer de bonne grace à sa maîtresse dans le jour qui la rejoignoit à un amant aimé. Il n'y avoit point de place pour lui au premier acte, et encore moins au second : il falloit qu'il tînt son rang à l'armée pendant le troisième : et il se montre au quatrième si tôt que la mort de son rival fait quelque ouverture à son espérance ; il tâche à gagner les bonnes graces du père par la commission qu'il prend du roi de lui apporter les glorieuses nouvelles de l'honneur que ce prince veut lui faire, et par occasion il lui apprend la victoire de son fils, qu'il ignoroit. Il ne manque pas d'amour durant les trois premiers actes, mais d'un tems propre à le témoigner ; et, dès la première scène de la pièce, il paroit bien qu'il rendoit assez de soins à *Camille*, puisque *Sabine* s'en alarme pour son frère. S'il ne prend pas le procédé de France, il faut considérer qu'il est Romain, et dans Rome, où il n'auroit pu entreprendre un duel contre un autre Romain sans faire un crime d'état, et que j'en aurois fait un de théâtre, si j'avois habillé un Romain à la française.

C I N N A,

O U

LA CLÉMENCE D'AUGUSTE,

TRAGEDIE EN CINQ ACTES.

. . . . . *Cui lecta potenter erit res ,*
Nec facundia deseret hunc , nec lucidus ordo.
HORAT.

AVERTISSEMENT

DU COMMENTATEUR.

Ce n'est pas ici une pièce telle que les *Horaces*. On voit bien le même pinceau, mais l'ordonnance du tableau est très-supérieure. Il n'y a point de double action : ce ne sont point des intérêts indépendans les uns des autres, des actes ajoutés à des actes ; c'est toujours la même intrigue. Les trois unités sont aussi parfaitement observées qu'elles puissent l'être, sans que l'action soit gênée, sans que l'auteur paraisse faire le moindre effort. Il y a toujours de l'art, et l'art s'y montre rarement à découvert.

On donne ici ce chef-d'œuvre du grand *Corneille* tel qu'il le fit imprimer, avec le chapitre de *Sénèque* le philosophe, dont il tira son sujet (ainsi qu'il avait publié le *Cid* avec les vers espagnols qu'il traduisit.) On y ajoute son épitre dédicatoire à *Montauron*, trésorier de l'épargne, et la lettre du célèbre *Balzac*.

ÉPITRE DÉDICATOIRE

A MONSIEUR

DE MONTAURON.

MONSIEUR,

Je vous présente un tableau d'une des plus belles actions d'Auguste. Ce monarque étoit tout généreux ; et sa générosité n'a jamais paru avec tant d'éclat que dans les effets de sa clémence et de sa libéralité. Ces deux rares vertus lui étoient si naturelles et si inséparables en lui , qu'il semble qu'en cette histoire , que j'ai mise sur notre théâtre , elles se soient tour-à-tour entre-produites dans son ame. Il avoit été si libéral envers Cinna , que sa conjuration ayant fait voir une ingratitude extraordinaire , il eut besoin d'un extraordinaire effort de clémence pour lui pardonner ; et le pardon qu'il lui donna fut la source de nouveaux bienfaits dont il lui fut prodigue , pour vaincre tout à fait cet esprit qui n'avoit pu être gagné par les premiers; de sorte qu'il est vrai de dire qu'il eût été moins clément envers lui s'il eût été moins libéral, et qu'il eût été moins libéral s'il eût été moins clément. Cela étant, ne puis-je pas avec justice donner le portrait de l'une de ces héroïques vertus à celui qui possède l'autre en un si haut degré, puisque dans cette action ce grand prince les a si bien attachées et comme unies l'une à l'autre, qu'elles ont été tout ensemble la cause et l'effet l'une de l'autre? Je le puis certes d'autant plus justement, que je vois votre générosité, comme voulant imiter ce grand empereur, 1) prendre plaisir à s'étendre sur les gens de lettres, en un tems où beaucoup pensent avoir trop récompensé leurs travaux quand ils les ont honorés d'une louange stérile. Vous avez traité quelques-unes de nos muses avec tant de magnanimité, qu'en elles

---

1) Voilà une étrange lettre, et pour le style et pour les sentimens. On n'y reconnaît point *la main qui crayonna l'âme du grand Pompée, et l'esprit de Cinna.* Celui qui faisait des vers si sublimes, n'est plus le même en prose. On ne peut s'empêcher de plaindre *Corneille*, et son siècle, et les beaux-arts, quand on voit ce grand homme, négligé à la cour, comparer le sieur de *Montauron* à l'empereur *Auguste.* Si pourtant la reconnaissance arracha ce singulier hommage, il faut encore plus en louer *Corneille* que l'en blâmer, mais on peut toujours l'en plaindre.

vous avez obligé toutes les autres ; de sorte qu'il n'en est point qui ne vous en doive un remerciement. Trouvez bon, monsieur, que je m'acquitte de celui que je reconnois vous en devoir, par le présent que je vous fais de ce poëme, que j'ai choisi comme le plus durable des miens, pour apprendre plus long-tems à ceux qui le liront, que le généreux M. de Montauron, par une libéralité inouie en ce siècle, s'est rendu toutes les muses redevables, et que je prends tant de part aux bienfaits dont vous avez surpris quelques-unes d'elles, que je m'en dirai toute ma vie,

MONSIEUR,

Votre très-humble et très-obligé serviteur,

P. CORNEILLE.

EXTRAIT
DU LIVRE DE SÉNÈQUE
LE PHILOSOPHE,
DONT LE SUJET DE CINNA EST TIRÉ.

Seneca, *lib.* 1. *de Clementia*, *cap.* 9. 1)

Divus Augustus mitis fuit princeps, si quis illum à principatu suo æstimare incipiat : in communi quidem republica duodevicesimum egressus

---

1) L'aventure de *Cinna* laisse quelque doute. Il se peut que ce soit une fiction de *Sénèque*, ou du moins qu'il ait ajouté beaucoup à l'histoire pour mieux faire valoir son chapitre de la clémence. C'est une chose bien étonnante, que *Suétone* qui entre dans tous les détails de la vie d'*Auguste*, passe sous silence un acte de clémence qui ferait tant d'honneur à cet empereur, et qui serait la plus mémorable de ses actions. *Sénèque* suppose la scène en Gaule. *Dion Cassius* qui rapporte cette anecdote long-tems après *Sénèque*, au milieu du troisième siècle de notre ère vulgaire, dit que la chose arriva dans Rome. J'avoue que je croirai difficilement qu'*Auguste* ait nommé sur le champ premier consul un homme convaincu d'avoir voulu l'assassiner.

Mais, vraie ou fausse, cette clémence d'*Auguste* est un des plus nobles sujets de tragédies, une des plus belles instructions pour les princes. C'est une grande leçon de mœurs ; c'est, à mon avis, le chef-d'œuvre de *Corneille*, malgré quelques défauts.

Remarque du commentateur.

annum, jam pugiones in sinu amicorum abscon-
derat, jam insidiis M. Antonii consulis latus pe-
tierat, jam fuerat collega proscriptionis. Sed cum
annum quadragesimum transisset, et in Gallia
moraretur, delatum est ad eum indicium L. Cin-
nam, solidi ingenii virum, insidias ei struere :
dictum est et ubi, et quando, et quemadmodum
aggredi vellet. Unus ex consciis deferebat; sta-
tuit se ab eo vindicare. Consilium amicorum ad-
vocari jussit.

Nox illi inquieta erat, cum cogitaret adoles-
centem nobilem, hoc detracto integrum, Cn.
Pompeii nepotem damnandum. Jam unum homi-
nem occidere non poterat, cum M. Antonio pros-
criptionis edictum inter coenam dictaret. Gemens
subinde voces varias emittebat et inter se con-
trarias. « Quid ergo ! ego percussorem meum se-
». curum ambulare patiar, me sollicito ? Ergo non
» dabit poenas, qui tot civilibus bellis frustra
» petitum caput, tot navalibus, tot pedestribus
» præliis incolume, postquam terra marique pax
» parta est, non occidere constituat, sed immo-
» lare ? » (Nam sacrificantem placuerat adoriri.)
Rursus silentio interposito, majore multo voce
sibi quam Cinnæ irascebatur. « Quid vivis, si pe-
» rire te tam multorum interest ? Quis finis erit

» suppliciorum ? quis sanguinis ? Ego sum nobilibus
» adolescentulis expositum caput, in quod mu-
» crones acuant. ¡Non est tanti vita, si, ut ego
» non peream, tam multa perdenda sunt. » Inter-
pellavit tandem illum Livia uxor; et « Admittis,
» inquit, muliebre consilium ? Fac quod medici
» solent, ubi usitata remedia non procedunt, ten-
» tant contraria. Severitate nihil adhuc profecisti :
» Salvidienum Lepidus secutus est, Lepidum Mu-
» rœna, Muraenam Cæpio, Cæpionem Egnatius,
» ut alios taceam quos tantum ausos pudet : nunc
» tenta quomodo tibi cedat clementia. Ignosce
» L. Cinnæ : deprehensus est, jam nocere tibi non
» potest, prodesse famæ tuæ potest. »

    Gavisus sibi quod advocatum invenerat, uxori
quidem gratias egit : renuntiari autem extemplo
amicis quos in consilium rogaverat imperavit, et
Cinnam unum ad se accersit; dimissisque omni-
bus é cubiculo, cum alteram poni Cinnæ cathe-
dram jussisset : « Hoc, inquit, primum à te peto
» ne me loquentem interpelles, ne meo sermone
» medio proclames; dabitur tibi loquendi liberum
» tempus. Ego te, Cinna, cum in hostium castris
» invenissem, non factum tantum mihi inimicum,
» sed natum, servavi; patrimonium tibi omne
» concessi; hodie tam felix es et tam dives, ut

» victo victores invideant : sacerdotium tibi pe-
» tenti, præteritis compluribus quorum parentes
» mecum militaverant, dedi. Cum sic de te me-
» ruerim, occidere me constituisti. »

Cum ad hanc vocem exclamasset Cinna, procul
hanc ab se abesse dementiam : « Non præstas,
» inquit, fidem, Cinna : convenerat de interlo-
» quereris. Occidere, inquam, me paras.» Adjecit
locum, socios, diem, ordinem insidiarum, cui
commissum esset ferrum. Et cum defixum videret,
nec ex conventione jam, sed ex conscientia ta-
centem : «Quo, inquit, hoc animo facis ? Ut ipse
» sis princeps ? Male mehercule cum republica
» agitur, si tibi ad imperandum nihil præter me
» obstat. Domum tuam tueri non potes, nuper li-
» bertini hominis gratia in privato judicio superatus
» es. Ad eo nihil facilius putas quam contra Cæsa-
» rem advocare ? Cedo, si spes tuas solus impedio.
» Paulusne te et Fabius Maximus et Cossi et Ser-
» vilii ferent, tantumque agmen nobilium, non
» inania nomina præferentium, sed eorum qui
» imaginibus suis decori sunt ? » Ne totam ejus ora-
tionem repetendo magnam partem voluminis oc-
cupem, diutius enim quam duabus horis locutum
esse constat, cum hanc pœnam, qua sola erat
contentus futurus, extenderet. « Vitam tibi, in-

» quit, Cinna, iterum do, prius hosti, nunc insi-
» diatori ac parricidæ. Ex hodierno die inter nos
» amicitia incipiat. Contendamus utrum ego me-
» liore fide vitam tibi dederim, an tu debeas. »
Post hæc detulit ultro consulatum, questus quod
non auderet petere; amicissimum fidelissimum-
que habuit; hæres solus fuit illi; nullis amplius
insidiis ab ullo petitus est.

LETTRE DE BALSAC
A CORNEILLE.

MONSIEUR,

1) *J'ai senti un notable soulagement depuis l'arrivée de votre paquet, et je crie miracle dès le commencement de ma lettre. Votre Cinna guérit les malades : il fait que les paralytiques battent des mains : il rend la parole à un muet; ce seroit trop peu de dire à un enrhumé. En effet, j'avois perdu la parole avec la voix; et puisque je les recouvre l'une et l'autre par votre moyen, il est bien juste que je les employe toutes deux à votre gloire, et à dire sans cesse :* la belle chose ! *Vous avez peur néan-*

1) Les étrangers verront dans cette lettre quelle était l'éloquence de ce tems là. Il n'est guères convenable peut-être que l'éloquence soit le partage d'une lettre familière ; et, comme dit M. l'abbé d'*Olivet*, *Balzac* écrivait une lettre comme *Lingende* faisait un sermon ou un panégyrique ; il s'étudiait à prodiguer les figures.

moins d'être de ceux qui sont accablés par la majesté des sujets qu'ils traitent, et ne pensez pas avoir apporté assez de force pour soutenir la grandeur romaine. Quoique cette modestie me plaise, elle ne me persuade pas, et je m'y oppose pour l'intérêt de la vérité. Vous êtes trop subtil examinateur d'une composition universellement approuvée : et s'il étoit vrai qu'en quelqu'une de ses parties vous eussiez senti quelque foiblesse, ce seroit un secret entre vos muses et vous, car je vous assure que personne ne l'a reconnue. La foiblesse seroit de notre expression, et non pas de votre pensée : elle viendroit du défaut des instrumens, et non pas de la faute de l'ouvrier : il faudroit en accuser l'incapacité de notre langue.

Vous nous faites voir Rome tout ce qu'elle peut être à Paris, et ne l'avez point brisée en la remuant. Ce n'est point une Rome de Cassiodore, 1) et aussi déchirée qu'elle étoit au siècle des Théodoric : c'est une Rome de Tite-Live, et aussi pompeuse qu'elle étoit au tems des premiers Césars. Vous avez même trouvé ce qu'elle avoit perdu dans les ruines de la république, cette noble et magnanime fierté ; et il se voit bien quelques passables traducteurs de ses paroles et de ses locutions, mais vous êtes le vrai

---

1) Pourquoi parler de *Théodoric* et de *Cassiodor* quand il s'agit d'*Auguste* ?

et le fidelle interprète de son esprit et de son courage. Je dis plus, monsieur; vous êtes souvent son pédagogue, et l'avertissez de la bienséance, quand elle ne s'en souvient pas. Vous êtes le réformateur du vieux tems, s'il a besoin d'embellissement, ou d'appui. Aux endroits où Rome est de brique, vous la rebâtissez de marbre : quand vous trouvez du vide, vous le remplissez d'un chef-d'œuvre; et je prends garde que ce que vous prêtez à l'histoire est toujours meilleur que ce que vous empruntez d'elle.

La femme d'Horace, et la maîtresse de Cinna, qui sont vos deux véritables enfantemens, et les deux pures créatures de votre esprit, ne sont-elles pas aussi les principaux ornemens de vos deux poëmes? Et qu'est-ce que la sainte antiquité a produit de vigoureux et de ferme dans le sexe foible, qui soit comparable à ces nouvelles héroïnes que vous avez mises au monde, à ces Romaines de votre façon? Je ne m'ennuie point depuis quinze jours de considérer celle que j'ai reçue la dernière.

Je l'ai fait admirer à tous les habiles de notre province : nos orateurs et nos poëtes en disent merveilles : mais un docteur de mes voisins, qui se met d'ordinaire sur le haut style, en parle certes d'une étrange sorte; et il n'y a point de mal que vous sachiez jusques où vous avez porté son esprit. Il se contentoit le premier jour de dire que votre Emilie étoit la rivale de Caton et de Brutus, dans la passion de la liberté. A cette heure il va bien plus loin. Tantôt il la nomme la possédée du démon de la république, et quelquefois la belle, la raisonnable, la sainte 1) et l'adorable furie. Voilà d'étranges paroles sur le sujet de votre Romaine; mais elles ne sont pas sans fondement. Elle inspire en effet toute la conjuration, et donne chaleur au parti, par le feu qu'elle jette dans l'ame du chef. Elle entreprend, en se vengeant, 2) de venger toute la terre : elle veut sacrifier à son père une victime qui seroit trop grande pour Jupiter même. C'est à mon gré une personne si excellente, que je pense dire peu à son avantage de dire que vous êtes beaucoup plus heureux en votre race que Pompée n'a été en la sienne, et que votre fille Emilie vaut sans comparaison davantage que Cinna son petit-fils. Si celui-ci même a plus de vertu que n'a cru Sénèque, c'est pour être tombé entre vos mains, et à cause que vous avez pris soin de lui. Il vous est obligé de son mérite, comme à Auguste de sa dignité. L'empereur le fit consul, et vous l'avez fait honnête homme : 3)

1) Voilà une plaisante épithète que celle de *sainte*, donnée par ce docteur à *Emilie*.

2) Il paraît qu'en effet *Emilie* était regardée comme le premier personnage de la pièce, et que dans les commencemens on n'imaginait pas que l'intérêt pût tomber sur *Auguste*.

3) C'est donc *Cinna* qu'on regardait comme l'hon-

mais vous l'avez pu faire par les lois d'un art qui polit et orne la vérité, qui permet de favoriser en imitant; qui quelquefois se propose le semblable, et quelquefois le meilleur. J'en dirois trop, si j'en disois davantage. Je ne veux pas commencer une dissertation je veux finir une lettre, et conclure par les protestations ordinaires, mais très-sincères et très-véritables, que je suis,

MONSIEUR,

Votre très-humble serviteur,

BALZAC.

nête homme de la pièce, parce qu'il avait voulu venger la liberté publique. En ce cas, il fallait qu'on ne regardât la clémence d'*Auguste* que comme un trait de politique conseillé par *Livie*.

Dans les premiers mouvemens des esprits émus par un poëme tel que *Cinna*, on est frappé et ébloui de la beauté des détails ; on est long-tems sans former un jugement précis sur le fond de l'ouvrage.

ACTEURS.

OCTAVE CÉSAR AUGUSTE, empereur de Rome.

LIVIE, impératrice.

CINNA, fils d'une fille de Pompée, chef de la conjuration contre Auguste.

MAXIME, autre chef de la conjuration.

ÉMILIE, fille de C. Toranius, tuteur d'Auguste, et proscrit par lui durant le triumvirat.

FULVIE, confidente d'Emilie.

POLYCLETE, affranchi d'Auguste.

ÉVANDRE, affranchi de Cinna.

EUPHORBE, affranchi de Maxime.

La scène est à Rome.

CINNA.

CINNA.

ACTE PREMIER.

SCENE I.

ÉMILIE, *seule.* 1)

Impatiens desirs d'une illustre vengeance 2)
Dont la mort de mon père a formé la naissance,

1) Plusieurs actrices ont supprimé ce monologue dans les représentations. Le public même paraissait souhaiter ce retranchement : on y trouvait de l'amplification. Ceux qui fréquentent les spectacles disaient qu'*Emilie* ne devait pas ainsi se parler à elle-même , se faire des objections et y répondre ; que c'était une déclamation de rhétorique ; que les mêmes choses qui seraient très-convenables quand on parle à sa confidente sont très-déplacées quand on s'entretient toute seule avec soi-même ; qu'enfin la longueur de ce monologue y jetait de la froideur, et qu'on doit toujours supprimer ce qui n'est pas nécessaire.

Cependant j'étais si touché des beautés répandues dans cette première scène , que j'engageai l'actrice qui jouait *Emilie* à la remettre au théâtre ; et elle fut très-bien reçue.

2) *Impatiens desirs d'une illustre vengeance.* Quand il se trouve des acteurs capables de jouer *Cinna* , on retranche assez communément ce monologue. Le public a perdu le goût de ces déclamations ; celle-ci n'est pas nécessaire à la pièce. Mais n'a-t-elle pas de grandes beautés ? n'est-elle pas majestueuse , et même assez passion-

Enfans impétueux de mon ressentiment,
Que ma douleur séduite embrasse aveuglément,
Vous prenez sur mon ame un trop puissant empire ; 1)
Durant quelques momens souffrez que je respire,
Et que je considère, en l'état où je suis,
Et ce que je hasarde, et ce que je poursuis.
Quand je regarde Auguste au milieu de sa gloire 2)
Et que vous reprochez à ma triste mémoire 3)
Que par sa propre main mon père massacré
Du trône où je le vois fait le premier degré ;

née ? *Boileau* trouvait dans ces *impatiens desirs , enfans du ressentiment, embrassés par la douleur,* une espèce de famille ; il prétendait que les grands intérêts et les grandes passions s'expriment plus naturellement ; il trouvait que le poëte paraît trop ici, et le personnage trop peu.

1) *Vous prenez sur mon ame un trop puissant empire.* Il y avait dans les premières éditions, *Vous régnez sur mon ame avecque trop d'empire : avecque* faisait un son dur et traînant, comme on l'a déjà remarqué. On ne peut corriger mieux.

2) *Quand je regarde Auguste au milieu de sa gloire.* Il y avait dans les premières éditions, *au trône de sa gloire.*

3) *Et que vous reprochez à ma triste mémoire.* Ces desirs rappellent à *Emilie* le meurtre de son père, et ne le lui reprochent pas. Il fallait dire, *vous me reprochez de ne l'avoir pas encore vengé,* et non pas, *vous me reprochez sa proscription ;* car elle n'est certainement pas cause de cette mort.

Quand vous me présentez cette sanglante image,
La cause de ma haine, et l'effet de sa rage 1)
Je m'abandonne toute à vos ardens transports,
Et crois pour une mort lui devoir mille morts. 2)
Au milieu toutefois d'une fureur si juste,
J'aime encor plus Cinna que je ne hais Auguste ; 3)

1) *La cause de ma haine et l'effet de sa rage. Emilie*
a déjà dit quelle est la cause de sa rage ; la *cause* et
l'effet paraissent trop recherchés.

2) *Et crois pour une mort lui devoir* mille *morts. . . . .*

. . . .

Sans attirer sur soi mille et mille tempêtes.
Mille morts, mille et mille tempêtes, ne sont que de
légères négligences auxquelles il ne faut pas prendre
garde dans les ouvrages de génie, et sur-tout dans ceux
du siècle de *Corneille*, mais qu'il faut éviter soigneu-
sement aujourd'hui.

3) *J'aime encor plus Cinna que je ne hais Auguste.*
De bons critiques qui connaissent l'art et le cœur hu-
main n'aiment pas qu'on annonce ainsi de sang-froid les
sentimens de son cœur. Ils veulent que les sentimens
échappent à la passion. Ils trouvent mauvais qu'on dise,
j'aime plus celui-ci que je ne hais celui-là. Je sens re-
froidir mon mouvement bouillant, je m'irrite contre
moi-même, j'ai de la fureur. Ils veulent que cette fu-
reur, cet amour, cette haine, ces bouillans mouvemens,
éclatent sans que le personnage vous en avertisse. C'est
le grand art de *Racine* : ni *Phedre*, ni *Iphigénie*,
ni *Agrippine*, ni *Roxane*, ni *Monime*, ne débutent
par venir étaler leurs sentimens secrets dans un mono-
logue, et par raisonner sur les intérêts de leurs passions.
Mais il faut toujours se souvenir que c'est *Corneille* qui

Et je sens refroidir ce bouillant mouvement,
Quand il faut pour le suivre exposer mon amant.
Oui, Cinna, contre moi-même je m'irrite
Quand je songe aux dangers où je te précipite.
Quoique pour me servir tu n'appréhendes rien,
Te demander du sang, c'est exposer le tien.
D'une si haute place on n'abat point de têtes
Sans attirer sur soi mille et mille tempêtes;
L'issue en est douteuse, et le péril certain.
Un ami déloyal peut trahir ton dessein;
L'ordre mal concerté, l'occasion mal prise,
Peuvent sur son auteur renverser l'entreprise;
Tourner sur toi les coups dont tu le veux frapper;
Dans sa ruine même il peut t'envelopper;
Et quoi qu'en ma faveur ton amour exécute,
Il te peut en tombant écraser sous sa chûte.
Ah! cesse de courir à ce mortel danger:
Te perdre en me vengeant ce n'est pas me venger.
Un cœur est trop cruel quand il trouve des charmes
Aux douceurs que corrompt l'amertume des larmes;
Et l'on doit mettre au rang des plus cuisans malheurs
La mort d'un ennemi qui coûte tant de pleurs.
    Mais peut-on en verser alors qu'on venge un père?
Est-il perte à ce prix qui ne semble légère?
Et quand son assassin tombe sous notre effort,
Doit-on considérer ce que coûte sa mort?

a débrouillé l'art, et que si ces amplifications de rhéto-
rique sont un défaut aux yeux des connaisseurs, ce dé-
faut est réparé par de très-grandes beautés.

Cessez, vaines frayeurs, cessez, lâches tendresses,
De jeter dans mon cœur vos indignes foiblesses;
Et toi qui les produis par tes soins superflus,
Amour, sers mon devoir, et ne le combats plus. 1)
Lui céder c'est ta gloire, et le vaincre ta honte;
Montre-toi généreux, souffrant qu'il te surmonte.
Plus tu lui donneras, plus il te va donner,
Et ne triomphera que pour te couronner.

SCENE II.

EMILIE, FULVIE.

ÉMILIE.

Je l'ai juré, Fulvie, et je le jure encore,
Quoi que j'aime Cinna, quoique mon cœur l'adore, 2)

1) *Amour, sers mon devoir, et ne le combats plus.*
Il semble que le monologue devrait finir là. Les quatre
derniers vers ne sont-ils pas surabondans ? les pensées
n'en sont-elles pas recherchées et hors de la nature ?
Qu'importe de la gloire ou de la honte de l'amour ?
Qu'est-ce que ce devoir qui ne triomphera que pour
couronner l'amour ? D'ailleurs, dans le dernier de ces
vers, au lieu de
      Et ne triomphera que pour te couronner ,
il faudrait, *il ne triomphera*. Mais les vers précédens
paraissent dignes de *Corneille*, et j'ose croire qu'au
théâtre il faudrait réciter ce monologue, en retranchant
seulement ces quatre derniers vers qui ne sont pas
dignes du reste.

2) *Quoique j'aime Cinna , quoique mon cœur l'a-*

S'il me veut posséder, Auguste doit périr;
Sa tête est le seul prix dont il peut m'acquérir.
Je lui prescris la loi que mon devoir m'impose.

F U L V I E.

Elle a pour la blâmer une trop juste cause:
Par un si grand dessein vous vous faites juger 1)
Digne sang de celui que vous voulez venger. 2)
Mais, encore une fois, souffrez que je vous diè
Qu'une si juste ardeur devroit être attiédie.
Auguste chaque jour, à force de bienfaits,
Semble assez réparer les maux qu'il vous a faits;
Sa faveur envers vous paroît si déclarée,
Que vous êtes chez lui la plus considérée;
Et de ses courtisans souvent les plus heureux
Vous pressent à genoux de lui parler pour eux.

É M I L I E.

Toute cette faveur ne me rend pas mon pére;
Et de quelque façon que l'on me considère,
Abondante en richesse, ou puissante en crédit,
Je demeure toujours la fille d'un proscrit.

---

dore. Des critiques trouvent ce vers languissant, par le soin même que prend l'auteur de lui donner de la force; ils disent qu'*adore* n'est que la répétition de j'aime.

1) *Vous vous faites juger* est plus languissant: d'ailleurs c'est un grand secret; on ne peut encore le juger.

2) *Digne sang. Toranius* était un plébéien inconnu qui n'avait joué aucun rôle, et qu'*Octave* sacrifia dans les proscriptions parce qu'il était riche.

Les bienfaits ne font pas toujours ce que tu penses;
D'une main odieuse ils tiennent lieu d'offenses:
Plus nous en prodiguons à qui nous peut haïr,
Plus d'armes nous donnons à qui nous veut trahir.
Il m'en fait chaque jour sans changer mon courage :
Je suis ce que j'étois, et je puis davantage;
Et des mêmes présens qu'il verse dans mes mains
J'achète contre lui les esprits des Romains.
Je recevrois de lui la place de Livie
Comme un moyen plus sûr d'attenter à sa vie. 1)
Pour qui venge son père il n'est point de forfaits,
Et c'est vendre son sang que se rendre aux bienfaits.

FULVIE.

Quel besoin toutefois de passer pour ingrate?
Ne pouvez-vous haïr sans que la haine éclate?
Assez d'autres-sans vous n'ont pas mis en oubli
Par quelles cruautés son trône est établi.
Tant de braves Romains, tant d'illustres victimes,
Qu'à son ambition ont immolé ses crimes, 2)
Laissent à leurs enfans d'assez vives douleurs
Pour venger votre perte en vengeant leurs malheurs.
Beaucoup l'ont entrepris, mille autres vont les suivre.
Qui vit haï de tous ne sauroit long-tems vivre.

1) *Comme un moyen plus sûr d'attenter à sa vie.* Ce sentiment furieux est, à mon gré, une raison pour ne pas supprimer le monologue qui prépare cette férocité.

2) *Qu'à son ambition ont immolé ses crimes. Ambition ont* est bien dur à l'oreille.

Fuyez des mauvais sons le concours odieux.

Remettez à leurs bras les communs intérêts ;
Et n'aidez leurs desseins que par des vœux secrets.

ÉMILIE.

Quoi ! je le haïrai sans tâcher de lui nuire ?
J'attendrai du hasard qu'il ose le détruire ?
Et je satisferai des devoirs si pressans
Par une haine obscure et des vœux impuissans ?
Sa perte, que je veux, me deviendroit amére,
Si quelqu'un l'immoloit à d'autres qu'à mon pére; 1)
Et tu verrois mes pleurs couler pour son trépas,
Qui le faisant périr ne me vengeroit pas.

    C'est une lâcheté que de remettre à d'autres
Les intérêts publics qui s'attachent aux nôtres.
Joignons à la douceur de venger nos parens
La gloire qu'on remporte à punir les tyrans ;
Et faisons publier par toute l'Italie :
« La liberté de Rome est l'œuvre d'Emilie ;
» On a touché son ame, et son cœur s'est épris ;
» Mais elle n'a donné son amour qu'à ce prix. »

FULVIE.

Votre amour à ce prix n'est qu'un présent funeste
Qui porte à votre amant sa perte manifeste.
Pensez mieux, Emilie, à quoi vous l'exposez,
Combien à cet écueil se sont déjà brisés ;

---

1) Ce sentiment atroce et ces beaux vers ont été imités par *Racine* dans *Andromaque :*

. . . . Ma vengeance est perdue
S'il ignore en mourant que c'est moi qui le tue.

Ne vous aveuglez point quand sa mort est visible.

ÉMILIE.

'Ah! tu sais me frapper par où je suis sensible.
Quand je songe aux dangers que je lui fais courir,
La crainte de sa mort me fait déjà mourir;
Mon esprit en désordre à soi-même s'oppose;
Je veux, et ne veux pas; je m'emporte, et je n'ose;
Et mon devoir, confus, languissant, étonné,
Cède aux rebellions de mon cœur mutiné.
Tout beau, ma passion, deviens un peu moins forte : 1)
Tu vois bien des hasards, ils sont grands : mais n'importe;
Cinna n'est pas perdu pour être hasardé.
De quelques légions qu'Auguste soit gardé,
Quelque soin qu'il se donne, et quelque ordre qu'il tienne,
Qui méprise la vie, est maître de la sienne.
Plus le péril est grand, plus doux en est le fruit;
La vertu nous y jette, et la gloire le suit.
Quoi qu'il en soit, qu'Auguste, ou que Cinna périsse,
Aux manes paternels je dois ce sacrifice : 2)
Cinna me l'a promis en recevant ma foi;
Et ce coup seul aussi le rend digne de moi.

1) *Tout beau, ma passion, deviens un peu moins forte.* *Tout beau* revient au *pian piano* des Italiens. Ce mot familier est banni du discours sérieux, à plus forte raison de la poésie; et l'apostrophe à sa passion sort du ton du dialogue et de la vérité : c'est un tour de rhéteur, qu'on se permettait encore.

2) *Je dois ce sacrifice.* Il semble, par ces expressions, qu'elle doive le sacrifice de *Cinna.*

Il est tard, après tout, de m'en vouloir dédire.
Aujourd'hui l'on s'assemble, aujourd'hui l'on conspire
L'heure, le lieu, le bras, se choisit aujourd'hui ;
Et c'est à faire enfin à mourir après lui. 1)
Mais le voici qui vient.

S C E N E   I I I.

CINNA, ÉMILIE, FULVIE.

ÉMILIE.

CINNA, votre assemblée
Par l'effroi du péril n'est-elle point troublée ?
Et reconnoissez-vous au front de vos amis
Qu'ils soient prêts à tenir ce qu'ils vous ont promis ?

CINNA.

Jamais contre un tyran entreprise conçue
Ne permit d'espérer une si belle issue ;
Jamais de telle ardeur on n'en jura la mort ;
Et jamais conjurés ne furent mieux d'accord.
Tous s'y montrent portés avec tant d'alégresse,
Qu'ils semblent, comme moi, servir une maîtresse ;

---

1) *Et c'est à faire enfin à mourir après lui. Et c'est
à faire* est encore une expression bourgeoise hors d'usage,
même aujourd'hui chez le peuple. Remarquez que dans
cette scène il n'y a presque que ces deux mots à re-
prendre, et que la pièce est faite depuis six-vingts
ans. Ce n'est qu'une scène avec une confidente, et elle
est sublime.

Et tous font éclater un si puissant courroux,
Qu'ils semblent tous venger un père, comme vous.

ÉMILIE.

Je l'avois bien prévu que pour un tel ouvrage
Cinna sauroit choisir des hommes de courage ;
Et ne remettroit pas en de mauvaises mains
L'intérêt d'Emilie et celui des Romains.

CINNA.

Plût aux dieux que vous-même eussiez vu de quel zéle 1)
Cette troupe entreprend une action si belle !
Au seul nom de César, d'Auguste, et d'empereur,
Vous eussiez vu leurs yeux s'enflâmer de fureur ;
Et dans un même instant, par un effet contraire ;
Leur front pâlir d'horreur, et rougir de colére.
« Amis, leur ai-je dit, voici le jour heureux
» Qui doit conclure enfin nos desseins généreux : 2)
» Le ciel entre nos mains a mis le sort de Rome,
» Et son salut dépend de la perte d'un homme,
» Si l'on doit le nom d'homme à qui n'a rien d'humain,
» A ce tigre altéré de tout le sang romain.

1) Ce discours de *Cinna* est un des plus beaux morceaux d'éloquence que nous ayons dans notre langue.

2) *Qui doit conclure enfin nos desseins généreux.* Le mot *dessein* ne convient pas à *conclure.* Il me semble qu'on conclut une affaire, un traité, un marché, que l'on consomme un dessein, qu'on l'exécute, qu'on l'effectue. Peut-être que le verbe *remplir* eût été plus juste et plus poétique que *conclure.*

» Combien pour le répandre a-t-il formé de brigues!
» Combien de fois changé de partis et de ligues ,
» Tantôt ami d'Antoine , et tantôt ennemi ,
» Et jamais insolent ni cruel à demi! »
Là , par un long récit de toutes les misères
Que durant notre enfance ont enduré nos pères, 1)
Renouvelant leur haine avec leur souvenir ,
Je redouble en leurs cœurs l'ardeur de le punir.
Je leur fais des tableaux de ces tristes batailles
Où Rome par ses mains déchiroit ses entrailles;
Où l'aigle abattoit l'aigle , et de chaque côté
Nos légions s'armoient contre leur liberté ;
Où les meilleurs soldats et les chefs les plus braves 2)
Mettoient toute leur gloire à devenir esclaves;

1) *Que durant notre enfance ont enduré. Durant* et
enduré dans le même vers ne sont qu'une inadvertance ;
il était aisé de mettre *pendant notre enfance.* Mais *ont
enduré* paraît une faute aux grammairiens ; ils vou-
draient *les misères qu'ont endurées nos pères.* Je ne
suis point du tout de leur avis. Il serait ridicule de
dire , *les misères qu'ont souffertes nos pères* , quoiqu'il
faille dire , *les misères que nos pères ont souffertes.* S'il
n'est pas permis à un poëte de se servir en ce cas du par-
ticipe absolu , il faut renoncer à faire des vers.

2) *Où les meilleurs soldats et les chefs les plus
braves , etc.* Les premières éditions portent :

    Où le but des soldats et des chefs les plus braves
    Etait d'être vainqueurs pour devenir esclaves ;
    Où chacun trahissait aux yeux de l'univers
    Soi-même et son pays pour se donner des fers.

Ce mot *but* dans cette place ne paraissait ni assez noble

Ou, pour mieux assurer la honte de leurs fers,
Tous vouloient à leur chaîne attacher l'univers,
Et, l'exécrable honneur de lui donner un maitre
Faisant aimer à tous l'infame nom de traitre,
Romains contre Romains, parens contre parens ;
Combattoient seulement pour le choix des tyrans.
   J'ajoute à ces tableaux la peinture effroyable
De leur concorde impie, affreuse, inexorable,
Funeste aux gens de bien, aux riches, au sénat,
Et, pour tout dire enfin, de leur triumvirat.
Mais je ne trouve point de couleurs assez noires
Pour en représenter les tragiques histoires.
Je les peins dans le meurtre à l'envi triomphans,
Rome entière noyée au sang de ses enfans,
Les uns assassinés dans les places publiques,
Les autres dans le sein de leurs dieux domestiques,
Le méchant par le prix au crime encouragé,
Le mari par sa femme en son lit égorgé,
Le fils tout dégouttant du meurtre de son père,
Et, sa tête à la main, demandant son salaire ;
Sans pouvoir exprimer par tant d'horribles traits
Qu'un crayon imparfait de leur sanglante paix.

ni assez juste. *Aux yeux de l'univers* était un faible hé-
mistiche, un de ces vers oiseux qui servaient unique-
ment à la rime. *Corneille* corrigea ces deux petites
fautes, et mit à la place ces vers dignes du reste de
cet admirable récit.

4   18

Vous dirai-je les noms de ces grands personnages
Dont j'ai dépeint les morts pour aigrir les courages, 1)
De ces fameux proscrits, ces demi-dieux mortels,
Qu'on a sacrifiés jusque sur les autels ?
Mais pourrai-je vous dire à quelle impatience,
A quels frémissemens, à quelle violence,
Ces indignes trépas, quoique mal figurés,
Ont porté les esprits de tous nos conjurés ?
Je n'ai point perdu tems ; et voyant leur colère
Au point de ne rien craindre, en état de tout faire,
J'ajoute en peu de mots : « Toutes ces cruautés,
» La perte de nos biens et de nos libertés,
» Le ravage des champs, le pillage des villes,
» Et les proscriptions, et les guerres civiles,
» Sont les degrés sanglans dont Auguste a fait choix
» Pour monter sur le trône et nous donner des lois :
» Mais nous pouvons changer un destin si funeste, 2)
» Puisque de trois tyrans c'est le seul qui nous reste,

1) *Dont j'ai dépeint les morts pour aigrir les courages.* Dans le tems de *Corneille* on disait *les courages* pour *les esprits.* On peut même se servir encore du mot *courage* en ce sens ; mais *aigrir* n'est pas assez fort. *Cinna* a peint les proscriptions pour faire horreur, pour enflammer les esprits, pour les irriter, pour les envenimer, pour les saisir d'indignation, pour les remplir des fureurs de la vengeance.

2) *Mais nous pouvons changer un destin si funeste.* Il y avait auparavant :

    Rendons toutefois grace à la bonté céleste.

» Et que juste une fois il s'est privé d'appui ;

» Perdant, pour régner seul, deux méchans comme lui.

» Lui mort, nous n'avons point de vengeur, ni de maitre ; 1)

» Avec la liberté Rome s'en va renaître ; 2)

» Et nous mériterons le nom de vrais Romains

» Si le joug qui l'accable est brisé par nos mains.

» Prenons l'occasion tandis qu'elle est propice.

» Demain au capitole il fait un sacrifice ;

» Qu'il en soit la victime ; et faisons en ces lieux

» Justice à tout le monde à la face des dieux.

» Là presque pour sa suite il n'a que notre troupe ;

» C'est de ma main qu'il prend et l'encens et la coupe ;

» Et je veux pour signal que cette même main

» Lui donne au lieu d'encens d'un poignard dans le sein.

» Ainsi d'un coup mortel la victime frappée

» Fera voir si je suis du sang du grand Pompée ;

» Faites voir après moi si vous vous souvenez

» Des illustres aïeux de qui vous êtes nés. »

1) *Nous n'avons point de vengeur.* Il veut dire, *mort il est sans vengeur, et nous sommes sans maîtres :* en effet, c'est Rome qui a des vengeurs dans les assassins du tyran. *Corneille* entend donc qu'*Auguste* restera sans vengeance.

2) *S'en va renaître.* Cette expression n'est point fautive en poésie, au contraire : voyez dans l'*Iphigénie* de *Racine* :

> Et ce triomphe heureux qui s'en va devenir
> L'éternel entretien des siècles à venir.

Cet exemple est un de ceux qui peuvent servir à distinguer le langage de la poésie de celui de la prose.

A peine ai-je achevé, que chacun renouvelle ;
Par un noble serment, le vœu d'être fidelle :
L'occasion leur plaît, mais chacun veut pour soi
L'honneur du premier coup, que j'ai choisi pour moi.
La raison règle enfin l'ardeur qui les emporte.
Maxime et la moitié s'assurent de la porte :
L'autre moitié me suit, et doit l'environner ;
Prête au moindre signal que je voudrai donner.

    Voilà, belle Emilie, à quel point nous en sommes.
Demain j'attends la haine ou la faveur des hommes,
Le nom de parricide, ou de libérateur,
César celui de prince, ou d'un usurpateur. 1)
Du succès qu'on obtient contre la tyrannie
Dépend ou notre gloire, ou notre ignominie ;
Et le peuple, inégal à l'endroit des tyrans, 2)
S'il les déteste morts, les adore vivans.
Pour moi, soit que le ciel me soit dur, ou propice,
Qu'il m'élève à la gloire ou me livre au supplice,
Que Rome se déclare ou pour ou contre nous,
Mourant pour vous servir, tout me semblera doux.

ÉMILIE.

Ne crains point de succès qui souille ta mémoire :
Le bon et le mauvais sont égaux pour ta gloire ;

---

1) *Ou d'un usurpateur.* Il faut *d'usurpateur* dans la règle : *il aura le nom de prince légitime ou d'usurpateur.* Mais gênons la poésie le moins que nous pourrons.

2) *Et le peuple, inégal à l'endroit des tyrans.* Ce terme *à l'endroit* n'est plus d'usage dans le style noble.

Et dans un tel dessein le manque de bonheur
Met en péril ta vie et non pas ton honneur.
Regarde le malheur de Brute et de Cassie ;
La splendeur de leur nom en est-elle obscurcie ?
Sont-ils morts tout entiers avec leurs grands desseins ? 1)
Ne les compte-t-on plus pour les derniers Romains ?
Leur mémoire dans Rome est encor précieuse ,
Autant que de César la vie est odieuse :
Si leur vainqueur y règne , ils y sont regrettés ,
Et par les vœux de tous leurs pareils souhaités.

Va marcher 2) sur leurs pas où l'honneur te convie : 3)
Mais ne perds pas le soin de conserver ta vie ;
Souviens-toi du beau feu dont nous sommes épris ,
Qu'aussi-bien que la gloire Emilie est ton prix ,

1) *Sont-ils morts tout entiers ?* Il y avait :

> Et sont-ils morts entiers avecque leurs desseins ?

D'abord l'auteur substitua , *Et sont-ils morts entiers avec
leurs grands desseins ?* Ensuite il mit , *sont-ils morts
tout entiers ?* Cette expression sublime , *mourir tout en-
tier* , est prise du latin d'Horace , *non omnis moriar* , et
tout entier est plus énergique. *Racine* l'a imitée dans sa
belle pièce d'*Iphigénie :*

> Ne laisser aucun nom , et mourir tout entier.

2.) *Va marcher.* Il faudrait *va , marche.* On ne dit
pas plus *allons marcher qu'allons aller.*

3.) *Convie* est une très-belle expression ; elle était très-
usitée dans le grand siècle de Louis XIV : il est à sou-
haiter que ce mot continue d'être en usage.

Que tu me dois ton cœur, que mes faveurs t'attendent, 1)
Que tes jours me sont chers, que les miens en dépendent.
Mais quelle occasion mène Evandre vers nous ?

S C E N E I V.

CINNA, ÉMILIE, ÉVANDRE, FULVIE.

É V A N D R E.

SEIGNEUR, César vous mande, et Maxime avec vous. 2)

1) *Que tu me dois ton cœur, que mes faveurs t'atten-*
dent. Ailleurs ce mot de *faveurs* exciterait le ris et le
murmure ; mais ce mot est ici confondu dans la foule
des beautés de cette scène si vive, si éloquente, et
si romaine.

2) *Seigneur, César vous mande, et Maxime avec*
vous. L'intrigue est nouée dès le premier acte ; le plus
grand intérêt, et le plus grand péril s'y manifestent :
c'est un coup de théâtre.

Remarquez que l'on s'intéresse d'abord beaucoup au
succès de la conspiration de *Cinna* et d'*Emilie* ;
1°. parce que c'est une conspiration ; 2°. parce que
l'amant et la maîtresse sont en danger ; 3°. parce que
Cinna a peint *Auguste* avec toutes les couleurs que
les proscriptions méritent, et que dans son récit il a
rendu *Auguste* exécrable ; 4°. parce qu'il n'y a point
de spectateur qui ne prenne dans son cœur le parti de
la liberté. Il est important de faire voir que, dans ce
premier acte, *Cinna* et *Emilie* s'emparent de tout l'in-
térêt ; on tremble qu'ils ne soient découverts. Vous ver-
rez qu'ensuite cet intérêt change, et vous jugerez si
c'est un défaut ou non.

CINNA.

Et Maxime avec moi ! Le sais-tu bien, Evandre ?

ÉVANDRE.

Polyclète est encor chez vous à vous attendre,
Et fût venu lui-même avec moi vous chercher,
Si ma dextérité n'eût su l'en empêcher.
Je vous en donne avis de peur d'une surprise.
Il presse fort.

ÉMILIE.

Mander les chefs de l'entreprise !
Tous deux ! en même tems ! Vous êtes découverts.

CINNA.

Espérons mieux, de grace.

ÉMILIE.

Ah ! Cinna ! je te perds !
Et les dieux, obstinés à nous donner un maître,
Parmi tes vrais amis ont mêlé quelque traître.
Il n'en faut point douter, Auguste a tout appris.
Quoi ! tous deux ! et si tôt que le conseil est pris !

CINNA.

Je ne vous puis celer que son ordre m'étonne :
Mais souvent il m'appelle auprès de sa personne ;
Maxime est comme moi de ses plus confidens ;
Et nous nous alarmons peut-être en imprudens.

ÉMILIE.

Sois moins ingénieux à te tromper toi-même,
Cinna ; ne porte point mes maux jusqu'à l'extrême ;

Et, puisque désormais tu ne peux me venger,
Dérobe au moins ta tête à ce mortel danger;
Fuis d'Auguste irrité l'implacable colère.
Je verse assez de pleurs pour la mort de mon père; 1)
N'aigris point ma douleur par un nouveau tourment;
Et ne me réduis point à pleurer mon amant.

C I N N A.

Quoi ! sur l'illusion d'une terreur panique,
Trahir vos intérêts et la cause publique !
Par cette lâcheté moi-même m'accuser !
Et tout abandonner quand il faut tout oser !
Que feront nos amis si vous êtes déçue ?

É M I L I E.

Mais que deviendras-tu si l'entreprise est sue ?

C I N N A.

S'il est pour me trahir des esprits assez bas,
Ma vertu pour le moins ne me trahira pas ;
Vous la verrez brillante au bord des précipices
Se couronner de gloire en bravant les supplices,
Rendre Auguste jaloux du sang qu'il répandra,
Et le faire trembler alors qu'il me perdra.

1) Peut-être ces pleurs, disent les critiques sévères,
sont un peu trop de commande ; peut-être n'est-il pas
bien naturel qu'on pleure son père au bout de vingt ans ;
et il est certain que les spectateurs ne pleurent point ce
Toranius, père d'*Emilie*. Mais si *Corneille* s'élève ici
au-dessus de la nature, il ne choque point la nature :
c'est une beauté plutôt qu'un défaut.

Je deviendrois suspect à tarder davantage.
Adieu. Raffermissez ce généreux courage.
S'il faut subir le coup d'un destin rigoureux,
Je mourrai tout ensemble heureux et malheureux; 1)
Heureux pour vous servir de perdre ainsi la vie,
Malheureux de mourir sans vous avoir servie.

ÉMILIE.

Oui, va, n'écoute plus ma voix qui te retient;
Mon trouble se dissipe, et ma raison revient.
Pardonne à mon amour cette indigne foiblesse.
Tu voudrois fuir en vain, Cinna, je le confesse;
Si tout est découvert, Auguste a su pourvoir
A ne te laisser pas ta fuite en ton pouvoir.
Porte, porte chez lui cette mâle assurance,
Digne de notre amour, digne de ta naissance;
Meurs, s'il y faut mourir, en citoyen romain,
Et par un beau trépas couronne un beau dessein.
Ne crains pas qu'après toi rien ici me retienne;
Ta mort emportera mon ame vers la tienne;

1) *Je mourrai tout ensemble heureux et malheureux; Heureux, etc.* **Boileau** reprenait cet *heureux et malheureux*; il y trouvait trop de recherche et je ne sais quoi d'alembiqué. On peut dire, *heureux dans mon malheur*; l'exact et l'élégant *Racine* l'a dit: mais être à la fois heureux et malheureux, expliquer et retourner cette antithèse, cette énigme, cela n'est pas de la véritable éloquence.

Et mon cœur aussitôt percé des mêmes coups....

CINNA.

Ah! souffrez que tout mort je vive encore en vous ;
Et du moins en mourant permettez que j'espère
Que vous saurez venger l'amant avec le père.
Rien n'est pour vous à craindre ; aucun de nos amis
Ne sait ni vos desseins, ni ce qui m'est promis ;
Et, leur parlant tantôt des misères romaines,
Je leur ai tû la mort qui fait naître nos haines,
De peur que mon ardeur touchant vos intérêts
D'un si parfait amour ne trahît les secrets.
Il n'est su que d'Evandre et de votre Fulvie.

ÉMILIE.

Avec moins de frayeur je vais donc chez Livie,
Puisque dans ton péril il me reste un moyen
De faire agir pour toi son crédit et le mien.
Mais si mon amitié par là ne te délivre,
N'espère pas qu'enfin je veuille te survivre.
Je fais de ton destin des règles à mon sort, 1)
Et j'obtiendrai ta vie, ou je suivrai ta mort. 2)

1) *Je fais de ton destin des règles à mon sort. Je fais des règles à mon sort* n'est pas à la vérité une expression heureuse ; mais y a-t-il des fautes au milieu de tant de beaux vers, avec tant d'intérêt, de grandeur, et d'éloquence ?

2) *Je suivrai ta mort* n'exprime pas ce que l'auteur veut dire, *je mourrai après toi.*

CINNA.
Soyez en ma faveur moins cruelle à vous-même.

ÉMILIE.
Va-t-en; et souviens-toi seulement que je t'aime. 1)

Fin du premier acte.

1) *Seulement que je t'aime. Seulement* fait là un mauvais effet ; car *Cinna* doit se souvenir de son entreprise et de ses amis.

On ne remarque ces légères inadvertances qu'en faveur des étrangers et des commençans.

A C T E S E C O N D. 1)

S C E N E I.

A U G U S T E, C I N N A, M A X I M E,
Troupe de courtisans.

A U G U S T E.

QUE chacun se retire, et qu'aucun n'entre ici.
Vous, Cinna, demeurez, et vous, Maxime, aussi.

---

1) *Corneille*, dans son examen de *Cinna*, semble
se condamner d'avoir manqué à l'unité de lieu. *Le pre-
mier acte*, dit-il, *se passe dans l'appartement d'Emi-
lie, le second dans celui d'Auguste.* Mais il fait aussi
réflexion que l'unité s'étend à tout le palais : il est im-
possible que cette unité soit plus rigoureusement obser-
vée. Si on avait eu des théâtres véritables, une scène
semblable à celle de Vicence, qui représentât plu-
sieurs appartemens, les yeux des spectateurs auraient
vu ce que leur esprit doit suppléer. C'est la faute des
constructeurs quand un théâtre ne représente pas les dif-
férens endroits où se passe l'action dans une même en-
ceinte, une place, un temple, un palais, un vesti-
bule, un cabinet, etc. Il s'en fallait beaucoup que le
théâtre fût digne des pièces de *Corneille*. C'est une
chose admirable sans doute d'avoir supposé cette dé-
libération d'*Auguste*, avec ceux mêmes qui viennent
de faire serment de l'assassiner. Sans cela, cette scène
serait plutôt un beau morceau de déclamation, qu'une
belle scène de tragédie.

(Tous se retirent, à la réserve de Cinna et de Maxime.)

Cet empire absolu sur la terre et sur l'onde,
Ce pouvoir souverain que j'ai sur tout le monde ;
Cette grandeur sans borne, et cet illustre rang 1)
Qui m'a jadis coûté tant de peine et de sang,

1) *Cet empire absolu, ce pouvoir souverain, la terre et l'onde, tout le monde, et cet illustre rang,* sont une redondance, un pléonasme, une petite faute.

Fénélon dans sa lettre à l'académie sur l'éloquence, dit : « Il me semble qu'on a donné souvent aux Ro-
» mains un discours trop fastueux ; je ne trouve point
» de proportion entre l'emphase avec laquelle *Auguste*
» parle dans la tragédie de *Cinna*, et la modeste sim-
» plicité avec laquelle *Suétone* le dépeint. » Il est
vrai ; mais ne faut-il pas quelque chose de plus re-
levé sur le théâtre que dans *Suétone* ? Il y a un mi-
lieu à garder entre l'enflure et la simplicité : il faut
avouer que *Corneille* a quelquefois passé les bornes.
L'archevêque de Cambrai avait d'autant plus raison
de reprendre cette enflure vicieuse, que de son tems
les comédiens chargeaient encore ce défaut par la plus
ridicule affectation dans l'habillement, dans la décla-
mation, et dans les gestes. On voyait *Auguste* arriver
avec la démarche d'un Matamore, coiffé d'une per-
ruque carrée qui descendait par-devant jusqu'à la cein-
ture ; cette perruque était farcie de feuilles de laurier ;
et surmontée d'un large chapeau avec deux rangs de
plumes rouges. *Auguste* ainsi défiguré par des bateleurs
gaulois sur un théâtre de marionnettes était quelque
chose de bien étrange. Il se plaçait sur un énorme
fauteuil à deux gradins, et *Maxime* et *Cinna* étaient

Enfin tout ce qu'adore en ma haute fortune
D'un courtisan flatteur la présence importune ,

sur deux petits tabourets. La déclamation ampoulée répondait parfaitement à cet étalage ; et sur-tout *Auguste* ne manquait pas de regarder *Cinna* et *Maxime* du haut en bas avec un noble dédain , en prononçant ces vers :

> Enfin , tout ce qu'adore en ma haute fortune
> D'un courtisan flatteur la présence importune.

Il faisait bien sentir que c'était eux qu'il regardait comme des courtisans flatteurs. En effet , il n'y a rien dans le commencement de cette scène qui empêche que ces vers ne puissent être joués ainsi. *Auguste* n'a point encore parlé avec bonté , avec amitié , à *Cinna* et à *Maxime* ; il ne leur a encore parlé que de son pouvoir absolu sur la terre et sur l'onde. On est même un peu surpris qu'il leur propose tout d'un coup son abdication de l'empire , et qu'il les ait mandés avec tant d'empressement pour écouter une résolution si soudaine , sans aucune préparation , sans aucun sujet , sans aucune raison prise de l'état présent des choses.

Lorsqu'*Auguste* examinait avec *Agrippa* et avec *Mécène* s'il devait conserver ou abdiquer sa puissance , c'était dans des occasions critiques qui amenaient naturellement cette délibération , c'était dans l'intimité de la conversation , c'était dans des effusions de cœur. Peut-être cette scène eût-elle été plus vraisemblable , plus théâtrale , plus intéressante , si *Auguste* avait commencé par traiter *Cinna* et *Maxime* avec amitié , s'il leur avait parlé de son abdication comme d'une idée qui leur était déjà connue ; alors la scène ne paraîtrait plus amenée comme par force , uniquement pour

N'est que de ces beautés dont l'éclat éblouit ,
Et qu'on cesse d'aimer si tôt qu'on en jouit.
L'ambition déplaît quand elle est assouvie ; 1)
D'une contraire ardeur son ardeur est suivie ;
Et comme notre esprit, jusqu'au dernier soupir,
Toujours vers quelque objet pousse quelque desir,
Il se ramène en soi , n'ayant plus où se prendre,
Et monté sur le faîte , il aspire à descendre. 2)

faire un contraste avec la conspiration. Mais , malgré
toutes ces observations , ce morceau sera toujours un
chef-d'œuvre par la beauté des vers , par les détails,
par la force du raisonnement , et par l'intérêt même
qui doit en résulter ; car est-il rien de plus intéressant
que de voir *Auguste* rendre ses propres assassins arbitres
de sa destinée ? Il serait mieux , j'en conviens , que cette
scène eût pu être préparée ; mais le fond est toujours le
même ; et les beautés de détail , qui seules peuvent faire
les succès des poëtes ; sont d'un genre sublime.

1) *L'ambition déplaît quand elle est assouvie , etc.*
Ces maximes générales sont rarement convenables au
théâtre, (comme nous le remarquons plusieurs fois)
sur-tout quand leur longueur dégénère en dissertation ;
mais ici elles sont à leur place. La passion et le dan-
ger n'admettent point les maximes. *Auguste* n'a point
de passion et n'éprouve point ici de danger ; c'est un
homme qui réfléchit , et ces réflexions mêmes servent
encore à justifier le projet de renoncer à l'empire. Ce
qui ne serait pas permis dans une scène vive et pas-
sionnée est ici admirable.

2) *Et monté sur le faîte , il aspire à descendre. Ra-*
cine admirait sur-tout ce vers , et le faisait admirer à ses

J'ai souhaité l'empire, et j'y suis parvenu ;
Mais en le souhaitant je ne l'ai pas connu.
Dans sa possession j'ai trouvé pour tous charmes
D'effroyables soucis, d'éternelles alarmes,
Mille ennemis secrets, la mort à tous propos, 1)
Point de plaisir sans trouble, 2) et jamais de repos.
Sylla m'a précédé dans ce pouvoir suprême ;
Le grand César mon père en a joui de même ;
D'un œil si différent tous deux l'ont regardé,
Que l'un s'en est démis, et l'autre l'a gardé :
Mais l'un, cruel, barbare, est mort aimé, tranquille,
Comme un bon citoyen dans le sein de sa ville ;
L'autre, tout débonnaire, au milieu du sénat
A vu trancher ses jours par un assassinat.
Ces exemples récens suffiroient pour m'instruire,
Si par l'exemple seul on se devoit conduire :

enfans. En effet ce mot *aspire*, qui d'ordinaire s'emploie
avec *s'élever*, devient une beauté frappante quand on le
joint à *descendre*. C'est cet heureux emploi des mots qui
fait la belle poésie, et qui fait passer un ouvrage à la
postérité.

1) *Mille ennemis secrets, la mort à tous propos. La
mort à tous propos* est trop familier. Si ces légers défauts
se trouvaient dans une tirade faible, ils l'affaibliraient
encore ; mais ces négligences ne choquent personne dans
un morceau si supérieurement écrit : ce sont de petites
pierres entourées de diamans ; elles en reçoivent de
l'éclat et n'en ôtent point.

2) *Point de plaisir sans trouble* est trop faible, trop
inutile après *la mort à tous propos*.

L'un m'invite à le suivre, et l'autre me fait peur.
Mais l'exemple souvent n'est qu'un miroir trompeur;
Et l'ordre du destin qui gêne nos pensées 1)
N'est pas toujours écrit dans les choses passées :
Quelquefois l'un se brise où l'autre s'est sauvé ;
Et par où l'un périt un autre est conservé.
Voilà, mes chers amis, ce qui me met en peine.
Vous qui me tenez lieu d'Agrippe et de Mécène, 2)

1) *L'ordre du destin qui gêne nos pensées* ne fait pas un sens clair ; il veut dire, *le destin que nous cherchons à connaître n'est pas toujours écrit dans les évènemens passés qui pourraient nous instruire.* La grande difficulté des vers est d'exprimer ce qu'on pense.

2) *Vous qui me tenez lieu d'Agrippe et de Mécène.* *Auguste* eut en effet, à ce qu'on dit, cette conversation avec *Agrippa* et *Mécénas*. *Dion Cassius* les fait parler tous deux ; mais qu'il est faible et stérile en comparaison de *Corneille* !

Dion Cassius fait ainsi parler Mécénas : « Consultez plutôt les besoins de la patrie que la voix du peuple, » qui, semblable aux enfans, ignore ce qui lui est profi- » table ou nuisible. La république est comme un vais- » seau battu de la tempête, etc. » Comparez ces discours à ceux de *Corneille*, dans lesquels il avait la difficulté de la rime à surmonter.

Cette scène est un traité du droit des gens. La difference que *Corneille* établit entre l'usurpation et la tyrannie était une chose toute nouvelle ; et jamais écrivain n'avait étalé des idées politiques en prose aussi fortement que *Corneille* les approfondit en vers.

Pour résoùdre ce point avec eux débattu
Prenez sur mon esprit le pouvoir qu'ils ont eu.
Ne considérez point cette grandeur suprême,
Odieuse aux Romains, et pesante à moi-même :
Traitez-moi comme ami, non comme souverain.
Rome, Auguste, l'état, tout est en votre main :
Vous mettrez et l'Europe, et l'Asie, et l'Afrique,
Sous les lois d'un monarque, ou d'une république ;
Votre avis est ma règle, et par ce seul moyen
Je veux être empereur, ou simple citoyen.

C I N N A.

Malgré notre surprise 1) et mon insuffisance,
Je vous obéirai, seigneur, sans complaisance ;
Et mets bas le respect qui pourroit m'empêcher
De combattre un avis où vous semblez pencher.
Souffrez-le d'un esprit jaloux de votre gloire,
Que vous allez souiller d'une tache trop noire
Si vous ouvrez votre ame à ces impressions
Jusques à condamner toutes vos actions.

   On ne renonce point aux grandeurs légitimes ;
On garde sans remords ce qu'on acquiert sans crimes
Et plus le bien qu'on quitte est noble, grand, exquis,
Plus qui l'ose quitter le juge mal acquis.
N'imprimez pas, seigneur, cette honteuse marque
A ces rares vertus qui vous ont fait monarque ;

   1) *Malgré notre surprise.* Ce mot est la critique du
peu de préparation donnée à cette scène. En effet, est-il
naturel qu'*Auguste* veuille ainsi abdiquer tout d'un
coup sans aucun sujet, sans aucune raison nouvelle ?

Vous l'êtes justement, et c'est sans attentat
Que vous avez changé la forme de l'état.
Rome est dessous vos lois par le droit de la guerre, 1)
Qui sous les lois de Rome a mis toute la terre ;
Vos armes l'ont conquise, et tous les conquérans
Pour être usurpateurs ne sont pas des tyrans.
Quand ils ont sous leurs lois asservi des provinces,
Gouvernant justement ils s'en font justes princes :
C'est ce que fit César ; il vous faut aujourd'hui
Condamner sa mémoire, ou faire comme lui. 2)
Si le pouvoir suprême est blâmé par Auguste,
César fut un tyran, et son trépas fut juste ;
Et vous devez aux dieux compte de tout le sang
Dont vous l'avez vengé 3) pour monter à son rang.
N'en craignez point, seigneur, les tristes destinées; 4)
Un plus puissant démon veille sur vos années :

1) *Rome est dessous vos lois par le droit de la guerre.*
Comme il faut des remarques grammaticales, sur-tout
pour les étrangers, on est obligé d'avertir que *dessous*
est adverbe, et n'est point préposition : *est-il dessus ?*
est-il dessous ? il est sous vous ; il est sous lui.

2) *Ou faire comme lui.* Le mot de *faire* est prosaïque
et vague ; *régner comme lui* eût mieux valu.

3) *Dont vous l'avez vengé.* Cela n'est pas français :
il a vengé *César* par le sang, et non du sang. Il fallait :

> Et vous devez aux dieux compte de tout le sang
> Que vous avez versé pour monter à son rang.

4) *N'en craignez point, seigneur, les tristes desti-*

On a dix fois sur vous attenté sans effet;
Et qui l'a voulu perdre au même instant l'a fait. 1)
On entreprend assez, mais aucun n'exécute.
Il est des assassins, mais il n'est plus de Brute.
Enfin, s'il faut attendre un semblable revers,
Il est beau de mourir maître de l'univers.
C'est ce qu'en peu de mots j'ose dire; et j'estime
Que ce peu que j'ai dit est l'avis de Maxime.

MAXIME.

Oui, j'accorde qu'Auguste a droit de conserver
L'empire où sa vertu l'a fait seule arriver;

nées. Il y avait d'abord :

> Mais sa mort vous fait peur, seigneur; les destinées
> D'un soin bien plus exact veillent sur vos années.

Corneille a changé heureusement ces deux vers. Quel-
ques personnes reprennent *les destinées*; elles pré-
tendent que la mort de *César* est le destin de *César*,
sa destinée, et que ce mot au pluriel ne peut signifier
un seul événement. Je crois cette critique aussi in-
juste que fine; car s'il n'est pas permis à la poésie de
dire *destinées* pour *destins*, *graces*, *faveurs*, *dons*,
inimitiés, *haines*, etc. au pluriel; c'est vouloir qu'on
ne fasse pas de vers.

1) *Et qui l'a voulu perdre au même instant l'a
fait.* On ne sait point à quoi se rapporte le *perdre*;
on pourrait entendre par ce vers, *ceux qui ont attenté
sur vous se sont perdus.* Il faut éviter ce mot *faire*,
sur-tout à la fin d'un vers : petite remarque, mais
utile. Ce mot *faire* est trop vague; il ne présente ni
idée déterminée, ni image; il est lâche, il est pro-
saïque.

Et qu'au prix de son sang, au péril de sa tête,
Il a fait de l'état une juste conquête :
Mais que sans se noircir il ne puisse quitter
Le fardeau que sa main est lasse de porter,
Qu'il accuse par là César de tyrannie,
Qu'il approuve sa mort, c'est ce que je dénie.
    Rome est à vous, seigneur ; l'empire est votre bien :
Chacun en liberté peut disposer du sien ;
Il le peut à son choix garder, ou s'en défaire.
Vous seul ne pourriez pas ce que peut le vulgaire ?
Et seriez devenu, pour avoir tout dompté,
Esclave des grandeurs où vous êtes monté !
Possédez-les, seigneur, sans qu'elles vous possèdent.
Loin de vous captiver, souffrez qu'elles vous cèdent
Et faites hautement connoître enfin à tous
Que tout ce qu'elles ont est au-dessous de vous.
Votre Rome autrefois vous donna la naissance ; 1)
Vous lui voulez donner votre toute-puissance ;
Et Cinna vous impute à crime capital
La libéralité vers le pays natal ! 2)
Il appelle remords l'amour de la patrie !
Par la haute vertu la gloire est donc flétrie,

    1) *Votre Rome autrefois vous donna la naissance.*
La tyrannie du vers amène très-mal à propos ce mot
oiseux *autrefois*.

    2) *Le pays natal* n'est pas du style noble. *La li-
béralité* n'est pas le mot propre ; car rendre *la li-
berté à sa patrie* est bien plus que *liberalitas Augusti*.

Et ce n'est qu'un objet digne de nos mépris,
Si de sés pleins effets 1) l'infamie est le prix.
Je veux bien avouer qu'une action si belle
Donne à Rome bien plus que vous ne tenez d'elle :
Mais commet-on un crime indigne de pardon 2)
Quand la reconnoissance est au-dessus du don ?
Suivez, suivez, seigneur, le ciel qui vous inspire ;
Votre gloire redouble à mépriser l'empire ;
Et vous serez fameux chez la postérité
Moins pour l'avoir conquis que pour l'avoir quitté.
Le bonheur peut conduire à la grandeur suprême ;
Mais pour y renoncer il faut la vertu même ;
Et peu de généreux vont jusqu'à dédaigner,
Après un sceptre acquis, 3) la douceur de régner.

1) *Si de ses pleins effets, etc.* Cette phrase n'a pas la clarté, l'élégance, la justesse nécessaires. La vertu est donc un objet digne de nos mépris, si l'infamie est le prix de ses pleins effets. Remarquez de plus qu'*infamie* n'est pas le mot propre ; il n'y a point d'infamie à renoncer à l'empire.

2) *Un crime indigne de pardon.* La rime a encore produit cet hémistiche *indigne de pardon* ; ce n'est assurément pas un crime impardonnable de donner plus qu'on n'a reçu. Les vers, pour être bons, doivent avoir l'exactitude de la prose en s'élevant au-dessus d'elle.

3) *Après un sceptre acquis.* Cet hémistiche n'est pas heureux, et ces deux vers sont de trop après celui-ci,

　　Mais pour y renoncer il faut la vertu même.

C'est toujours gâter une belle pensée que de vouloir y ajouter : c'est une abondance vicieuse.

Considérez d'ailleurs que vous régnez dans Rome,
Où, de quelque façon que votre cour vous nomme,
On hait la monarchie ; et le nom d'empereur,
Cachant celui de roi, ne fait pas moins d'horreur.
Il passe pour tyran quiconque s'y fait maître, 1)
Qui le sert, pour esclave, et qui l'aime, pour traître : 2)
Qui le souffre a le cœur lâche, mol, abattu ; 3)
Et pour s'en affranchir tout s'appelle vertu.
Vous en avez, seigneur, des preuves trop certaines.
On a fait contre vous dix entreprises vaines ;
Peut-être que l'onzième est prête d'éclater,
Et que ce mouvement qui vous vient d'agiter
N'est qu'un avis secret que le ciel vous envoie,
Qui pour vous conserver n'a plus que cette voie.

1) *Il passe pour tyran quiconque s'y fait maître.*
Cet *il* qui était autrefois un tour très-heureux ; la ty-
rannie de l'usage l'a aboli. *Il est un tyran, celui qui*
asservit son pays ; il est un perfide, celui qui manque
à sa parole : on a encore conservé ce tour : *Ils sont*
dangereux, ces ennemis du théâtre, ces rigoristes
outrés.

2) *Et qui l'aime pour traître.* Voilà encore de cette
abondance superflue et stérile. Pourquoi celui qui aime
un usurpateur est-il traître ? Il n'est certainement pas
traître parce qu'il l'aime. Quand on a dit qu'il est es-
clave, on a tout dit ; le reste est inutile.

3) *Lâche, mol, abattu.* On ne se sert plus du terme
mol. De plus, ces trois épithètes forment un vers trop
négligé ; la précision y perd, et le sens n'y gagne rien.

Ne vous exposez plus à ces fameux revers :
Il est beau de mourir maître de l'univers ;
Mais la plus belle mort souille notre mémoire
Quand nous avons pu vivre et croître notre gloire.

                    C I N N A.

Si l'amour du pays doit ici prévaloir ,
C'est son bien seulement que vous devez vouloir ;
Et cette liberté , qui lui semble si chère ,
N'est pour Rome, seigneur, qu'un bien imaginaire,
Plus nuisible qu'utile , et qui n'approche pas
De celui qu'un bon prince apporte à ses états.
Avec ordre et raison les honneurs il dispense,
Avec discernement punit et récompense ,
Et dispose de tout en juste possesseur ,
Sans rien précipiter de peur d'un successeur.
Mais quand le peuple est maître, on n'agit qu'en tumulte
La voix de la raison jamais ne se consulte :
Les honneurs sont vendus aux plus ambitieux ,
L'autorité livrée aux plus séditieux.
Ces petits souverains qu'il fait pour une année ,
Voyant d'un tems si court leur puissance bornée ,
Des plus heureux desseins font avorter le fruit
De peur de le laisser à celui qui les suit.
Comme ils ont peu de part au bien dont ils ordonnent,
Dans le champ du public largement ils moissonnent, 1)
Assurés que chacun leur pardonne aisément,
Espérant à son tour un pareil traitement.

    1) *Dans le champ du public.* Il y avait auparavant,
Dedans le champ d'autrui.

Le pire des états, c'est l'état populaire. 1)

A U G U S T E.

Et toutefois le seul qui dans Rome peut plaire,
Cette haine des rois que depuis cinq cents ans
Avec le premier lait sucent tous ses enfans,

---

1) *Le pire des états , c'est l'état populaire.* Quelle prodigieuse supériorité de la belle poésie sur la prose ! Tous les écrivains politiques ont délayé ces pensées ; aucun a-t-il approché de la force , de la profondeur , de la netteté , de la précision de ces discours de *Cinna* et de *Maxime ?* Tous les corps de l'état auraient dû assister à cette pièce pour apprendre à penser et à parler. Ils ne faisaient que des harangues ridicules , qui sont la honte de la nation. *Corneille* était un maitre dont ils avaient besoin : mais un préjugé , plus barbare encore que ne l'était l'éloquence du barreau et de la chaire , a souvent empêché plusieurs magistrats très-éclairés d'imiter *Cicéron* et *Hortensius* , qui allaient entendre des tragédies fort inférieures à celles de *Corneille.* Ainsi les hommes pour qui ces pièces étaient faites ne les voyaient pas. Le parterre n'était pas digne de ces tableaux de la grandeur romaine. Les femmes ne voulaient que de l'amour ; bientôt on ne traita plus que l'amour ; et par là on fournit à ceux que leurs petits talens rendent jaloux de la gloire des spectacles un malheureux prétexte de s'élever contre le premier des beaux arts. Nous avons eu un chancelier qui a écrit sur l'art dramatique , et on a observé que de sa vie il n'alla aux spectacles ; mais *Scipion , Caton , Cicéron , César ,* y allaient.

Pour l'arracher des cœurs est trop enracinée.

MAXIME.

Oui, seigneur, dans son mal Rome est trop obstinée :
Son peuple, qui s'y plaît, en fuit la guérison ;
Sa coutume l'emporte, et non pas la raison ;
Et cette vieille erreur que Cinna veut abattre
Est une heureuse erreur dont il est idolâtre,
Par qui le monde entier asservi sous ses lois
L'a vu cent fois marcher sur la tête des rois,
Son épargne s'enfler du sac de leurs provinces.
Que lui pouvoient de plus donner les meilleurs princes ?
J'ose dire, seigneur, que par tous les climats
Ne sont pas bien reçus toutes sortes d'états ;
Chaque peuple a le sien conforme à sa nature,
Qu'on ne sauroit changer sans lui faire une injure :
Telle est la loi du ciel, dont la sage équité
Sème dans l'univers cette diversité.
Les Macédoniens aiment le monarchique,
Et le reste des Grecs la liberté publique :
Les Parthes, les Persans, veulent des souverains ;
Et le seul consulat est bon pour les Romains.

CINNA.

Il est vrai que du ciel la prudence infinie
Départ à chaque peuple un différent génie ;
Mais il n'est pas moins vrai que cet ordre des cieux
Change selon les tems comme selon les lieux.
Rome a reçu des rois ses murs et sa naissance ;
Elle tient des consuls sa gloire et sa puissance,

Et reçoit maintenant de vos rares bontés
Le comble souverain de ses prospérités.
Sous vous l'état n'est plus en pillage aux armées;
Les portes de Janus par vos mains sont fermées;
Ce que sous ses consuls on n'a vu qu'une fois,
Et qu'a fait voir comme eux le second de ses rois.

MAXIME.

Les changemens d'état que fait l'ordre céleste, 1)
Ne coûtent point de sang, n'ont rien qui soit funeste.

CINNA.

C'est un ordre des dieux, qui jamais ne se rompt;
De nous vendre bien cher les grands biens qu'ils nous font:
L'exil des Tarquins même ensanglanta nos terres,
Et nos premiers consuls nous ont coûté des guerres.

MAXIME.

Donc votre aïeul Pompée au ciel a résisté, 2)
Quand il a combattu pour notre liberté?

1). *Les changemens d'état que fait l'ordre céleste,
etc.* J'ai peur que ces raisonnemens ne soient pas de la
la force des autres; ce que dit *Maxime* est faux; la
plupart des révolutions ont coûté du sang, et d'ailleurs
tout se fait par l'ordre céleste. La réponse que c'est un
ordre immuable du ciel de vendre cher ses bienfaits
semble dégénérer en dispute de sophiste, en question
d'école, et trop s'écarter de cette grande et noble po-
litique dont il est ici question.

2) *Donc votre aïeul Pompée au ciel a résisté.* L'ob-
jection de *votre aïeul Pompée* est pressante; mais *Cinna*
n'y répond que par un trait d'esprit. Voilà un singulier
honneur fait aux mânes de *Pompée*, d'asservir Rome

CINNA.

Si le ciel n'eût voulu que Rome l'eût perdue,
Par les mains de Pompée il l'auroit défendue :
Il a choisi sa mort pour servir dignement
D'une marque éternelle à ce grand changement,
Et devoit cette gloire aux mânes d'un tel homme
D'emporter avec eux la liberté de Rome.

pour laquelle il combattait. Pourquoi le ciel devait-il cet honneur à *Pompée ?* Au contraire, s'il lui devait quelque chose, c'était de soutenir son parti qui était le plus juste. Dans une telle délibération, devant un homme tel qu'*Auguste*, on ne doit donner que des raisons solides : ces subtilités ne paraissent pas convenir à la dignité de la tragédie. *Cinna* s'éloigne ici de ce vrai si nécessaire et si beau. Voulez-vous savoir si une pensée est naturelle et juste ? examinez la proposition contraire ; si ce contraire est vrai, la pensée que vous examinez est fausse.

On peut répondre à ces objections que *Cinna* parle ici contre sa pensée. Mais pourquoi parlerait-il contre sa pensée ? Y est-il forcé ? *Junie*, dans *Britannicus* parle contre son propre sentiment, parceque *Néron* l'écoute : mais ici *Cinna* est en toute liberté ; s'il veut persuader à *Auguste* de ne point abdiquer, il doit dire à *Maxime* : laissons-là ces vaines disputes : il ne s'agit pas de savoir si *Pompée* a résisté au ciel, et si le ciel lui devait l'honneur de rendre Rome esclave : il s'agit que Rome a besoin d'un maître ; il s'agit de prévenir des guerres civiles, etc. Je crois enfin que cette subtilité dans cette belle scène est un défaut ; mais c'est un défaut dont il n'y a qu'un grand homme qui soit capable.

Ce nom depuis long-tems ne sert qu'à l'éblouir,
Et sa propre grandeur l'empêche d'en jouir.
Depuis qu'elle se voit la maîtresse du monde,
Depuis que la richesse entre ses murs abonde,
Et que son sein fécond en glorieux exploits
Produit des citoyens plus puissans que des rois,
Les grands, pour s'affermir áchetant les suffrages,
Tiennent pompeusement leurs maîtres à leurs gages.
Qui, par des fers dorés se laissent enchaîner,
Reçoivent d'eux les lois qu'ils pensent leur donner.
Envieux l'un de l'autre ils mènent tout par brigues,
Que leur ambition tourne en sanglantes ligues.
Ainsi de Marius Sylla devint jaloux,
César de mon aïeul, Marc-Antoine de vous ;
Ainsi la liberté ne peut plus être utile
Qu'à former les fureurs d'une guerre civile,
Lorsque, par un désordre à l'univers fatal,
L'un ne veut point de maître, et l'autre point d'égal.
Seigneur, pour sauver Rome, il faut qu'elle s'unisse
En la main d'un bon chef à qui tout obéisse.
Si vous aimez encore à la favoriser,
Otez-lui les moyens de se plus diviser.
Sylla, quittant la place enfin bien usurpée, 1)
N'a fait qu'ouvrir le champ à César et Pompée,
Que le malheur des tems ne nous eût pas fait voir, 2)
S'il eût dans sa famille assuré son pouvoir.

1) *Enfin bien usurpée.* Cet *enfin* gâte la phrase.
2) *Que le malheur des tems ne nous eût pas fait voir.*
Il semble que le malheur des tems ne nous eût pas

Qu'a fait du grand César le cruel parricide ;
Qu'élever contre vous Antoine avec Lépide ,
Qui n'eussent pas détruit Rome par les Romains
Si César eût laissé l'empire entre vos mains ?
Vous la replongerez , en quittant cet empire ,
Dans les maux dont à peine encore elle respire ;
Et de ce peu , seigneur , qui lui reste de sang
Une guerre nouvelle épuisera son flanc.

    Que l'amour du pays, que la pitié vous touche ;
Votre Rome à genoux vous parle par ma bouche. 1)
Considérez le prix que vous avez coûté :
Non pas qu'elle vous croye avoir trop acheté ;

fait voir *César* et *Pompée*. La phrase est louche et
obscure.

    Il veut dire : *le malheur des tems ne nous eût pas
fait voir le champ ouvert à César et à Pompée.*

    1) *Votre Rome à genoux vous parle par ma bouche.*
Ici *Cinna* embrasse les genoux d'*Auguste* , et semble dé-
honorer les belles choses qu'il a dites , par une perfidie
bien lâche qui l'avilit. Cette basse perfidie même semble
contraire aux remords qu'il aura. On pourrait croire
que c'est à *Maxime* , représenté comme un vil scé-
lérat , à faire le personnage de *Cinna* , et que *Cinna*
devait dire ce que dit *Maxime*. *Cinna* , que l'auteur
veut et doit ennoblir , devait - il conjurer *Auguste* à
genoux de garder l'empire , pour avoir un prétexte
de l'assassiner ? On est fâché que *Maxime* joue ici
le rôle d'un digne Romain , et *Cinna* d'un fourbe qui
emploie le rafinement le plus noir pour empêcher *Au-
guste* de faire une action qui doit même désarmer
Emilie.

Des maux qu'elle a soufferts elle est trop bien payée;
Mais une juste peur tient son ame effrayée.
Si, jaloux de son heur et las de commander,
Vous lui rendez un bien qu'elle ne peut garder;
S'il lui faut à ce prix en acheter un autre,
Si vous ne préférez son intérêt au vôtre,
Si ce funeste don la met au désespoir,
Je n'ose dire ici ce que j'ose prévoir.
Conservez-vous, seigneur, en lui laissant un maître, 1)
Sous qui son vrai bonheur commence de renaître;
Et, pour mieux assurer le bien commun de tous,
Donnez un successeur qui soit digne de vous.

AUGUSTE.

N'en délibérons plus, cette pitié l'emporte.
Mon repos m'est bien cher, mais Rome est la plus forte;
Et, quelque grand malheur qui m'en puisse arriver,
Je consens à me perdre afin de la sauver.
Pour ma tranquillité mon cœur en vain soupire.
Cinna, par vos conseils je retiendrai l'empire;
Mais je le retiendrai pour vous en faire part.
Je vois trop que vos cœurs n'ont point pour moi de fard,
Et que chacun de vous, dans l'avis qu'il me donne,
Regarde seulement l'état et ma personne.
Votre amour en tous deux fait ce combat d'esprits,
Et vous allez tous deux en recevoir le prix.

1) *En lui laissant un maître*. Il y avait auparavant :
Conservez-vous, seigneur, en conservant un maître.

Maxime, je vous fais gouverneur de Sicile : 1)
Allez donner mes lois à ce terroir fertile ;
Songez que c'est pour moi que vous gouvernerez,
Et que je répondrai de ce que vous ferez.
Pour épouse, Cinna, je vous donne Emilie ; 2)
Vous savez qu'elle tient la place de Julie,
Et que, si nos malheurs et la nécessité
M'ont fait traiter son père avec sévérité,
Mon épargne depuis en sa faveur ouverte 3)
Doit avoir adouci l'aigreur de cette perte.
Voyez-la de ma part, tâchez de la gagner ;
Vous n'êtes point pour elle un homme à dédaigner :

1) *Maxime, je vous fais gouverneur de Sicile.* Cela
n'est pas dans l'histoire. En effet c'eût été plutôt un
exil qu'une récompense. Un proconsulat en Sicile est
une punition pour un favori qui veut rester à Rome
et à la cour avec un grand crédit.

2) *Pour épouse, Cinna, je vous donne Emilie.* Ceci
est bien différent. Tout lecteur voit dans ce vers la
perfection de l'art. *Auguste* donne à *Cinna* sa fille
adoptive que *Cinna* veut obtenir par l'assassinat d'*Auguste* : le mérite de ce vers ne peut échapper à personne.

3) *Mon épargne ouverte. Epargne* signifiait *trésor
royal*, et la cassette du roi s'appelait *chatouille*. Les
mots changent : mais ce qui ne doit pas changer,
c'est la noblesse des idées. Il est trop bas de faire
dire à *Auguste* qu'il a donné de l'argent à *Emilie* ;
et il est bien plus bas à *Emilie* de l'avoir reçu et de
conspirer contre lui.

De l'offre de vos vœux elle sera ravie. 1)
Adieu, j'en veux porter la nouvelle à Livie.

SCENE II.

CINNA, MAXIME.

MAXIME.

Quel est votre dessein après ces beaux discours? 2)

CINNA.

Le même que j'avois, et que j'aurai toujours:

1) *De l'offre de vos vœux elle sera ravie.* Il y
avait :

> Je présume plutôt qu'elle en sera ravie.

L'un et l'autre sont également faibles, et il importe
peu que ce vers soit faible ou fort. En général cette
scène est d'un genre dont il n'y avait aucun exemple
chez les anciens ni chez les modernes ; détachez-la de
la pièce, c'est un chef-d'œuvre d'éloquence ; incor-
porée à la pièce, c'est un chef-d'œuvre encore plus
grand. Il est vrai que ces beautés n'excitent ni ter-
reur, ni pitié, ni grands mouvemens ; mais ces mou-
vemens, cette pitié, cette terreur, ne sont pas néces-
saires dans le commencement d'un second acte.

Cette scène est beaucoup plus difficile à jouer qu'au-
cune autre. Elle exigerait trois acteurs d'une figure im-
posante, et qui eussent autant de noblesse dans la voix
et dans les gestes qu'il y en a dans les vers : c'est
ce qui ne s'est jamais rencontré.

2) *Quel est votre dessein après ces beaux discours ?*

4   20

MAXIME.

Un chef de conjurés flatte la tyrannie!

CINNA.

Un chef de conjurés la veut voir impunie!

MAXIME.

Je veux voir Rome libre.

CINNA.

Et vous pouvez juger 1)
Que je veux l'affranchir ensemble et la venger.

Le même que j'avais, et que j'aurai toujours. Ces beaux discours est trop familier. Pourquoi *Cinna* n'aurait-il pas ici les remords qu'il a dans le troisième acte ? Il eût fallu en ce cas une autre construction dans la pièce. C'est un doute que je propose, et que les remarques suivantes exposeront plus au long.

1) . . . . *Et vous pouvez juger que je veux l'affranchir ensemble et la venger.* Pourquoi persister dans des principes qu'il va démentir, et dans une fourbe honteuse dont il va se repentir ? N'était-ce pas dans ce moment là même que ces mots, *je vous donne Emilie*, devaient faire impression sur un homme qu'on nous donne pour digne petit-fils du grand *Pompée ?* J'ai vu des lecteurs de goût et de sens réprouver cette scène, non-seulement parce que *Cinna*, pour qui on s'intéressait, commence à devenir odieux, et pourrait ne pas l'être s'il disait tout le contraire de ce qu'il dit, mais parce que cette scène est inutile pour l'action, parce que *Maxime* rival de *Cinna*, ne laisse échapper aucun sentiment de rival, et qu'en ôtant cette scène, le reste marche plus rapidement. Il la faut pardonner à la nécessité de donner quelque étendue aux actes; nécessité consacrée par l'usage.

Octave aura donc vu ses fureurs assouvies, 1)
Pillé jusqu'aux autels, sacrifié nos vies,
Rempli les champs d'horreurs, comblé Rome de morts,
Et sera quitte après pour l'effet d'un remords !
Quand le ciel par nos mains à le punir s'apprête ;
Un lâche repentir garantira sa tête ! 2)
C'est trop semer d'appas, et c'est trop inviter,
Par son impunité, quelque autre à l'imiter.
Vengeons nos citoyens, et que sa peine étonne
Quiconque après sa mort aspire à la couronne.
Que le peuple aux tyrans ne soit plus exposé.
S'il eût puni Sylla, César eût moins osé.

MAXIME.

Mais la mort de César, que vous trouvez si juste,
A servi de prétexte aux cruautés d'Auguste.

1) *Octave aura donc vu ses fureurs assouvies.* Il y
avait :

> Auguste aura soulé ses damnables envies.

On remarque ces changemens pour faire voir comment le style se perfectionnâ avec le tems. La plupart de ces corrections furent faites plus de vingt années après la première édition.

2) *Un lâche repentir.* C'est proprement un simple repentir. Le mot même, *en sera quitte*, indique qu'on ne doit pas pardonner à *Octave* pour un simple repentir : il n'y a nulle lâcheté à sentir, au comble de la gloire, des remords de toutes les violences commises pour arriver à cette gloire.

Voulant nous affranchir, Brute s'est abusé ;
S'il n'eût puni César, Auguste eût moins osé. 1)

C I N N A.

La faute de Cassie, et ses terreurs panniques,
Ont fait rentrer l'état sous des lois tyranniques ;

1) *S'il n'eût puni César, Auguste eût moins osé.*
Maxime veut retourner le beau vers de *Cinna*, *S'il*
eût puni Sylla, *César eût moins osé*, et répondre en
écho sur la même rime : il dit une chose qui a be-
soin d'être éclaircie. Si *César* n'eût pas été assassiné,
Auguste son fils adoptif eût été bien plus aisément le
maître et beaucoup plus maître. Il est vrai qu'il n'y
eût point eu de guerre civile, et c'est par cela même
que l'empire d'*Auguste* eût été mieux affermi, et qu'il
eût osé davantage. Il est vrai encore que sans le meurtre
de *César* il n'y eût point eu de proscriptions. Il reste
donc à discuter quelle a été la véritable cause du trium-
virat et des guerres civiles. Or il est indubitable que
ces dissertations ne couviennent guère à la tragédie.
Quoi ! après ces vers,

Mais je le retiendrai pour vous en faire part. . . . . . .
. . . . Je vous donne Émilie. . . . . . .

Cinna disserte, il n'est pas troublé, et il le sera ensuite !
Quel est le lecteur qui ne s'attend pas à de violentes
agitations dans un tel moment ? Si *Cinna* les éprou-
vait, si *Maxime* s'en appercevait, cette situation ne
serait-elle pas plus naturelle et plus théâtrale ? Encore
une fois, je ne propose cette idée que comme un
doute ; mais je crois que les combats du cœur sont
toujours plus intéressans que des raisonnemens politi-
ques, et ces contestations qui au fond sont souvent
un jeu d'esprit assez froid. C'est au cœur qu'il faut
parler dans une tragédie.

Mais nous ne verrons point de pareils accidens
Lorsque Rome suivra des chefs moins imprudens.

M A X I M E.

Nous sommes encor loin de mettre en évidence
Si nous nous conduirons avec plus de prudence :
Cependant c'en est peu que de n'accepter pas
Le bonheur qu'on recherche au péril du trépas.

C I N N A.

C'en est encor bien moins , alors qu'on s'imagine
Guérir un mal si grand sans couper la racine.
Employer la douceur à cette guérison ,
C'est en fermant la plaie y verser du poison.

M A X I M E.

Vous la voulez sanglante , et la rendez douteuse.

C I N N A.

Vous la voulez sans peine , et la rendez honteuse.

M A X I M E.

Pour sortir de ses fers jamais on ne rougit.

C I N N A.

On en sort lâchement si la vertu n'agit.

M A X I M E.

Jamais la liberté ne cesse d'être aimable ;
Et c'est toujours pour Rome un bien inestimable.

C I N N A.

Ce ne peut être un bien qu'elle daigne estimer
Quand il vient d'une main lasse de l'opprimer.
Elle a le cœur trop bon pour se voir avec joie
Le rebut du tyran dont elle fut la proie ;

Et tout ce que la gloire a de vrais partisans
Le hait trop puissamment pour aimer ses présens.

M A X I M E.

Donc pour vous Emilie est un objet de haine ?

C I N N A.

La recevoir de lui me seroit une gêne :
Mais quand j'aurai vengé Rome des maux soufferts, 1)
Je saurai le braver jusque dans les enfers.
Oui, quand par son trépas je l'aurai méritée,
Je veux joindre à sa main ma main ensanglantée ;
L'épouser sur sa cendre, et qu'après notre effort 2)
Les présens du tyran soient le prix de sa mort.

1) *Quand j'aurai vengé Rome des maux soufferts.*
L'esprit de notre langue ne permet guère ces parti-
cipes. Nous ne pouvons dire *des maux soufferts*, comme
on dit *des maux passés. Soufferts* suppose par quel-
qu'un, *les maux qu'elle a soufferts.* Il serait à sou-
haiter que cet exemple de *Corneille* eût fait une règle ;
la langue y gagnerait une marche plus rapide.

2) *L'épouser sur sa cendre.* Cet affermissement de
Cinna dans son crime, cette fureur d'épouser *Emilie*
sur le tombeau d'*Auguste*, cette persévérance dans la
fourberie avec laquelle il a persuadé *Auguste* de ne
point abdiquer, ne font espérer aucun remords ; il
était naturel qu'il en eût quand *Auguste* lui a dit qu'il
partagerait l'empire avec lui. Le cœur humain est ainsi
fait : il se laisse toucher par le sentiment présent des
bienfaits ; et le spectateur n'attend pas d'un homme
qui s'endurcit lorsqu'il devrait être attendri, qu'il s'at-
tendrira après cet endurcissement. Nous donnerons plus
de jour à ce doute dans la suite.

MAXIME.

Mais l'apparence, ami, que vous puissiez lui plaire
Teint du sang de celui qu'elle aime comme un père?
Car vous n'êtes pas homme à la violenter.

CINNA.

Ami, dans ce palais on peut nous écouter, 1)
Et nous parlons peut-être avec trop d'imprudence,
Dans un lieu si mal propre à notre confidence.

1) *Ami, dans ce palais on peut nous écouter.* Et que peut-il dire de plus fort que ce qu'il a déjà dit ? N'a-t-il pas dans ce même palais déclaré qu'il veut épouser *Emilie* sur la cendre d'*Auguste* ? Cette conclusion de l'acte paraît un peu fautive. On sent assez qu'il n'est pas vraisemblable que l'on conspire, et qu'on rende compte de la conspiration dans le cabinet d'*Auguste*.

Les acteurs sont supposés avoir passé d'un appartement dans un autre ; mais si le lieu où ils sont est si *mal propre à cette confidence*, il ne fallait donc pas y dire tous ses secrets. Il valait mieux motiver la sortie par la nécessité d'aller tout préparer pour la mort d'*Auguste* ; c'eût été une raison valable et intéressante, et le péril d'*Auguste* en eût redoublé.

L'observation la plus importante, à mon avis, c'est qu'ici l'intérêt change. On détestait *Auguste* ; on s'intéressait beaucoup à *Cinna* : maintenant c'est *Cinna* qu'on hait, c'est en faveur d'*Auguste* que le cœur se déclare. Lors qu'ainsi on s'intéresse tour à tour pour les partis contraires, on ne s'intéresse en effet pour personne ; c'est ce qui fait que plusieurs gens de lettres

Sortons, qu'en sûreté j'examine avec vous
Pour en venir à bout les moyens les plus doux.

Fin du sècond acte.

regardent *Cinna* plutôt comme un bel ouvrage que
comme une tragédie intéressante.

ACTE TROISIÈME.

SCENE I.

MAXIME, EUPHORBE.

MAXIME.

Lui-même il m'a tout dit, leur flâme est mutuelle ;
Il adore Emilie, il est adoré d'elle :
Mais sans venger son père il n'y peut aspirer ; 1)
Et c'est pour l'acquérir qu'il nous fait conspirer.

EUPHORBE.

Je ne m'étonne plus de cette violence 2)
Dont il contraint Auguste à garder sa puissance :

---

1) *Mais sans venger son père il n'y peut aspirer.* Cependant *Maxime* a été témoin qu'*Auguste* a donné *Emilie* à *Cinna*; il peut donc croire que *Cinna* peut aspirer à elle sans tuer *Auguste*. *Cinna* et *Maxime* peuvent présumer qu'*Emilie* ne tiendra pas contre un tel bienfait; *Maxime*, sur-tout, n'a nulle raison de penser le contraire, puisqu'il ne sait point encore si *Emilie* cède ou non à la bonté d'*Auguste* ; et *Cinna* peut penser qu'*Emilie* sera touchée, comme il commence lui-même à l'être. *Cinna* doit sans doute l'espérer, et *Maxime* doit le craindre. Il doit donc dire, *Emilie* sera à lui, soit qu'il cède aux bienfaits d'*Auguste*, soit qu'il l'assassine.

2) *Je ne m'étonne plus de cette violence.* Le mot de *violence* est peut-être trop fort. *Cinna* a étalé un faux zèle, une fourbe éloquente : est-ce là de la violence ?

La ligue se romproit s'il s'en étoit démis, 1)
Et tous vos conjurés deviendroient ses amis.

M A X I M E.

Ils servent à l'envi la passion d'un homme 2)
Qui n'agit que pour soi, feignant d'agir pour Rome ;
Et moi, par un malheur qui n'eut jamais d'égal,
Je pense servir Rome, et je sers mon rival.

E U P H O R B E.

Vous êtes son rival !

M A X I M E.

                    Oui, j'aime sa maîtresse,
Et l'ai caché toujours avec assez d'adresse. 3)
Mon ardeur inconnue, avant que d'éclater,
Par quelque grand exploit la vouloit mériter.

---

1) *La ligue se romprait s'il s'en était démis.* On se démet d'une charge, d'un emploi, d'une dignité, mais on ne se démet pas d'une puissance. L'auteur veut dire ici que la ligue se dissiperait si *Auguste* renonçait à l'empire. Mais ce vers,

La ligue se romprait s'il s'en était démis,

fait entendre, si *Cinna s'était démis de cette ligue*, parce que cet *il* tombe sur *Cinna*. C'est une faute très-légère.

2) Il y avait *abusés :* on a substitué *à l'envi.*

3) *Oui, j'aime sa maîtresse.* . . . . *Avec assez d'adresse.* Ces vers de comédie, et cette manière froide d'exprimer qu'il est rival de *Cinna*, ne contribuent pas peu à l'avilissement de ce personnage. L'amour qui n'est pas une grande passion n'est pas théâtral.

Cependant par mes mains je vois qu'il me l'enléve;
Son dessein fait ma pérte, et c'est moi qui l'achéve:
J'avance des succés dont j'attends le trépas,
Et pour m'assassiner je lui prête mon bras.
Que l'amitié me plonge en un malheur extrême! 1)

EUPHORBE.

L'issue en est aisée, agissez pour vous-même;
D'un dessein qui vous perd rompez le coup fatal;
Gagnez une maîtresse, accusant un rival 2)
Auguste à qui par là vous sauverez la vie,
Ne vous pourra jamais refuser Emilie.

MAXIME.

Quoi! trahir mon ami!

1) *Que l'amitié me plonge en un malheur extrême!*
Ni son amitié ni son amour n'intéresse. J'ai toujours re-
marqué que cette scène est froide au théâtre; la raison
en est que l'amour de *Maxime* est insipide. On ap-
prend au troisième acte que ce *Maxime* est amou-
reux. Si *Oreste*, dans l'*Andromaque*, n'était rival de
Pyrrus qu'au troisième acte, la pièce serait froide.
L'amour de *Maxime* ne fait aucun effet, et tout son
rôle n'est que celui d'un lâche, sans aucune passion
théâtrale.

2) *Gagnez une maîtresse accusant un rival.* Il semble
par la construction que ce soit *Emilie* qui accuse: il
fallait *en accusant*, pour lever l'équivoque: légère
inadvertance, qui ne fait aucun tort.

E U P H O R B E.

>   L'amour rend tout permis :
> Un véritable amant ne connoît point d'amis ; 1)
> Et même avec justice on peut trahir un traître
> Qui pour une maîtresse ose trahir son maître.
> Oubliez l'amitié, comme lui les bienfaits.

M A X I M E.

> C'est un exemple à fuir que celui des forfaits.

E U P H O R B E.

> Contre un si noir dessein tout devient légitime.
> On n'est point criminel quand on punit un crime.

1) *Un véritable amant ne connaît point d'amis*. En général, ces maximes et ce terme de *véritable amant* sont tirés des romans de ce tems là, et sur-tout de l'*Astrée*, où l'on examine sérieusement ce qui constitue le véritable amant. Vous ne trouverez jamais ni ces maximes, ni ces mots, *véritables amans*, *vrais amans* dans *Racine*. Si vous entendez par *véritable amant*, un homme agité d'une passion effrénée, furieux dans ses desirs, incapable d'écouter la raison, la vertu, la bienséance, *Maxime* n'est rien de tout cela ; il est de sang-froid ; à peine parle-t-il de son amour. De plus, il est l'ami de *Cinna* et son confident ; il doit s'être douté que *Cinna* aime *Emilie* ; il voit qu'*Auguste* a donné *Emilie* à *Cinna* ; c'était alors qu'il devait éprouver le sentiment de la jalousie. Ni les remords de *Cinna* ni la jalousie de *Maxime* ne remuent l'ame ; pourquoi ? c'est qu'ils viennent trop tard, comme on l'a déjà dit ; c'est qu'ils ont disserté au lieu de sentir.

MAXIME.

Un crime par qui Rome obtient sa liberté!

EUPHORBE.

Craignez tout d'un esprit si plein de lâcheté.
L'intérêt du pays n'est point ce qui l'engage ;
Le sien, et non la gloire, anime son courage.
Il aimeroit César s'il n'étoit amoureux,
Et n'est enfin qu'ingrat, et non pas généreux.
    Pensez-vous avoir lu jusqu'au fond de son ame ?
Sous la cause publique il vous cachoit sa flâme,
Et peut cacher encor sous cette passion
Les détestables feux de son ambition.
Peut-être qu'il prétend, après la mort d'Octave,
Au lieu d'affranchir Rome en faire son esclave,
Qu'il vous compte déjà pour un de ses sujets,
Ou que sur votre perte il fonde ses projets.

MAXIME.

Mais comment l'accuser sans nommer tout le reste ?
A tous nos conjurés l'avis seroit funeste ;
Et par là nous verrions indignement trahis
Ceux qu'engage avec nous le seul bien du pays.
D'un si lâche dessein mon ame est incapable :
Il perd trop d'innocens pour punir un coupable.
J'ose tout contre lui ; mais je crains tout pour eux.

EUPHORBE.

Auguste s'est lassé d'être si rigoureux.
En ces occasions, ennuyé de supplices ;
Ayant puni les chefs, il pardonne aux complices.

SCENE II.

CINNA, MAXIME.

MAXIME.

Vous me semblez pensif.

CINNA.

Ce n'est pas sans sujet.

MAXIME.

Puis-je d'un tel chagrin savoir quel est l'objet?

CINNA.

Emilie et César; l'un et l'autre me gêne; 1)
L'un me semble trop bon, l'autre trop inhumaine.
Plût aux dieux que César employât mieux ses soins,
Et s'en fît plus aimer, ou m'aimât un peu moins;

1) *Emilie et César; l'un et l'autre me gêne.* C'est là peut-être ce que *Cinna* devait dire immédiatement après la conférence d'*Auguste*. Pourquoi a-t-il à présent des remords? s'est-il passé quelque chose de nouveau qui ait pu lui en donner? Je demande toujours pourquoi il n'en a point senti quand les bienfaits et la tendresse d'*Auguste* devaient faire sur son cœur une si forte impression. Il a été perfide; il s'est obstiné dans sa perfidie. Les remords sont le partage naturel de ceux que l'emportement des passions entraîne au crime, mais non pas des fourbes consommés. C'est sur quoi les lecteurs qui connaissent le cœur humain doivent prononcer: je suis bien loin de porter un jugement.

Que sa bonté touchât la beauté qui me charme,
Et la pût adoucir comme elle me désarme !
Je sens au fond du cœur mille remords cuisans,
Qui rendent à mes yèux tous ses bienfaits présens.
Cette faveur si pleine, et si mal reconnue,
Par un mortel reproche à tous momens me tue.
Il me semble sur-tout incessamment le voir
Déposer en nos mains son absolu pouvoir,
Ecouter nos avis, m'applaudir, et me dire :
« Cinna, par vos conseils je retiendrai l'empire ;
» Mais je le retiendrai pour vous en faire part. »
Et je puis dans son sein enfoncer un poignard !
Ah ! plutôt.... Mais, hélas ! j'idolâtre Emilie :
Un serment exécrable à sa haine me lie ;
L'horreur qu'elle a de lui me le rend odieux.
Des deux côtés j'offense et ma gloire et les dieux : 1)
Je deviens sacrilége, ou je suis parricide ;
Et vers l'un ou vers l'autre il faut être perfide.

1) . . . . *Et ma gloire et les dieux.* Pourquoi
les dieux ? est-ce parce qu'il a fait serment à sa mai-
tresse ? Il est utile d'observer ici que dans beaucoup
de tragédies modernes on met ainsi les dieux à la fin
du vers à cause de la rime. *Manlius* dit qu'un homme
tel que lui partage la vengeance *avec les dieux ;* un
autre, qu'il punit à l'exemple *des dieux ;* un troisième,
qu'il s'en prend *aux dieux. Corneille* tombe rarement
dans cette faute puérile.

4   21.

M A X I M E.

Vous n'aviez point tantôt ces agitations ; 1)
Vous paroissiez plus ferme en vos intentions;
Vous ne sentiez au cœur ni remords, ni reproche.

C I N N A.

On ne les sent aussi que quand le coup approche ; 2)

1) *Vous n'aviez point tantôt ces agitations.* Vous
voyez que *Corneille* a bien senti l'objection. *Maxime*
demande à *Cinna* ce que tout le monde lui deman-
derait : Pourquoi avez-vous des remords si tard ? qu'est-
il survenu qui vous oblige à changer ainsi ? Il veut
en *tirer quelque chose*, et cependant il n'en tire rien.
S'il voulait s'éclaircir de la passion d'*Emilie*, n'aurait-
il pas été convenable que d'abord il eût soupçonné
leur intelligence, que *Cinna* la lui eût avouée, que
cet aveu l'eût mis au désespoir, et que ce désespoir,
joint aux conseils d'*Euphorbe*, l'eût déterminé, non
pas à être délateur, car cela est bas, petit, et sans
intérêt, mais à laisser deviner la conspiration par ses
emportemens.

2) *On ne les sent aussi que quand le coup approche.*
Ouï, si vous n'avez pas reçu des bienfaits de celui que
vous vouliez assassiner ; mais si entre les préparatifs
du crime et la consommation, il vous a donné les plus
grandes marques de faveur, vous avez tort de dire
qu'on ne sent des remords qu'au moment de l'assassinat.

Un coup n'approche pas ; *reconnaître des forfaits*
n'est pas le mot propre ; *en venir aux effets* est faible
et prosaïque.

Il sera peut-être utile de faire voir comment *Sha-
kespear*, soixante ans auparavant, exprima le même

Et l'on ne reconnoît de semblables forfaits
Que quand la main s'apprête à venir aux effets.
L'ame, de son dessein jusque là possédée,
S'attache aveuglément à sa première idée :
Mais alors quel esprit n'en devient point troublé?
Ou plutôt quel esprit n'en est point accablé ?
Je crois que Brute même, à tel point qu'on le prise,
Voulut plus d'une fois rompre son entreprise,
Qu'avant que de frapper elle lui fit sentir
Plus d'un remords en l'ame et plus d'un repentir.

sentiment dans la même occasion. C'est *Brutus* prêt à assassiner *César.*

« Entre le dessein et l'exécution d'une chose si ter-
» rible, tout l'intervalle n'est qu'un rêve affreux. Le
» génie de Rome et les instrumens mortels de sa ruine
» semblent tenir conseil dans notre ame bouleversée?
» cet état funeste de l'ame tient de l'horreur de nos
» guerres civiles. »

> *Between the acting of a dreadfull thing*
> *And the first motion, all the interim is*
> *Like a fantasma, or a hideous dream, etc.*

Je ne présente point ces objets de comparaison pour égaler les irrégularités sauvages et capricieuses de *Shakespear* à la profondeur du jugement de *Corneille*, mais seulement pour faire voir comment des hommes de génie expriment différemment les mêmes idées. Qu'il me soit seulement permis d'observer encore qu'à l'approche de ces grands évènemens l'agitation qu'on sent est moins un remords qu'un trouble dont l'ame est saisie : ce n'est point un remords que *Shakespear* donne à *Brutus.*

M A X I M E.

Il eut trop de vertu pour tant d'inquiétude ;
Il ne soupçonna point sa main d'ingratitude ;
Et fut contre un tyran d'autant plus animé ,
Qu'il en reçut de biens et qu'il s'en vit aimé.
Comme vous l'imitez , faites la même chose ,
Et formez vos remords d'une plus juste cause ,
De vos lâches conseils , qui seuls ont arrêté 1)
Le bonheur renaissant de notre liberté. 2)
C'est vous seul aujourd'hui qui nous l'avez ôtée.
De la main de César Brute l'eût acceptée ,
Et n'eût jamais souffert qu'un intérêt léger
De vengeance ou d'amour l'eût remise en danger.
N'écoutez plus la voix d'un tyran qui vous aime ,
Et vous veut faire part de son pouvoir suprême ;
Mais entendez crier Rome à votre côté : 3)

1) *De vos lâches conseils.* Voilà la plus forte cri-
tique du rôle qu'a joué *Cinna* dans la conférence avec
Auguste : aussi *Cinna* n'y répond-il point. Cette scène
est un peu froide , et pourrait être très-vive ; car deux
rivaux doivent dire des choses intéressantes , ou ne pas
paraître ensemble ; ils doivent être à la fois défians
et animés ; mais ici ils ne font que raisonner.

2) *Arrêter un bonheur renaissant ;* l'expression est
trop impropre.

3) *Entendez crier Rome à votre côté.* Cela est plus
froid encore , parce que *Maxime* fait ici l'enthousiaste
mal à propos. Quiconque s'échauffe trop refroidit.
Maxime parle en rhéteur ; il devrait épier avec une
douleur sombre toutes les paroles de *Cinna ,* paraître

» Rends-moi, rends-moi, Cinna, ce que tu m'as ôté ;
» Et si tu m'as tantôt préféré ta maîtresse,
» Ne me préfère pas le tyran qui m'oppresse. »

CINNA.

Ami, n'accable plus un esprit malheureux
Qui ne forme qu'en lâche un dessein généreux. 1)
Envers nos citoyens je sais quelle est ma faute,
Et leur rendrai bientôt tout ce que je leur ôte :
Mais pardonne aux abois d'une vieille amitié
Qui ne peut expirer sans me faire pitié ;

jaloux, être prêt d'éclater, se retenir. Il est bien loin
d'être *un véritable amant*, comme le disait son con-
fident : il n'est ni un vrai Romain, ni un vrai con-
juré, ni un vrai amant ; il n'est que froid et faible.
Il a même changé d'opinion ; car il disait à *Cinna* au
second acte : Pourquoi voulez-vous assassiner *Auguste*,
plutôt que de recevoir de lui la liberté de Rome ? Et
à présent il dit : Pourquoi n'assassinez-vous pas *Au-
guste ?* Veut-il par là faire persévérer *Cinna* dans le
crime, afin d'avoir une raison de plus pour être son
délateur, comme *Cinna* a voulu empêcher *Auguste*
d'abdiquer, afin d'avoir un prétexte de plus de l'assas-
siner ? En ce cas, voilà deux scélérats qui cachent
leur basse perfidie par des raisonnemens subtils.

1) Voilà *Cinna* qui se donne lui-même le nom de
lâche, et qui par ce seul mot détruit tout l'intérêt de
la pièce, toute la grandeur qu'il a déployée dans le
premier acte. Que veulent dire les *abois* d'une vieille
amitié qui lui fait pitié ? Quelle façon de parler ! et
puis il parle de sa *mélancolie !*

Et laisse-moi, de grace, attendant Emilie;
Donner un libre cours à ma mélancolie.
Mon chagrin t'importune, et le trouble où je suis
Veut de la solitude à calmer tant d'ennuis.

M A X I M E.

Vous voulez rendre compte à l'objet qui vous blesse
De la bonté d'Octave et de votre foiblesse.
L'entretien des amans veut un entier secret.
Adieu. Je me retire en confident discret. 1)

S C E N E   I I I.

C I N N A , *seul.* 2)

Donne un plus digne nom au glorieux empire
Du noble sentiment que la vertu m'inspire,
Et que l'honneur oppose au coup précipité
De mon ingratitude et de ma lâcheté.

—

1) *Adieu. Je me retire en confident discret.* Il finit
son indigne rôle dans cette scène par un vers de co-
médie, et en se retirant comme un valet à qui on
dit qu'on veut être seul. L'auteur a entièrement sacri-
fié le rôle de *Maxime* ; il ne faut le regarder que
comme un personnage qui sert à faire valoir les autres.

2) Voici le cas où un monologue est convenable.
Un homme dans une situation violente peut examiner
avec lui-même le danger de son entreprise, l'horreur
du crime qu'il va commettre, écouter ou combattre
ses remords ; mais il fallait que ce monologue fût
placé après qu'*Auguste* l'a comblé d'amitiés et de bien-
faits, et non pas après une scène froide avec *Maxime*.

Mais plutôt continue à le nommer foiblesse,
Puisqu'il devient si foible auprès d'une maîtresse
Qu'il respecte un amour qu'il devroit étouffer,
Ou que s'il le combat il n'ose en triompher.
En ces extrémités quel conseil dois-je prendre?
De quel côté pencher? à quel parti me rendre?
    Qu'une ame généreuse a de peine à faillir! 1)
Quelque fruit que par là j'espére de cueillir,
Les douceurs de l'amour, celles de la vengeance,
La gloire d'affranchir le lieu de ma naissance,
N'ont point assez d'appas pour flatter ma raison,
S'il les faut acquérir par une trahison,
S'il faut percer le flanc d'un prince magnanime
Qui du peu que je suis fait une telle estime, 2)
Qui me comble d'honneur, qui m'accable de biens,
Qui ne prend pour régner de conseils que les miens.

1) *Qu'une ame généreuse a de peine à faillir!* Ce
vers ne prouve-t-il pas ce que j'ai déjà dit, que ce
n'était pas à *Cinna* à donner à l'empereur des conseils
du fourbe le plus déterminé? S'il a une ame si géné-
reuse, s'il a tant de peine à faillir, pourquoi n'a-t-il
pas affermi *Auguste* dans le dessein de quitter l'em-
pire? S'il a tant de peine à faillir, pourquoi n'a-t-il
pas senti les plus cuisans remords au moment qu'*Au-
guste* lui donnait *Emilie?*

2) .... *Du peu que je suis....* Ce discours est d'un vil
domestique, et non pas d'un sénateur romain : il achève
d'avilir son rôle qui était si mâle, si fier, si terrible
au premier acte. On s'intéressait à *Cinna*, et à pré-
sent on ne s'intéresse qu'à *Auguste.*

O coup, ô trahison trop indigne d'un homme! 1)
Dure, dure à jamais l'esclavage de Rome,
Périsse mon amour, périsse mon espoir,
Plutôt que de ma main parte un crime si noir!
Quoi! ne m'offre-t-il pas tout ce que je souhaite,
Et qu'au prix de son sang ma passion achète?
Pour jouir de ses dons, faut-il l'assassiner?
Et faut-il lui ravir ce qu'il me veut donner?

    Mais je dépends de vous, ô serment téméraire!2)
O haine d'Emilie, ô souvenir d'un pére,
Ma foi, mon cœur, mon bras, tout vous est engagé,
Et je ne puis plus rien que par votre congé. 3)

1) *O coup, ô trahison trop indigne d'un homme!*
J'en reviens toujours à ce remords trop tardif; je
soupçonne qu'il serait très-touchant, très-intéressant,
s'il avait été plus prompt, s'il n'était pas contradic-
toire avec la rage d'épouser *Emilie* sur la cendre d'*Au-
guste*. *Metastasio*, dans sa *Clemenza di Tito*, imitée
de *Cinna*, commence par donner des remords à *Ses-
tus* qui joue le rôle de *Cinna*.

2) *Mais je dépends de vous, ô serment téméraire!*
Non, sans doute, il ne dépend pas de ce serment;
c'est chercher un prétexte, et non pas une raison.
Voilá un plaisant serment, que la promesse faite à
une femme de hasarder le dernier supplice pour faire
une très-vilaine action! Il devait dire: Les conjurés
et moi, nous avons fait serment de venger la patrie.
Voilà un serment respectable.

3) *Et je ne puis plus rien que par votre congé. Par
votre congé* ne se dit plus, et en effet ne devait pas

C'est à vous à régler ce qu'il faut que je fasse ;
C'est à vous, Émilie, à lui donner sa grace :
Vos seules volontés président à son sort,
Et tiennent en mes mains et sa vie et sa mort.
O dieux, qui comme vous la rendez adorable,
Rendez-la, comme vous, à mes vœux exorable ; 1)

se dire, puisque ce mot vient de *congédier*, qui ne signifie pas *permettre*. Comment un homme qui n'a pas les fureurs de l'amour, un petit-fils de *Pompée* qui a assemblé tant de Romains pour rendre la liberté à la patrie, peut-il dire en langage de ruelle : Je ne peux rien que par le congé d'une femme ? Il fallait donc le peindre dès le premier acte comme un homme éperdu d'amour, forcé par une maîtresse qu'il idolâtre à conspirer contre un maître qu'il aime. C'est ainsi que *Metastasio* peint *Sestus* dans la *Clemenza di Tito*, en donnant à ce *Titus* le caractère de l'*Oreste de Racine*. Ce n'est pas que je préfère ce *Sestus* à *Cinna*, il s'en faut beaucoup ; mais je dis que le rôle de *Cinna* serait beaucoup plus touchant si on l'avait peint dès le premier acte aveuglé par une passion furieuse ; mais il a joué à ce premier acte le rôle d'un *Brutus*, et au troisième il n'est plus qu'un amant timide.

1) *Rendez-la, comme vous, à mes vœux exorable.* *Exorable* devrait se dire ; c'est un terme sonore, intelligible, nécessaire et digne des beaux vers que débite *Cinna*. Il est bien étrange qu'on dise *implacable*, et non *placable* ; *ame inaltérable*, et non pas *ame altérable* ; *héros indomptable*, et non *héros domptable*, etc.

Et puisque de ses lois je ne puis m'affranchir,
Faites qu'à mes desirs je la puisse fléchir.
Mais voici de retour cette aimable inhumaine. 1)

SCENE IV.

EMILIE, CINNA, FULVIE.

ÉMILIE.

GRACES aux dieux, Cinna, ma frayeur étoit vaine:
Aucun de tes amis ne t'a manqué de foi;
Et je n'ai point eu lieu de m'employer pour toi.
Octave, en ma présence, a tout dit à Livie;
Et par cette nouvelle il m'a rendu la vie.

CINNA.

Le désavoûrez-vous? et du don qu'il me fait
Voudrez-vous retarder le bienheureux effet?

ÉMILIE.

L'effet est en ta main.

CINNA.

Mais plutôt en la vôtre.

ÉMILIE

Je suis toujours moi-même, et mon cœur n'est point autre.
Me donner à Cinna, c'est ne lui donner rien,
C'est seulement lui faire un présent de son bien.

1) *Mais voici de retour cette aimable inhumaine.*
Aimable inhumaine fait quelque peine, à cause de
tant de fades vers de galanterie où cette expression
commune se trouve.

CINNA.

Vous pouvez toutefois..... O ciel! l'osai-jè dire?

ÉMILIE.

Que puis-je! et que crains-tu?

CINNA.

Je tremble, je soupire,
Et vois que, si nos cœurs avoient mêmes desirs,
Je n'aurois pas besoin d'expliquer mes soupirs:
Ainsi je suis trop sûr que je vais vous déplaire.
Mais je n'ose parler, et je ne puis me taire.

ÉMILIE.

C'est trop me gêner; parle.

CINNA.

Il faut vous obéir.
Je vais donc vous déplaire, et vous m'allez haïr.
Je vous aime, Émilie; et le ciel me foudroie,
Si cette passion ne fait toute ma joie, 1)
Et si je ne vous aime avec toute l'ardeur
Que peut un digne objet attendre d'un grand cœur!
Mais voyez à quel prix vous me donnez votre ame;
En me rendant heureux vous me rendez infame.
Cette bonté d'Auguste.....

1) *Le ciel me foudroie, si cette passion ne fait toute
ma joie :* fait toujours un peu rire. *Toute l'ardeur qu'un
digne objet peut attendre d'un grand cœur* est du style
de *Scudéri.* Ce n'est que depuis *Racine* qu'on a pros-
crit ces fades lieux communs.

ÉMILIE.

Il suffit, je t'entends,
Je vois ton repentir et tes vœux inconstans.
Les faveurs du tyran emportent tes promesses; 1)
Tes feux et tes sermens cèdent à ses caresses;
Et ton esprit crédule ose s'imaginer
Qu'Auguste pouvant tout, peut aussi me donner :
Tu me veux de sa main plutôt que de la mienne.
Mais ne crois pas qu'ainsi jamais je t'appartienne.
Il peut faire trembler la terre sous ses pas,
Mettre un roi hors du trône, 2) et donner ses états,
De ses proscriptions rougir la terre et l'onde,
Et changer à son gré l'ordre de tout le monde;

1) *Des faveurs qui emportent des promesses.* Cette figure n'a pas de sens en français. Les faveurs d'*Auguste* peuvent l'emporter sur les promesses de *Cinna*, les faire oublier ; mais elles ne les emportent pas. *Quinault* a dit avec élégance et justesse :

Mais le zéphir léger et l'onde fugitive
Ont bientôt emporté les sermens qu'elle a faits.

2) *Mettre un roi hors du trône.* Il y avait, *jeter un roi du trône et donner ses états. Mettre hors* est bien moins énergique que *jeter*, et n'est pas même une expression noble. *Roi hors* est dur à l'oreille. Pourquoi ne dirait-on pas *jeter du trône ?* on dit bien *jeter du haut du trône.* En tout cas, *chasser* eût été mieux que *mettre hors.* Quelquefois en corrigeant on affaiblit.

Mais le cœur d'Émilie est hors de son pouvoir. 1)

CINNA.

Aussi n'est-ce qu'à vous que je veux le devoir.
Je suis toujours moi-même, et ma foi toujours pure. 2)
La pitié que je sens ne me rend point parjure.
J'obéis sans réserve à tous vos sentimens,
Et prends vos intérêts par-delà mes sermens. 3)

J'ai pu, vous le savez, sans parjure et sans crime,
Vous laisser échapper cette illustre victime.
César, se dépouillant du pouvoir souverain,
Nous ôtoit tout prétexte à lui percer le sein;

1) *Mais le cœur d'Emilie est hors de son pouvoir.*
Voilà une imitation admirable de ces beaux vers
d'*Horace* :

> *Et cuncta terrarum subacta,*
> *Præter atrocem animum Catonis.*

Cette imitation est d'autant plus belle, qu'elle est en
sentiment. Plusieurs s'étonnent qu'*Emilie*, affectant de
penser comme *Caton*, ait cependant reçu pendant
quinze ans les bienfaits et l'argent d'*Auguste*, dont
l'épargne lui a été ouverte. Cette conduite ne semble
pas s'accorder avec cette inflexibilité héroïque dont
elle fait parade.

2) Il faut, ma foi est toujours pure. *Ma foi* ne
peut être gouvernée par *je suis.* Foi pure ne se dit
qu'en théologie.

3) *Et prends vos intérêts par-delà mes sermens.* *Par-
delà mes sermens*, expression dont je ne trouve que cet
exemple ; et cet exemple me parait mériter d'être suivi.

CINNA,

La conjuration s'en alloit dissipée,
Vos desseins avortés, votre haine trompée : 1)
Moi seul j'ai raffermi son esprit étonné,
Et pour vous l'immoler ma main l'a couronné.

ÉMILIE.

Pour me l'immoler, traître! Et tu veux que moi-même
Je retienne ta main, qu'il vive, et que je l'aime,
Que je sois le butin 2) de qui l'ose épargner,
Et le prix du conseil qui le force à régner!

CINNA.

Ne me condamnez point quand je vous ai servie.
Sans moi vous n'auriez plus de pouvoir sur sa vie;
Et malgré ses bienfaits je rends tout à l'amour, 3)
Quand je veux qu'il périsse, ou vous doive le jour.
Avec les premiers vœux de mon obéissance,
Souffrez ce foible effort de ma reconnoissance,
Que je tâche de vaincre un indigne courroux,
Et vous donner pour lui l'amour 4) qu'il a pour vous.

1) *S'en allait dissipée. Votre haine s'en allait trompée.* C'est un barbarisme.

2) *Butin* n'est pas le mot propre.

3) *Je rends tout à l'amour.* La scène se refroidit par ces argumens de *Cinna;* il veut prouver qu'il a satisfait à l'amour, parce qu'il veut que le sort d'*Auguste* dépende de sa maîtresse. Toute cette tirade paraît un peu obscure.

4) *Et vous donner pour lui l'amour.* Il faut *et de vous donner.* Le mot d'*amour* n'est point du tout convenable.

Une ame généreuse, 1) et que la vertu guide,
Fuit la honte des noms d'ingrate et de perfide;
Elle en hait l'infamie attachée au bonheur,
Et n'accepte aucun bien aux dépens de l'honneur.

ÉMILIE.

Je fais gloire, pour moi, de cette ignominie.
La perfidie est noble envers la tyrannie;
Et quand on rompt le cours d'un sort si malheureux,
Les cœurs les plus ingrats sont les plus généreux. 2)

CINNA.

Vous faites dès vertus au gré de votre haine.

ÉMILIE.

Je me fais des vertus dignes d'une Romaine. 3)

1) *Une ame généreuse, etc.* Toutes ces sentences refroidissent encore. Voyez si *Oreste* et *Hermione* parlent en sentences.

2) Elle a déjà retourné cette pensée plus d'une fois.

3) *Je me fais des vertus dignes d'une Romaine.* Ce vers est beau, et ces sentimens d'*Emilie* ne se démentent jamais. Plusieurs demandent encore, pourquoi cette *Emilie* ne touche point; pourquoi ce personnage ne fait pas au théâtre la grande impression qu'y fait *Hermione*. Elle est l'ame de toute la pièce, et cependant elle inspire peu d'intérêt. N'est-ce point parce qu'elle n'est pas malheureuse? n'est-ce point parce que les sentimens d'un *Brutus*, d'un *Cassius*, conviennent peu à une fille? n'est-ce point parce que sa facilité à recevoir l'argent d'*Auguste* dément la grandeur d'ame qu'elle affecte? n'est-ce point parce que ce rôle n'est

CINNA.

Un cœur vraiment Romain.....

ÉMILIE.

　　　　　　　　　Ose tout pour ravir
Une odieuse vie à qui le fait servir ;
Il fuit plus que la mort la honte d'être esclave.

CINNA.

C'est l'être avec honneur, que de l'être d'Octave ;
Et nous voyons souvent des rois à nos genoux
Demander pour appuis tels esclaves que nous.
Il abaisse à nos pieds l'orgueil des diadêmes ;
Il nous fait souverains sur leurs grandeurs suprêmes ; 1)
Il prend d'eux les tributs dont il nous enrichit,
Et leur impose un joug dont il nous affranchit.

pas tout-à-fait dans la nature ? Cette fille, que *Balzac*
appelle une adorable furie, est-elle si adorable ? C'est
Emilie que *Racine* avait en vue lorsqu'il dit, dans
une de ses préfaces, qu'il ne veut pas mettre sur le
théâtre de ces femmes qui font des leçons d'héroïsme
aux hommes. Malgré tout cela le rôle d'*Emilie* est
plein de choses sublimes ; et quand on compare ce
qu'on faisait alors à ce seul rôle d'*Emilie*, on est
étonné, on admire.

1) *Il nous fait souverains sur leurs grandeurs su-
prêmes.* Il faut remarquer les plus légères fautes de
langage. On est *souverain, de*, on n'est pas *souverain
sur*, encore moins *souverain sur une grandeur*. Mais ce
qui est bien plus digne de remarque, c'est que le se-
cond vers n'est qu'une faible répétition du premier.

ÉMILIE.

L'indigne ambition que ton cœur se propose !
Pour être plus qu'un roi, tu te crois quelque chose ! 1)
Aux deux bouts de la terre en est-il un si vain 2)
Qu'il prétende égaler un citoyen romain ?
Antoine sur sa tête attira notre haine
En se déshonorant par l'amour d'une reine :
Attale, ce grand roi 3) dans la pourpre blanchi,
Qui du peuple romain se nommoit l'affranchi,

1) *Pour être plus qu'un roi, tu te crois quelque chose.*
Ce beau vers est une contradiction avec celui que dit
Auguste au cinquième acte,

Qu'en te couronnant roi je t'aurais donné moins.

Ou Emilie ou Auguste a tort. Il n'est pas douteux
que le vers d'*Emilie* étant plus romain, plus fort, et
même étant devenu proverbe, ne dût être conservé,
et celui d'*Auguste* sacrifié : mais il faut sur-tout re-
marquer que ces hyperboles commencent à déplaire ;
qu'on y trouve même du ridicule ; qu'il y a une dis-
tance infinie entre un grand roi et un marchand de
Rome ; que ces exagérations d'une fille à qui *Auguste*
fait une pension révoltent bien des lecteurs ; et que
ces contestations entre *Cinna* et sa maîtresse sur la
grandeur romaine n'ont pas toute la chaleur de la vé-
ritable tragédie.

2) *En est-il un si vain ?* Il y avait :

Aux deux bouts de la terre en est-il d'assez vain
Pour prétendre égaler un citoyen romain ?

3) *Attale, ce grand roi.* Cet exemple du roi *Attale*
serait peut-être plus convenable dans un conseil que

Quand de toute l'Asie il se fut vu l'arbitre,
Eût encor moins prisé son trône que ce titre.
Souviens-toi de ton nom, soutiens sa dignité;
Et, prenant d'un Romain la générosité,
Sache qu'il n'en est point que le ciel n'ait fait naître
Pour commander aux rois, et pour vivre sans maître.

                    C I N N A.

Le ciel a trop fait voir en de tels attentats 1)
Qu'il hait les assassins, et punit les ingrats;
Et quoi qu'on entreprenne, quoi qu'on exécute,
Quand il élève un trône, il en venge la chûte :
Il se met du parti de ceux qu'il fait régner;
Le coup dont on les tue est long-tems à saigner;
Et quand à les punir il a pu se résoudre,
De pareils châtimens n'appartiennent qu'au foudre.

                    É M I L I E.

Dis que de leur parti toi-même tu te rends, 2)
De te remettre au foudre à punir les tyrans.

dans la bouche d'une fille qui veut venger son père.
Mais la beauté de ces vers, et ces traits tirés de l'his-
toire romaine, font un très-grand plaisir aux lecteurs,
quoiqu'au théâtre ils refroidissent un peu la scène. Au
reste, cet *Attale* était un très-petit roi de Pergame,
qui ne possédait pas un pays de trente lieues.

   1) *Le ciel a trop fait voir en de tels attentats.* Cette
réplique de *Cinna* ne paraît pas convenable. Un sujet
parle ainsi dans une monarchie ; mais un homme du
sang de *Pompée* doit-il parler en sujet ?

   2) *Tu te rends d'un parti de te remettre au foudre.*

Je ne t'en parle plus : va, sers la tyrannie ;
Abandonne ton ame à son lâche génie ;
Et, pour rendre le calme à ton esprit flottant,
Oublie et ta naissance, et le prix qui t'attend :
Sans emprunter ta main pour servir ma colère, 1)
Je saurai bien venger mon pays et mon père.
J'aurois déjà l'honneur d'un si fameux trépas,
Si l'amour jusqu'ici n'eût arrêté mon bras :
C'est lui, qui sous tes lois me tenant asservie,
M'a fait en ta faveur prendre soin de ma vie.
Seule contre un tyran, en le faisant périr,
Par les mains de sa garde il me falloit mourir :
Je t'eusse par ma mort dérobé ta captive ;
Et comme pour toi seul l'amour veut que je vive, 2)

Cela n'est ni français ni clairement exprimé, et ces dissertations sur la foudre ne sont plus tolérées.

1) *Sans emprunter ta main pour servir ma colère.* Le mot de *colère* ne paraît peut-être pas assez juste. On ne sent point de colère pour la mort d'un père mis au nombre des proscrits il y a trente ans. Le mot de *ressentiment* serait plus propre ; mais, en poésie, *colère* peut signifier *indignation, ressentiment, souvenir des injures, desir de vengeance.*

2) *Et comme pour toi seule l'amour veut que je vive.* Je remarque ailleurs que toutes les phrases qui commencent par *comme* sentent la dissertation, le raisonnement, et que la chaleur du sentiment ne permet guère ce tour prosaïque. Mais est-ce un sentiment bien touchant, bien tragique, que celui d'Emilie ? « Je n'ai pas

J'ai voulu, mais en vain, me conserver pour toi,
Et te donner moyen d'être digne de moi.

Pardonnez-moi, grands dieux, si je me suis trompée
Quand j'ai pensé chérir un neveu de Pompée,
Et si d'un faux semblant mon esprit abusé
A fait choix d'un esclave en son lieu supposé. 1)
Je t'aime toutefois, quel que tu puisses être;
Et si, pour me gagner, il faut trahir ton maître,
Mille autres à l'envi recevroient cette loi 2)
S'ils pouvoient m'acquérir à même prix que toi.

» voulu tuer Auguste moi-même, parce qu'on m'aurait
» tuée; je veux vivre pour toi, et je veux que ce soit
» toi qui hasardes ta vie, etc. »

1) *A fait choix d'un esclave, etc.* Il est trop dur
d'appeler Cinna *esclave* au propre, de lui dire qu'il
est un fils supposé, qu'il est fils d'un esclave : cette
condition était au-dessous de celle de nos valets.

2) *Mille autres à l'envi recevraient cette loi.* Doit-
elle lui dire que mille autres assassineraient l'empereur
pour mériter les bonnes graces d'une femme ? cela ne
révolte-t-il pas un peu ? cela n'empêche-t-il pas qu'on
ne s'intéresse à *Emilie* ? Cette présomption de sa beauté
la rend moins intéressante. Une femme emportée par
une grande passion touche beaucoup; mais une femme
qui a la vanité de regarder sa possession comme le plus
grand prix où l'on puisse aspirer révolte au lieu d'inté-
resser. *Emilie* a déjà dit au premier acte qu'on publiera
dans toute l'Italie qu'on n'a pu la mériter qu'en tuant
Auguste; elle a dit à Cinna, *songe que mes faveurs
t'attendent.* Ici elle dit *que mille Romains tueraient*

Mais n'appréhende pas qu'un autre ainsi m'obtienne.
Vis pour ton cher tyran, tandis que je meurs tienne :
Mes jours avec les siens se vont précipiter,
Puisque ta lâcheté n'ose me mériter.
Viens me voir, dans son sang et dans le mien baignée,
De ma seule vertu mourir accompagnée,
Et te dire en mourant d'un esprit satisfait :
« N'accuse point mon sort, c'est toi seul qui l'as fait ;
» Je descends dans la tombe où tu m'as condamnée,
» Où la gloire me suit qui t'étoit destinée ;
» Je meurs en détruisant un pouvoir absolu,
» Mais je vivrois à toi si tu l'avois voulu. »

CINNA.

Hé bien ! vous le voulez, il faut vous satisfaire,
Il faut affranchir Rome, il faut venger un père,

Auguste pour mériter ses bonnes graces. Quelle femme
a jamais parlé ainsi ? Quelle différence entre elle et *Hermione*, qui dit, dans une situation à peu près semblable :

<blockquote>
Quoi ! sans qu'elle employât une seule prière,
Ma mère en sa faveur arma la Grèce entière ;
Ses yeux pour leur querelle, en dix ans de combats,
Virent périr vingt rois qu'ils ne connoissoient pas :
Et moi, je ne prétends que la mort d'un parjure,
Et je charge un amant du soin de mon injure ;
Il peut me conquérir à ce prix sans danger ;
Je me livre moi-même, et ne puis me venger !
</blockquote>

C'est ainsi que s'exprime le goût perfectionné ; et le
génie, dénué de ce goût sûr, bronche quelquefois. On
ne prétend pas, encore une fois, rien diminuer de l'ex-
trême mérite de *Corneille* ; mais il faut qu'un commen-
tateur n'ait en vue que la vérité et l'utilité publique.
Au reste la fin de cette tirade est fort belle.

Il faut sur un tyran porter de justes coups :
Mais apprenez qu'Auguste est moins tyran que vous;
S'il nous ôte à son gré nos biens, nos jours, nos femmes, 1)
Il n'a point jusqu'ici tyrannisé nos ames ;
Mais l'empire inhumain qu'exercent vos beautés, 2)
Force jusqu'aux esprits et jusqu'aux volontés.
Vous me faites priser ce qui me déshonore ; 3)
Vous me faites haïr ce que mon ame adore ;
Vous me faites répandre un sang pour qui je dois
Exposer tout le mien et mille et mille fois :

1) *S'il nous ôte à son gré nos biens, nos jours, nos femmes.* Mais en ce cas *Auguste* est donc un monstre à étouffer. *Cinna* ne devait donc pas balancer ; il a donc très-grand tort de se dédire ; ses remords ne sont donc pas vrais. Comment peut-il aimer un tyran qui ôte aux Romains leurs biens, leurs femmes, et leurs vies ? Ces contradictions ne font-elles pas tort au pathétique, aussi-bien qu'au vrai, sans lequel rien n'est beau ?

2) *L'empire inhumain qu'exercent vos beautés.* C'est ici une idée poétique, ou plutôt une subtilité. Vos beautés sont plus inhumaines qu'*Auguste* ! Ce n'est pas ainsi que la vraie passion parle. *Oreste*, dans une cir-constance semblable, dit à *Hermione :*

> Non, je vous priverai d'un plaisir si funeste,
> Madame ; il ne mourra que de la main d'Oreste.

Il ne s'amuse point à dire que les beautés inhumaines d'*Hermione* sont des tyrans; il le fait sentir en se détermi-nant malgré lui à un crime. Ce n'est pas là le poëte qui parle, c'est le personnage.

3) *Vous me faites priser ce qui me déshonore ;*

Vous le voulez, j'y cours, ma parole est donnée ;
Mais ma main aussitôt, contre mon sein tournée, 1)
Aux mânes d'un tel prince immolant votre amant,
A mon crime forcé joindra mon châtiment,
Et, par cette action dans l'autre confondue,
Recouvrera ma gloire aussitôt que perdue.
Adieu.

SCENE V.

ÉMILIE, FULVIE.

FULVIE.

Vous avez mis son ame au désespoir.

ÉMILIE.

Qu'il cesse de m'aimer, ou suive son devoir.

vous me faites haïr ce que mon ame adore. *Priser* n'est plus d'usage. *Cinna* ne prise point ici son action , puisqu'il la condamne. Il dit qu'il adore *Auguste*, cela est beaucoup trop fort : il n'adore point *Auguste* ; *il devrait*, dit-il, *donner son sang pour lui mille et mille fois.* Il devait donc être très-touché au moment que ce même *Auguste* lui donnait *Emilie.* Il lui a conseillé de garder l'empire pour l'assassiner ; et il voudrait donner mille vies pour lui , par réflexion.

1) *Mais ma main aussitôt , contre mon sein tournée* , *etc.* Ces derniers vers réconcilient *Cinna* avec le spectateur ; c'est un très-grand art. *Racine* a imité ce morceau dans l'*Andromaque* :

Et mes mains aussitôt , contre mon sein tournées , etc.

F U L V I E.

Il va vous obéir aux dépens de sa vie.
Vous en pleurez ?

É M I L I E.

Hélas ! cours après lui, Fulvie ;
Et si ton amitié daigne me secourir,
Arrache-lui du cœur ce dessein de mourir :
Dis-lui.....

F U L V I E.

Qu'en sa faveur vous laissez vivre Auguste ?

É M I L I E.

Ah ! c'est faire à ma haine une loi trop injuste.

F U L V I E.

Et quoi donc ?

É M I L I E.

Qu'il achève, et dégage sa foi,
Et qu'il choisisse après de la mort, ou de moi. 2)

Fin du troisième acte.

1) *Et qu'il choisisse après de la mort, ou de moi.*
Ce sont là de ces traits qui portaient le docteur cité
par *Balzac*, à nommer Emilie *adorable furie.* On ne
peut guère finir un acte d'une manière plus grande ou plus
tragique ; et si *Émilie* avait une raison plus pressante de
vouloir faire périr *Auguste*, si elle n'avait appris que
depuis peu *Auguste* a fait mourir son père, si elle avait
connu ce père, si ce père même avait pu lui demander
vengeance, ce rôle serait du plus grand intérêt. Mais
ce qui peut détruire tout l'intérêt qu'on prendrait à *Emi-
lie*, c'est la supposition de l'auteur qu'elle est adoptée

ACTE QUATRIÈME.

SCENE I.

AUGUSTE, EUPHORBE, POLYCLETE, GARDES.

AUGUSTE.

Tout ce que tu me dis, Euphorbe, est incroyable.

EUPHORBE.

Seigneur, le récit même en paroît effroyable. 1)

par *Auguste*. On devait chez les Romains autant et plus d'amour filial à un père d'adoption qu'a un père qui ne l'était que par le sang. *Emilie* conspire contre *Auguste*, son père et son bienfaiteur, au bout de trente ans, pour venger *Toranius* qu'elle n'a jamais vu. Alors cette furie n'est point du tout adorable ; elle est réellement parricide. Cependant gardons-nous bien de croire qu'*Emilie* malgré son ingratitude, et *Cinna* malgré sa perfidie, ne soient pas deux très-beaux rôles : tous deux étincellent de traits admirables.

1) *Seigneur, le récit même en paroit effroyable.* Il est triste qu'un si bas et si lâche subalterne, un esclave affranchi, paraisse avec *Auguste*, et que l'auteur n'ait pas trouvé dans la jalousie de *Maxime*, dans les emportemens que sa passion eût dû lui inspirer, ou dans quelque autre invention tragique, de quoi fournir des soupçons à *Auguste*. Si le trouble de *Cinna*, celui de *Maxime*, celui d'*Emilie*, ouvraient les yeux de l'em-

On ne conçoit qu'à peine une telle fureur ;
Et la seule pensée en fait frémir d'horreur.

A U G U S T E.

Quoi ! mes plus chers amis ! quoi ! Cinna ! quoi ! Maxime !
Les deux que j'honorois d'une si haute estime,
A qui j'ouvrois mon cœur, et dont j'avois fait choix
Pour les plus importans et les plus nobles emplois !
Après qu'entre leurs mains j'ai remis mon empire,
Pour m'arracher le jour l'un et l'autre conspire !
Maxime a vu sa faute, il m'en fait avertir,
Et montre un cœur touché d'un juste repentir :
Mais Cinna !

E U P H O R B E.

Cinna seul dans sa rage s'obstine,
Et contre vos bontés d'autant plus se mutine : 1)

pereur , cela serait beaucoup plus noble et plus théâtral
que la dénonciation d'un esclave , qui est un ressort
trop mince et trop trivial.

1) *D'autant plus se mutine*. Ce mot est faible après
l'expression , *il s'obstine dans sa rage*. L'idée la plus
forte doit toujours être la dernière. De plus , *se muti-
ner contre des bontés* , est une expression bourgeoise ;
on ne l'emploie qu'en parlant des enfans. Ce n'est pas
que ce mot *mutiné* , employé avec art , ne puisse faire
un très-bel effet. *Racine* a dit :

> Enchaîner un captif de ses fers étonné ,
> Contre un joug qui lui plaît vainement mutiné.

D'autant plus exige un *que* : c'est une phrase qui n'est
pas achevée.

Lui seul combat encor les vertueux efforts
Que sur les conjurés fait ce juste remords;
Et, malgré les frayeurs à leurs regrets mêlées,
Il tâche à raffermir leurs ames ébranlées.

A U G U S T E.

Lui seul les encourage, et lui seul les séduit!
O le plus déloyal que la terre aît produit!
O trahison conçue au sein d'une furie!
O trop sensible coup d'une main si chérie!
Cinna, tu me trahis!.... Polyclète, écoutez.

(*Il lui parle à l'oreille.*)

P O L Y C L E T E.

Tous vos ordres, seigneur, seront exécutés.

A U G U S T E.

Qu'Eraste en même tems aille dire à Maxime
Qu'il vienne recevoir le pardon de son crime.

S C E N E I I.

A U G U S T E , E U P H O R B E.

E U P H O R B E.

Il l'a jugé trop grand pour ne pas s'en punir. 1)
A peine du palais il a pu revenir,

---

1) *Il l'a jugé trop grand pour ne pas s'en punir.* On
ne peut nier que ce lâche et inutile mensonge d'*Eu-
phorbe* ne soit indigne de la tragédie. Mais, dira-t-on,
on a le même reproche à faire à *OEnone*, dans *Phèdre.*

Que , les yeux égarés , et le regard farouche ,
Le cœur gros de soupirs , les sanglots à la bouche ,
Il déteste sa vie , et ce complot maudit ,
M'en apprend l'ordre entier tel que je vous l'ai dit ;
Et m'ayant commandé que je vous avertisse ,
Il ajoute : « Dis-lui que je me fais justice ,
» Que je n'ignore point ce que j'ai mérité ; »
Puis soudain dans le Tibre il s'est précipité ;
Et l'eau grosse et rapide, et la nuit assez noire ,
M'ont dérobé la fin de sa tragique histoire.

AUGUSTE.

Sous ce pressant remords il a trop succombé ,
Et s'est à mes bontés lui-même dérobé :
Il n'est crime envers moi qu'un repentir n'efface.
Mais puisqu'il a voulu renoncer à ma grace ,
Allez pourvoir au reste , et faites qu'on ait soin
De tenir en lieu sûr ce fidelle témoin.

SCENE III.

AUGUSTE , *seul.* 1)

CIEL , à qui voulez-vous désormais que je fie
Les secrets de mon ame et le soin de ma vie ?

Point du tout : elle est criminelle , elle calomnie *Hyppolite* ; mais elle ne dit pas une fausse nouvelle ; c'est cela qui est petit et bas.

1) Voilà encore une occasion où un monologue est bien placé ; la situation d'*Auguste* est une excuse légitime. D'ailleurs il est bien écrit , les vers en sont beaux ,

Reprenez le pouvoir que vous m'avez commis,
Si donnant des sujets il ôte les amis ;
Si tel est le destin des grandeurs souveraines,
Que leurs plus grands bienfaits n'attirent que des haînes;
Et si votre rigueur les condamne à chérir
Ceux que vous animez à les faire périr.
Pour elles rien n'est sûr : qui peut tout, doit tout craindre.
   Rentre en toi-même, Octave, et cesse de te plaindre.
Quoi! tu veux qu'on t'épargne, et n'as rien épargné!
Songe aux fleuves de sang où ton bras s'est baigné,
De combien ont rougi les champs de Macédoine, 1)
Combien en a versé la défaite d'Antoine,
Combien celle de Sexte ; et revois tout d'un tems
Pérouse au sien noyée et tous ses habitans.
Remets dans ton esprit, après tant de carnages,
De tes proscriptions les sanglantes images,
Où toi-même, des tiens devenu le bourreau,
Au sein de ton tuteur enfonças le couteau ;
Et puis ose accuser le destin d'injustice
Quand tu vois que les tiens s'arment pour ton supplice,
Et que, par ton exemple à ta perte guidés,
Ils violent les droits que tu n'as pas gardés ! . .
Leur trahison est juste, et le ciel l'autorise.
Quitte ta dignité comme tu l'as acquise.

les réflexions sont justes, intéressantes ; ce morceau est
digne du grand *Corneille*.
   1) *De combien ont rougi* . . . . . Cela n'est pas français;
il fallait, *quels flots j'en ai versés aux champs de
Macédoine*, ou quelque chose de semblable.

Rends un sang infidelle à l'infidélité , 1)
Et souffre des ingrats après l'avoir été.

Mais que mon jugement au besoin m'abandonne!
Quelle fureur, Cinna, m'accuse et te pardonne,
Toi, dont la trahison me force à retenir
Ce pouvoir souverain dont tu me veux punir,
Me traite en criminel, et fait seule mon crime,
Relève pour l'abattre un trône illégitime,
Et, d'un zèle effronté couvrant son attentat,
S'oppose pour me perdre au bonheur de l'état?
Donc jusqu'à l'oublier je pourrois me contraindre !
Tu vivrois en repos, après m'avoir fait craindre !
Non, non, je me trahis moi-même d'y penser :
Qui pardonne aisément invite à l'offenser.

3) *Rends un sang infidelle à l'infidélité*. Ce vers
est imité de *Malherbe* :

> Fait, de tous les assauts que la rage peut faire,
> Une fidelle preuve à l'infidélité.

Un tel abus de mots, et quelques longueurs, quelques
répétitions, empêchent ce beau monologue de faire tout
son effet. A mesure que le public s'est plus éclairé, il s'est
un peu dégoûté des longs monologues. On s'est lassé de
voir des empereurs qui parlaient si long-tems tout seuls.
Mais ne devrait-on pas se prêter à l'illusion du théâtre ?
Auguste ne pouvait-il pas être supposé au milieu de sa
cour, et s'abandonner à ses réflexions devant ses con-
fidens, qui tiendraient lieu du chœur des anciens ?

Il faut avouer que le monologue est un peu long. Les
étrangers ne peuvent souffrir ces scènes sans action,
et il n'y a peut-être pas assez d'action dans *Cinna*.

Punissons l'assassin, proscrivons les complices.

Mais quoi! toujours du sang, et toujours des supplices!
Ma cruauté se lasse, et ne peut s'arrêter:
Je veux me faire craindre, et ne fais qu'irriter.
Rome a pour ma ruine une hydre trop fertile,
Une tête coupée en fait renaître mille;
Et le sang répandu de mille conjurés
Rend mes jours plus maudits, et non plus assurés.
Octave, n'attends plus le coup d'un nouveau Brute,
Meurs, et dérobe-lui la gloire de ta chûte.
Meurs; tu ferois pour vivre un lâche et vain effort,
Si tant de gens de cœur font des vœux pour ta mort,
Et si tout ce que Rome a d'illustre jeunesse
Pour te faire périr tour-à-tour s'intéresse:
Meurs, puisque c'est un mal que tu ne peux guérir:
Meurs enfin, puisqu'il faut ou tout perdre ou mourir.
La vie est peu de chose, et le peu qui t'en reste
Ne vaut pas l'acheter par un prix si funeste. 1)
Meurs; mais quitte du moins la vie avec éclat,
Éteins-en le flambeau dans le sang de l'ingrat:
A toi-même en mourant immole ce perfide,
Contentant ses desirs puni son parricide;
Fais un tourment pour lui de ton propre trépas,
En faisant qu'il le voye et n'en jouïsse pas.

1) *Ne vaut pas l'acheter par un prix si funeste.*
C'est ici le tour de phrase italien. On dirait bien, *non
vale il comprar;* c'est un trope dont *Corneille* enri-
chissait notre langue.

Mais jouissons plutôt nous-mêmes de sa peine; 1)
Et si Rome nous hait, triomphons de sa haine.

O Romains! ô vengeance! ô pouvoir absolu!
O rigoureux combat d'un cœur irrésolu
Qui fuit en même-tems tout ce qu'il se propose!
D'un prince malheureux ordonnez quelque chose.
Qui des deux dois-je suivre? et duquel m'éloigner? 2)
Ou laissez-moi périr, ou laissez-moi régner.

S C E N E   I V.

A U G U S T E ,   L I V I E. 3)

A U G U S T E.

Madame, on me trahit, et la main qui me tue
Rend sous mes déplaisirs ma constance abattue.

1) *Mais jouissons plutôt nous-mêmes de sa peine.*
Peine ici veut dire supplice.

2) *Qui des deux dois-je suivre? et duquel m'éloi-*
gner? Ces expressions, *qui des deux*, *duquel*, n'ex-
priment qu'un froid embarras; elles peignent un homme
qui veut résoudre un problème, et non un cœur agité.
Mais le dernier vers est très-beau, et est digne de ce
grand monologue.

3) On a retranché toute cette scène au théâtre de-
puis environ trente ans. Rien ne révolte plus que de
voir un personnage s'introduire sur la fin sans avoir
été annoncé, et se mêler des intérêts de la pièce sans
y être nécessaire. Le conseil que *Livie* donne à *Au-*
guste est rapporté dans l'histoire; mais il fait un très-

Cinna, Cinna le traître....

L I V I E.

                   Euphorbe m'a tout dit,
Seigneur ; et j'ai pâli cent fois à ce récit.
Mais écouteriez-vous les conseils d'une femme ?

A U G U S T E.

Hélas ! de quel conseil est capable mon ame ?

L I V I E.

Votre sévérité, sans produire aucun fruit,
Seigneur, jusqu'à présent a fait beaucoup de bruit,
Par les peines d'un autre aucun ne s'intimide :
Salvidien à bas a soulevé Lépide ;
Murène a succédé, Cépion l'a suivi ;
Le jour à tous les deux dans les tourmens ravi
N'a point mêlé de crainte à la fureur d'Egnace,
Dont Cinna maintenant ose prendre la place ;
Et dans les plus bas rangs les noms les plus abjets
Ont voulu s'ennoblir par de si hauts projets.

mauvais effet dans la tragédie. Il ôte à *Auguste* la gloire de prendre de lui-même un parti généreux. *Auguste* répond à Livie : *vous m'aviez bien promis des conseils d'une femme, vous me tenez parole, etc.* Et après ces vers comiques il suit ces mêmes conseils. Cette conduite l'avilit. On a donc eu raison de retrancher tout le rôle de *Livie*, comme celui de l'Infante dans le *Cid*. Pardonnons ces fautes au commencement de l'art, et sur-tout au sublime dont *Corneille* a donné beaucoup plus d'exemples qu'il n'en a donné de faiblesse dans ses belles tragédies.

4   23

Après avoir en vain puni leur insolence,
Essayez sur Cinna ce que peut la clémence;
Faites son châtiment de sa confusion.
Cherchez le plus utile en cette occasion :
Sa peine peut aigrir une ville animée ;
Son pardon peut servir à votre renommée ;
Et ceux que vos rigueurs ne font qu'effaroucher
Peut-être à vos bontés se laisseront toucher.

A U G U S T E.

Gagnons-les tout-à-fait en quittant cet empire,
Qui nous rend odieux, contre qui l'on conspire.
J'ai trop par vos avis consulté là-dessus ; 1)
Ne m'en parlez jamais, je ne consulte plus.

　　Cesse de soupirer, Rome, pour ta franchise ;
Si je t'ai mise aux fers, moi-même je les brise ;
Et te rends ton état, après l'avoir conquis,
Plus paisible et plus grand que je ne te l'ai pris.
Si tu me veux haïr, hais-moi sans plus rien feindre ;
Si tu me veux aimer, aime-moi sans me craindre :
De tout ce qu'eut Sylla de puissance et d'honneur
Lassé comme il en fut, j'aspire à son bonheur.

L I V I E.

Assez et trop long-tems son exemple vous flatte ;
Mais gardez que sur vous le contraire n'éclate. 2)

---

　1) *J'ai trop par vos avis consulté là-dessus. Là-dessus, là-dessous, ci-dessus, ci-dessous* ; termes familiers qu'il faut absolument éviter, soit en vers, soit en prose.

　2) .... *Que sur vous le contraire n'éclate. Un contraire*

Ce bonheur sans pareil qui conserva ses jours
Ne seroit pas bonheur s'il arrivoit toujours.

AUGUSTE.

Hé bien! s'il est trop grand, si j'ai tort d'y prétendre,
J'abandonne mon sang à qui voudra l'épandre.
Après un long orage il faut trouver un port;
Et je n'en vois que deux, le repos, ou la mort.

LIVIE.

Quoi! vous voulez quitter le fruit de tant de peines?

AUGUSTE.

Quoi! vous voulez garder l'objet de tant de haines?

LIVIE.

Seigneur, vous emporter à cette extrémité,
C'est plutôt désespoir que générosité.

AUGUSTE.

Régner, et caresser une main si traîtresse,
Au lieu de sa vertu c'est montrer sa foiblesse.

LIVIE.

C'est régner sur vous-même, et par un noble choix
Pratiquer la vertu la plus digne des rois.

AUGUSTE.

Vous m'aviez bien promis des conseils d'une femme, 1)
Vous me tenez parole, et c'en sont là, madame.

qui éclate n'exprime pas assez la pensée de l'auteur,
ne forme pas une image assez précise. Le contraire d'un
exemple ne peut se dire.

1) *Vous m'aviez bien promis des conseils d'une femme.*
Corneille devait d'autant moins mettre un reproche si
injuste et si avilissant dans la bouche d'*Auguste*, que

Après tant d'ennemis à mes pieds abattus,
Depuis vingt ans je règne, et j'en sais les vertus; 1)
Je sais leur divers ordre, et de quelle nature
Sont les devoirs d'un prince en cette conjoncture.
Tout son peuple est blessé par un tel attentat;
Et la seule pensée est un crime d'état,
Une offense qu'on fait à toute sa province, 2)
Dont il faut qu'il la venge, ou cesse d'être prince.

LIVIE.

Donnez moins de croyance à votre passion.

AUGUSTE.

Ayez moins de foiblesse, ou moins d'ambition.

LIVIE.

Ne traitez plus si mal un conseil salutaire.

AUGUSTE.

Le ciel m'inspirera ce qu'ici je dois faire.

cette grossiéreté est manifestement contraire à l'histoire. *Uxori gratias egit*, dit *Sénèque* le philosophe, dont le sujet de *Cinna* est tiré.

1) *Depuis vingt ans je règne, et j'en sais les vertus. Je sais les vertus de régner* est un barbarisme de phrase, un solécisme : on peut dire, *les vertus des rois, des capitaines; des magistrats*, mais non *les vertus de régner, de combattre, de juger.*

2.) ..... *A toute sa province.* La rime de *prince* n'a que celle de *province* en substantif : cette indigence est ce qui contribue davantage à rendre souvent la versification française faible, languissante, et forcée. *Corneille* est obligé de mettre *toute sa province* pour rimer à *prince*; et *toute sa province* est une expression bien malheureuse, sur-tout quand il s'agit de l'empire romain.

Adieu ; nous perdons tems.

L I V I E.

Je ne vous quitte point,
Seigneur, que mon amour n'ait obtenu ce point. 1)

A U G U S T E.

C'est l'amour des grandeurs qui vous rend importune. 2)

L I V I E.

J'aime votre personne, et non votre fortune.

(*seule.*)

Il m'échappe ; suivons, et forçons-le de voir
Qu'il peut, en faisant grace, affermir son pouvoir,
Et qu'enfin la clémence est la plus belle marque
Qui fasse à l'univers connoître un vrai monarque.

1) ..... *Obtenu ce point.* Ce mot *point* est trivial et di-
dactique. Premier *point*, second *point*, *point* principal.

2) *Qui vous rend importune*, augmente encore la faute,
qui consiste à faire rejeter par *Auguste* un très-bon
conseil qu'en effet il accepte.

S C E N E V. 1)

E M I L I E ,   F U L V I E.

É M I L I E.

D'ou me vient cette joie ? et que mal à propos 2)
Mon esprit malgré moi goûte un entier repos !
César mande Cinna sans me donner d'alarmes !
Mon cœur est sans soupirs, mes yeux n'ont point de larmes
Comme si j'apprenois d'un secret mouvement
Que tout doit succéder à mon contentement !
Ai-je bien entendu ? me l'as-tu dit, Fulvie ?

F U L V I E.

J'avois gagné sur lui qu'il aimerait la vie ;

---

1) La scène reste vide ; c'est un grand défaut au-
jourd'hui , et dans lequel même les plus médiocres au-
teurs ne tombent pas. Mais *Corneille* est le premier qui
ait pratiqué cette règle si belle et si nécessaire de lier
les scènes , et de ne faire paraître sur le théâtre aucun
personnage sans une raison évidente. Si le législateur
manque ici à la loi qu'il a introduite , il est assurément
bien excusable. Il n'est pas vraisemblable qu'*Emilie*
arrive avec sa confidente pour parler de la conspiration
dans la même chambre dont *Auguste* sort ; ainsi elle
est supposée parler dans un autre appartement.

2) *D'où me vient cette joie ? etc.* On ne voit pas
trop en effet d'où lui vient cette prétendue joie ; c'était
au contraire le moment des plus terribles inquiétudes.
On peut être alors atterré , immobile , égaré , accablé ,
insensible , à force d'éprouver des sentimens trop pro-
fonds ; mais de la joie ! cela n'est pas dans la nature.

Et je vous l'amenois, plus traitable et plus doux, 1)
Faire un second effort contre votre courroux ;
Je m'en applaudissois, quand soudain Polyclète,
Des volontés d'Auguste ordinaire interprète,
Est venu l'aborder et sans suite et sans bruit,
Et de sa part sur l'heure au palais l'a conduit.
Auguste est fort troublé, l'on ignore la cause ;
Chacun diversement soupçonne quelque chose ; 2)
Tous présument qu'il ait un grand sujet d'ennui,
Et qu'il mande Cinna pour prendre avis de lui.
Mais ce qui m'embarrasse, et que je viens d'apprendre,
C'est que deux inconnus se sont saisis d'Evandre,
Qu'Euphorbe est arrêté sans qu'on sache pourquoi,
Que même de son maître on dit je ne sais quoi : 3)

1) *Et je vous l'amenois plus traitable et plus doux.*
Et je vous l'amenois . . . *faire un second effort contre*
un grand courroux, n'est ni français ni intelligible. De
plus, comment cette *Fulvie* n'est-elle pas effrayée d'avoir
vu *Cinna* conduit chez *Auguste*, et des complices ar-
rêtés ? comment n'en parle-t-elle pas d'abord ? comment
n'inspire-t-elle pas le plus grand effroi à *Emilie ?* Il
semble qu'elle dise par occasion des nouvelles indif-
férentes.

2) *Soupçonne quelque chose.* Ces termes lâches et
sans idée, ces familiarités de la conversation, doivent
être soigneusement évités.

3) *Que même de son maître on dit je ne sais quoi.*
Je ne sais quoi est du style de la comédie, et ce n'est
pas assurément un *je ne sais quoi* que la mort de
Maxime, principal conjuré.

On lui veut imputer un désespoir funeste ; 1)
On parle d'eaux, de Tibre, et l'on se tait du reste. 2)

É M I L I E.

Que de sujets de craindre et de désespérer,
Sans que mon triste cœur en daigne murmurer ! 3)
A chaque occasion le ciel y fait descendre
Un sentiment contraire à celui qu'il doit prendre.
Une vaine frayeur tantôt m'a pu troubler ;
Et je suis insensible alors qu'il faut trembler.

Je vous entends, grands dieux ; vos bontés que j'adore
Ne peuvent consentir que je me déshonore ,

---

1) *On lui veut imputer un désespoir funeste. On lui veut imputer* est de la gazette Suisse ; *on veut dire qu'il s'est donné une bataille.*

2) *On parle d'eaux , etc.* Il est bien singulier qu'elle dise que *Maxime* s'est noyé et qu'on se tait du reste : qu'est-ce que le reste ? et comment *Corneille* , qui corrigea quelques vers dans cette pièce , ne réforma-t-il pas ceux-ci ? N'avait-il pas un ami ?

3) *Sans que mon cœur en daigne murmurer.* Cela n'est pas naturel. *Emilie* doit être au désespoir d'avoir conduit son amant au supplice. Le reste n'est-il pas un peu de déclamation ? On entend toujours ces vers d'*Emilie* sans émotion : d'où vient cette indifférence ? C'est qu'elle ne dit pas ce que tout autre dirait à sa place. Elle a forcé son amant à conspirer , à courir au supplice ; et elle parle de sa gloire ! et elle est *fumante* d'un *courroux* généreux ! elle devrait être désespérée , et non pas *fumante.*

Et ne me permettant soupirs, sanglots, ni pleurs,
Soutiennent ma vertu contre de tels malheurs.
Vous voulez que je meure avec ce grand courage
Qui m'a fait entreprendre un si fameux ouvrage;
Et je veux bien périr comme vous l'ordonnez,
Et dans la même assiette où vous me retenez. 1)

O liberté de Rome ! ô mânes de mon père !
J'ai fait de mon côté tout ce que j'ai pu faire :
Contre votre tyran j'ai ligué ses amis,
Et plus osé pour vous qu'il ne m'étoit permis.
Si l'effet a manqué, ma gloire n'est pas moindre :
N'ayant pu vous venger, je vous irai rejoindre ;
Mais si fumante encor d'un généreux courroux,
Par un trépas si noble et si digne de vous,
Qu'il vous fera sur l'heure aisément reconnoître
Le sang des grands héros dont vous m'avez fait naître.

1) *Et dans la même assiette où vous me retenez.*
Pourquoi les dieux voudraient-ils qu'elle mourût dans
cette *assiette* ? Qu'importe qu'elle meure dans cette
assiette ou dans une autre ? Ce qui importe, c'est
qu'elle a conduit son amant et ses amis à la mort.

SCENE VI.

MAXIME, ÉMILIE, FULVIE.

ÉMILIE.

Mais je vous vois, Maxime, et l'on vous faisoit mort ! 1)

MAXIME.

Euphorbe trompe Auguste avec ce faux rapport.
Se voyant arrêté, la trame découverte,
Il a feint ce trépas pour empêcher ma perte.

ÉMILIE.

Que dit-on de Cinna ?

MAXIME.

Que son plus grand regret,
C'est de voir que César sait tout votre secret :
En vain il le dénie et le veut méconnoître,
Evandre a tout conté pour excuser son maître ;

---

1) *Mais je vous vois, Maxime, et l'on vous faisoit mort !* Ne dissimulons rien : cette résurrection de *Maxime* n'est pas une invention heureuse. Qu'un héros qu'on croyait mort dans un combat reparaisse, c'est un moment intéressant ; mais le public ne peut souffrir un lâche que son valet avait supposé s'être jeté dans la rivière. *Corneille* n'a pas prétendu faire un coup de théâtre ; mais il pouvait éviter cette apparition inattendue d'un homme qu'on croit mort, et dont on ne desire point du tout la vie ; il était fort inutile à la pièce que son esclave *Euphorbe* eût feint que son maître s'était noyé.

Et par l'ordre d'Auguste on vient vous arrêter.

ÉMILIE.

Celui qui l'a reçu tarde à l'exécuter ;
Je suis prête à le suivre, et lasse de l'attendre.

MAXIME.

Il vous attend chez moi.

ÉMILIE.

Chez vous !

MAXIME.

C'est vous surprendre :
Mais apprenez le soin que le ciel a de vous ;
C'est un des conjurés qui va fuir avec nous.
Prenons notre avantage avant qu'on nous poursuive :
Nous avons pour partir un vaisseau sur la rive.

ÉMILIE.

Me connois-tu, Maxime ? et sais-tu qui je suis ?

MAXIME.

En faveur de Cinna je fais ce que je puis, 1)
Et tâche à garantir de ce malheur extrême
La plus belle moitié qui reste de lui-même.
Sauvons-nous, Emilie ; et conservons le jour,
Afin de le venger par un heureux retour.

---

1) *En faveur de Cinna je fais ce que je puis. Maxime* joue le rôle d'un misérable. Pourquoi l'auteur pouvant l'ennoblir, l'a-t-il rendu si bas ? Apparemment il cherchait un contraste ; mais de tels contrastes ne peuvent guère réussir que dans la comédie.

ÉMILIE.

Cinna dans son malheur est de ceux qu'il faut suivre,
Qu'il ne faut pas venger, de peur de leur survivre. 1)
Quiconque aprés sa perte aspire à se sauver
Est indigne du jour qu'il tâche à conserver.

MAXIME.

Quel désespoir aveugle à ces fureurs vous porte ?
O dieux ! que de foiblesse en une ame si forte !
Ce cœur si généreux rend si peu de combat !
Et du premier revers la fortune l'abat !
Rappelez, rappelez cette vertu sublime ;
Ouvrez enfin les yeux, et connoissez Maxime :
C'est un autre Cinna qu'en lui vous regardez ; 2)
Le ciel vous rend en lui l'amant que vous perdez ;
Et puisque l'amitié n'en faisoit plus qu'une ame, 3)
Aimez en cet ami l'objet de votre flâme :

1) *Qu'il ne faut pas venger de peur de leur survivre.*
Que veut dire *de peur de leur survivre ?* Le sens naturel
est qu'il ne faut pas venger *Cinna*, parce que si on
le vengeait on ne mourrait pas avec lui ; mais en
voulant le venger on pourrait aller au supplice, puis-
qu'*Auguste* est maître, et que tout est découvert. Je
crois que *Corneille* veut dire : *Tu feins de le venger,
et tu veux lui survivre.*

2) *C'est un autre Cinna qu'en lui vous regardez.* Cela
est comique, et achève de rendre le rôle de *Maxime* in-
supportable.

3) *Et puisque l'amitié n'en faisoit plus qu'une ame.*
L'auteur veut dire, *Cinna et Maxime n'avaient qu'une
ame*, mais il ne le dit pas.

Avec la même ardeur il saura vous chérir,
Que . . .

ÉMILIE.

Tu m'oses aimer, et tu n'oses mourir! 1)
Tu prétends un peu trop : mais, quoi que tu prétendes
Rends-toi digne du moins de ce que tu demandes;
Cesse de fuir en lâche un glorieux trépas,
Ou de m'offrir un cœur que tu fais voir si bas :
Fais que je porte envie à ta vertu parfaite;
Ne te pouvant aimer, fais que je te regrette :
Montre d'un vrai Romain la dernière vigueur,
Et mérite mes pleurs au défaut de mon cœur.
Quoi ! si ton amitié pour Cinna s'intéresse,
Crois-tu qu'elle consiste à flatter sa maîtresse ?
Apprends, apprends de moi quel en est le devoir;
Et donne-m'en l'exemple, ou viens le recevoir.

MAXIME.

Votre juste douleur est trop impétueuse.

ÉMILIE.

La tienne en ta faveur est trop ingénieuse.
Tu me parles déjà d'un bienheureux retour;
Et dans tes déplaisirs tu conçois de l'amour !

MAXIME.

Cet amour en naissant est toutefois extrême.
C'est votre amant en vous, c'est mon ami que j'aime;

1) *Tu m'oses aimer, et tu n'oses mourir!* est sublime.

Et des mêmes ardeurs dont il fut embrasé...

ÉMILIE.

Maxime, en voilà trop pour un homme avisé. 1)
Ma perte m'a surprise, et ne m'a point troublée;
Mon noble désespoir ne m'a point aveuglée.
Ma vertu toute entière agit sans s'émouvoir;
Et je vois malgré moi plus que je ne veux voir.

MAXIME.

Quoi! vous suis-je suspect de quelque perfidie?

ÉMILIE.

Oui, tu l'es, puisqu'enfin tu veux que je le die.
L'ordre de notre fuite est trop bien concerté,
Pour ne te soupçonner d'aucune lâcheté.
Les dieux seroient pour nous prodigues en miracles
S'ils en avoient sans toi levé tous les obstacles.
Fuis sans moi; tes amours sont ici superflus. 2)

MAXIME.

Ah! vous m'en dites trop.

ÉMILIE.

J'en présume encor plus.
Ne crains pas toutefois que j'éclate en injures;
Mais n'espère non plus m'éblouir de parjures.

———

1) *Maxime, en voilà trop pour un homme avisé.*
Avisé n'est pas le mot propre; il semble qu'au contraire
Maxime a été trop peu avisé; il paraît trop évidemment
un perfide; *Emilie* l'a déjà appelé lâche.

2) *Tes amours sont ici superflus. Superflu* n'est pas
encore le mot propre; ces amours doivent être très-
odieux à *Emilie*.

Si c'est te faire tort que de m'en défier,
Viens mourir avec moi pour te justifier.

MAXIME.

Vivez, belle Emilie, et souffrez qu'un esclave...

ÉMILIE.

Je ne t'écoute plus qu'en présence d'Octave.
Allons, Fulvie, allons. 1)

S C E N E   V I I. 2)

MAXIME, *seul.*

DÉSESPÉRÉ, confus,
Et digne, s'il se peut, d'un plus cruel refus,

---

1) Cette scène de *Maxime* et d'*Emilie* ne fait pas
l'effet qu'elle pourrait produire, parce que l'amour de
Maxime révolte, parce que cette scène ne produit
rien, parce qu'elle ne sert qu'à remplir un moment vide,
parce qu'on sent bien qu'*Emilie* n'acceptera point les
propositions de *Maxime*, parce qu'il est impossible
de rien produire de théâtral et d'attachant entre un
lâche qu'on méprise et une femme qui ne peut l'é-
couter.

2) Autant que le spectateur s'est prêté au monologue
important d'*Auguste*, qui est un personnage respec-
table, autant il se refuse au monologue de *Maxime*,
qui excite l'indignation et le mépris. Jamais un mono-
logue ne fait un bel effet, que quand on s'intéresse à
celui qui parle, que quand ses passions, ses vertus,
ses malheurs, ses faiblesses, font dans son ame un
combat si noble, si attachant, si animé, que vous lui
pardonnez de parler trop long-tems à soi-même.

Que résous-tu, Maxime ? et quel est le supplice
Que ta vertu 1) prépare à ton vain artifice ?
Aucune illusion ne te doit plus flatter.
Emilie en mourant va tout faire éclater.
Sur un même échafaud 2) la perte de sa vie
Etalera sa gloire et ton ignomie ;
Et sa mort va laisser à la postérité
L'infame souvenir de ta déloyauté.
Un même jour t'a vu, par une fausse adresse, 3)
Trahir ton souverain, ton ami, ta maîtresse,
Sans que de tant de droits en un jour violés,
Sans que de deux amans au tyran immolés,
Il te reste aucun fruit que la honte et la rage
Qu'un remords inutile allume en ton courage.
    Euphorbe, c'est l'effet de tes lâches conseils.
Mais que peut-on attendre enfin de tes pareils ?
Jamais un affranchi n'est qu'un esclave infame ; 4)
Bien qu'il change d'état, il ne change point d'ame ;

1) *Que ta vertu prépare.* Ce mot de *vertu* dans la bouche de *Maxime* est déplacé, et va jusqu'au ridicule.

2) *Sur un même échafaud.* Il n'y avait point d'échafaud, chez les Romains pour les criminels. L'appareil barbare des supplices n'était point connu, excepté celui de la potence en croix pour les esclaves.

3) *Un même jour t'a vu par une fausse adresse.* Fausse adresse est trop faible, et *Maxime* n'a point été adroit.

4) *Jamais un affranchi n'est qu'un esclave infame.* Il ne paraît pas convenable qu'un conjuré, qu'un sé-

La tienne, encor servile avec la liberté,
N'a pu prendre un rayon de générosité.
Tu m'as fait relever une injuste puissance ;
Tu m'as fait démentir l'honneur de ma naissance :
Mon cœur te résistoit, et tu l'as combattu
Jusqu'à ce que 1) ta fourbe ait souillé sa vertu.
Il m'en coûte la vie, il m'en coûte la gloire ;
Et j'ai tout mérité pour t'avoir voulu croire.
Mais les dieux permettront à mes ressentimens 2)
De te sacrifier aux yeux des deux amans ;

nateur, reproche à un esclave de lui avoir fait commettre une mauvaise action ; ce reproche serait bon dans la bouche d'une femme faible, dans celle de *Phèdre*, par exemple, à l'égard d'*OEnone*, dans celle d'un jeune homme sans expérience ; mais le spectateur ne peut souffrir un sénateur qui débite un long monologue pour dire à son esclave, qui n'est pas là, qu'il espère qu'il pourra se venger de lui, et le punir de lui avoir fait commettre une action infame.

1) *Jusqu'à ce que.* Il faut éviter cette cacophonie en vers, et même dans la prose soutenue.

2) *Mais les dieux permettront à mes ressentimens, etc.* On se soucie fort peu que cet esclave *Euphorbe* soit mis en croix ou non. Cet acte est un peu défectueux dans toutes ses parties : la difficulté d'en faire cinq est si grande, l'art était alors si peu connu, qu'il serait injuste de condamner *Corneille*. Cet acte eût été admirable par-tout ailleurs dans son tems ; mais nous ne recherchons pas si une chose était bonne autrefois, nous recherchons si elle est bonne pour tous les tems.

Et j'ose m'assurer qu'en dépit de mon crime 1)
Mon sang leur servira d'assez pure victime,
Si dans le tien mon bras justement irrité
Peut laver le forfait de t'avoir écouté.

Fin du quatrième acte.

1) On ne peut pas dire *en dépit de mon crime*, comme on dit malgré mon crime , quel qu'ait été mon crime , parce qu'un crime n'a point de dépit. On dit bien en dépit de ma haine , de mon amour , parce que les passions se personnifient.

ACTE CINQUIÈME.

SCENE I.

AUGUSTE, CINNA.

AUGUSTE.

Prends un siège, Cinna, prends ; et sur toute chose 1)
Observe exactement la loi que je t'impose.
Prête sans me troubler l'oreille à mes discours ;
D'aucun mot, d'aucun cri n'en interromps le cours.
Tiens ta langue captive ; et si ce grand silence
A ton émotion fait quelque violence,

1) *Prends un siège, Cinna, etc. Sede, inquit, Cinna :
hoc primum à te peto ne loquentem interpelles.* Toute
cette scène est de *Sénèque* le philosophe. Par quel pro-
dige de l'art *Corneille* a-t-il surpassé *Sénèque*, comme
dans les *Horaces*, il a été plus nerveux que *Tite-Live*?
C'est là le privilège de la belle poésie : et c'est un
de ces exemples qui condamnent bien fortement ces
deux auteurs, d'*Aubignac* et *la Motte*, qui ont voulu
faire des tragédies en prose ; d'*Aubignac*, homme sans
talens, qui, pour avoir mal étudié le théâtre, croyait
pouvoir faire une bonne tragédie dans la prose la plus
plate ; *la Motte*, homme d'esprit et de génie, qui,
ayant trop négligé le style et la langue dans la poésie,
pour laquelle il avait beaucoup de talent, voulut faire
des tragédies en prose, parce que la prose est plus
aisée que la poésie.

Tu pourras me répondre , après , tout à loisir.
Sur ce point seulement contente mon desir.

C I N N A.

Je vous obéirai , seigneur.

A U G U S T E.

Qu'il te souvienne
De garder ta parole , et je tiendrai la mienne.
Tu vois le jour, Cinna ; mais ceux dont tu le tiens
Furent les ennemis de mon père , et les miens.
Au milieu de leur camp tu reçus la naissance ; 1)
Et lorsqu'après leur mort tu vins en ma puissance,
Leur haine, enracinée au milieu de ton sein ,
T'avoit mis contre moi les armes à la main :
Tu fus mon ennemi même avant que-de naître ;
Et tu le fus encor quand tu me pus connoître ;
Et l'inclination jamais n'a démenti
Ce sang qui t'avoit fait du contraire parti.
Autant que tu l'as pu, les effets l'ont suivie.
Je ne m'en suis vengé qu'en te donnant la vie.

1) *Au milieu de leur camp , etc.* Il y avait aupa-
ravant :

> Ce fut dedans leur camp que tu pris la naissance ;
> Et quand après leur mort tu vins en ma puissance ;
> Leur haine héréditaire , ayant passé dans toi ,
> T'avait mis à la main les armes contre moi.

Leur haine héréditaire était , bien plus beau que *leur
haine enracinée.*

Je te fis prisonnier pour te combler de biens ;
Ma cour fut ta prison, mes faveurs tes liens. 1)
Je te restituai d'abord ton patrimoine :
Je t'enrichis après des dépouilles d'Antoine ;
Et tu sais que depuis à chaque occasion
Je suis tombé pour toi dans la profusion.
Toutes les dignités que tu m'as demandées,
Je te les ai sur l'heure et sans peine accordées ;
Je t'ai préféré même à ceux dont les parens
Ont jadis dans mon camp tenu les premiers rangs ;
A ceux qui de leur sang m'ont acheté l'em, ire,
Et qui m'ont conservé le jour que je respire.
De la façon enfin qu'avec toi j'ai vécu, 2)
Les vainqueurs sont jaloux du bonheur du vaincu.
Quand le ciel me voulut, en rappelant Mécène,
Après tant de faveurs montrer un peu de haine,
Je te donnai sa place en ce triste accident,
Et te fis après lui mon plus cher confident.
Aujourd'hui même encor, mon ame irrésolue
Me pressant de quitter ma puissance absolue,
De Maxime et de toi j'ai pris les seuls avis ;
Et ce sont malgré lui les tiens que j'ai suivis.
Bien plus, ce même jour je te donne Emilie,
Le digne objet des vœux de toute l'Italie,

1) On sous-entend *furent*. Ce n'est point une licence. C'est un *trope* en usage dans toutes les langues.

2) *De la façon* est trop familier, trop trivial.

Et qu'ont mise si haut mon amour et mes soins ;
Qu'en te couronnant roi je t'aurois donné moins: 1)
Tu t'en souviens, Cinna ; tant d'heur et tant de gloire
Ne peuvent pas si tôt sortir de ta mémoire :
Mais ce qu'on ne pourroit jamais s'imaginer ,
Cinna, tu t'en souviens, et veux m'assassiner !

C I N N A .

Moi, seigneur! moi, que j'eusse une ame si traîtresse!
Qu'un si lâche dessein......

A U G U S T E.

      Tu tiens mal ta promesse.
Sieds-toi, je n'ai pas dit encor ce que je veux;
Tu te justifieras après , si tu le peux.
Ecoute cependant, et tiens mieux ta parole.
 Tu veux m'assassiner demain au Capitole ,
Pendant le sacrifice, et ta main pour signal
Me doit au lieu d'encens donner le coup fatal.
La moitié de tes gens doit occuper la porte ,
L'autre moitié te suivre et te prêter main-forte.
Ai-je de bons avis , ou de mauvais soupçons ? 2)
De tous ces meurtriers te dirai-je les noms ?

---

1) *Qu'en te couronnant roi je t'aurois donné moins.*
Voilà ce vers qui contredit celui d'*Emilie* ; d'ailleurs
quel royaume aurait-il donné à *Cinna* ? Les Romains
n'en recevaient point. Ce n'est qu'une inadvertance qui
n'ôte rien au sentiment et à l'éloquence vraie et sans
enflure dont ce morceau est rempli.

2) *Ai-je de bons avis , ou de mauvais soupçons ?*
Bons et *mauvais* n'est-il pas un peu trop antithèse ?

Procule, Glabrion, Virginian, Rutile,
Marcel, Plaute, Lénas, Pompone, Albin, Icile,
Maxime, qu'après toi j'avois le plus aimé :
Le reste ne vaut pas l'honneur d'être nommé ;
Un tas d'hommes perdus de dettes et de crimes,
Que pressent de mes lois les ordres légitimes,
Et qui, désespérant de les plus éviter,
Si tout n'est renversé, ne sauroient subsister.
　Tu te tais maintenant, et gardes le silence
Plus par confusion que par obéissance.
Quel étoit ton dessein, et que prétendois-tu,
Après m'avoir au temple à tes pieds abattu ?
Affranchir ton pays d'un pouvoir monarchique ?
Si j'ai bien entendu tantôt ta politique,
Son salut désormais dépend d'un souverain
Qui pour tout conserver tienne tout en sa main ;
Et si sa liberté te faisoit entreprendre,
Tu ne m'eusses jamais empêché de la rendre ;
Tu l'aurois acceptée au nom de tout l'état,
Sans vouloir l'acquérir par un assassinat.
Quel étoit donc ton but ? d'y régner en ma place ?
D'un étrange malheur son destin le menace,
Si, pour monter au trône et lui donner la loi,
Tu ne trouves dans Rome autre obstacle que moi ;
Si jusques à ce point son sort est déplorable,
Que tu sois après moi le plus considérable,

et ces antithèses en général ne sont-elles pas trop
fréquentes dans les vers français et dans la plupart
des langues modernes ?

Et que ce grand fardeau de l'empire romain
Ne puisse après ma mort tomber mieux qu'en ta main.

Apprends à te connoître, et descends en toi-même.
On t'honore dans Rome, on te courtise, on t'aime;
Chacun tremble sous toi, chacun t'offre des vœux;
Ta fortune est bien haut, tu peux ce que tu veux :
Mais tu ferois pitié, même à ceux qu'elle irrite, 1)
Si je t'abandonnois à ton peu de mérite.
Ose me démentir, dis-moi ce que tu vaux;
Conte-moi tes vertus, tes glorieux travaux,

---

1) *Mais tu ferois pitié même à ceux qu'elle irrite.* Ce vers et les suivans occasionnèrent un jour une saillie singulière. Le dernier maréchal de *la Feuillade*, étant sur le théâtre, dit tout haut à *Auguste*, Ah! tu me gâtes le *soyons amis, Cinna.* Le vieux comédien qui jouait *Auguste* se déconcerta, et crut avoir mal joué. Le maréchal après la pièce lui dit : Ce n'est pas vous qui m'avez déplu, c'est *Auguste*, qui dit à *Cinna* qu'il n'a aucun mérite, qu'il n'est propre à rien, qu'il fait pitié, et qui ensuite lui dit, *soyons amis.* Si le roi m'en disait autant, je le remercierais de son amitié.

Il y a un grand sens et beaucoup de finesse dans cette plaisanterie. On peut pardonner à un coupable qu'on méprise, mais on ne devient pas son ami : il fallait peut-être que *Cinna*, très-criminel, fût encore grand aux yeux d'*Auguste*. Cela n'empêche pas que le discours d'*Auguste* ne soit un des plus beaux que nous ayons dans notre langue.

Les rares qualités par où tu m'as dû plaire,
Et tout ce qui t'élève au-dessus du vulgaire.
Ma faveur fait ta gloire, et ton pouvoir en vient;
Elle seule t'élève, et seule te soutient;
C'est elle qu'on adore, et non pas ta personne;
Tu n'as crédit ni rang qu'autant qu'elle t'en donne;
Et pour te faire choir je n'aurois aujourd'hui
Qu'à retirer la main qui seule est ton appui.
J'aime mieux toutefois céder à ton envie :
Règne, si tu le peux, aux dépens de ma vie.
Mais oses-tu penser que les Serviliens,
Les Cosses, les Métels, les Pauls, les Fabiens,
Et tant d'autres enfin de qui les grands courages
Des héros de leur sang sont les vives images,
Quittent le noble orgueil d'un sang si généreux
Jusqu'à pouvoir souffrir que tu règnes sur eux?
Parle, parle, il est tems.

C I N N A.

Je demeure stupide;
Non que votre colère ou la mort m'intimide;
Je vois qu'on m'a trahi, vous m'y voyez rêver;
Et j'en cherche l'auteur sans le pouvoir trouver.
Mais c'est trop y tenir toute l'ame occupée.
Seigneur, je suis Romain, et du sang de Pompée.
Le père et les deux fils lâchement égorgés
Par la mort de César étoient trop peu vengés.
C'est là d'un beau dessein l'illustre et seule cause :
Et puisqu'à vos rigueurs la trahison m'expose,

N'attendez point de moi d'infames repentirs, 1)
D'inutiles regrets, ni de honteux soupirs.
Le sort vous est propice autant qu'il m'est contraire.
Je sais ce que j'ai fait, et ce qu'il vous faut faire. 2)
Vous devez un exemple à la postérité ;
Et mon trépas importe à votre sureté.

A U G U S T E.

Tu me braves, Cinna ; tu fais le magnanime ;
Et loin de t'excuser, tu couronnes ton crime.
Voyons si ta constance ira jusques au bout.
Tu sais ce qui t'est dû, tu vois que je sais tout ;
Fais ton arrêt toi-même, et choisi tes supplices.

S C E N E I I.

LIVIE, AUGUSTE, CINNA, ÉMILIE, FULVIE.

L I V I E.

Vous ne connoissez pas encor tous les complices,
Votre Émilie en est, seigneur ; et la voici. 3)

1) *N'attendez pas de moi d'infames repentirs.* Le *repentir* ne peut ici admettre de pluriel.

2) *Je sais ce que j'ai fait, et ce qu'il vous faut faire.* Le sens est, *ce que vous devez faire* ; mais l'expression est trop équivoque ; elle semble signifier ce que *Cinna* doit faire à *Auguste*.

3) *Votre Emilie en est, seigneur ; et la voici.* Les acteurs ont été obligés de retrancher *Livie*, qui venait faire ici le personnage d'un exempt, et qui ne

CINNA.

C'est elle-même, ô dieux!

AUGUSTE.

　　　　　　Et toi, ma fille, aussi!

ÉMILIE.

Oui, tout ce qu'il a fait, il l'a fait pour me plaire;
Et j'en étois, seigneur, la cause et le salaire.

AUGUSTE.

Quoi! l'amour qu'en ton cœur j'ai fait naître aujourd'hui,
T'emporte-t-il déjà jusqu'à mourir pour lui?
Ton ame à ces transports un peu trop s'abandonne;
Et c'est trop tôt aimer l'amant que je te donne. 1)

ÉMILIE.

Cet amour qui m'expose à vos ressentimens,
N'est point le prompt effet de vos commandemens:
Ces flâmes dans nos cœurs sans votre ordre étoient nées:
Et ce sont des secrets de plus de quatre années.
Mais, quoique je l'aimasse, et qu'il brûlât pour moi,
Une haine plus forte à tous deux fit la loi.
Je ne voulus jamais lui donner d'espérance
Qu'il ne m'eût de mon pére assuré la vengeance:

disait que ces deux vers. On les fait prononcer par *Emilie*, mais ils lui sont peu convenables; elle ne doit pas dire à Auguste, *votre Emilie*; ce mot la condamne si elle vient s'accuser elle-même; il faut qu'elle débute en disant, *Je viens mourir avec Cinna.*

1) *Et c'est trop tôt aimer l'amant que je te donne.*
Cette petite ironie est-elle bien placée dans ce moment tragique? Est-ce ainsi qu'*Auguste* doit parler?

Je la lui fis jurer ; il chercha des amis.
Le ciel rompt le succés que je m'étois promis ; 1)
Et je vous viens, seigneur, offrir une victime,
Non pour sauver sa vie en me chargeant du crime
Son trépas est trop juste après son attentat ;
Et toute excuse est vaine en un crime d'état :
Mourir en sa présence, et rejoindre mon père,
C'est tout ce qui m'améne, et tout ce que j'espére.

A U G U S T E.

Jusques à quand, ô ciel, et par quelle raison
Prendrez-vous contre moi des traits dans ma maison ?
Pour ses débordemens j'en ai chassé Julie :
Mon amour en sa place a fait choix d'Émilie ;
Et je la vois comme elle indigne de ce rang.
L'une m'ôtoit l'honneur, l'autre a soif de mon sang :
Et prenant toutes deux leur passion pour guide,
L'une fut impudique, et l'autre parricide. 2)

1) *Le ciel rompt le succés promis.* On ne rompt point un succés, encore moins un succés qu'on s'est promis : on rompt une union, on détruit des espérances, on fait avorter des desseins, on prévient des projets. Le ciel ne m'a pas accordé, m'ôte, me ravit le succès que je m'étais promis.

2) *L'une fut impudique, et l'autre parricide.* Ce mot *impudique* ne se dit plus guère dans le style noble, parce qu'il présente une idée qui ne l'est pas ; on n'aime point d'ailleurs à voir *Auguste* se rappeler cette idée humiliante et étrangère au sujet. Les gens instruits savent trop bien qu'*Emilie* ne fut même jamais adoptée par *Auguste* ; elle ne l'est que dans cette pièce.

O ma fille, est-ce là le prix de mes bienfaits?

É M I L I E.

Ceux de mon père en vous firent mêmes effets. 1)

A U G U S T E.

Songe avec quel amour j'élevai ta jeunesse.

É M I L I E.

Il éleva la vôtre avec même tendresse;
Il fut votre tuteur, et vous son assassin;
Et vous m'avez au crime enseigné le chemin.
Le mien d'avec le vôtre en ce point seul diffère,
Que votre ambition s'est immolé mon père,
Et qu'un juste courroux dont je me sens brûler
A son sang innocent vouloit vous immoler.

L I V I E. 2).

C'en est trop, Emilie; arrête, et considère
Qu'il t'a trop bien payé les bienfaits de ton père:
Sa mort, dont la mémoire allume ta fureur,
Fut un crime d'Octave, et non de l'empereur.

---

1) Il y avait dans les premières éditions :

> Mon père l'eut pareil de ceux qu'il vous a faits.

On a corrigé depuis :

> Ceux de mon père en vous firent mêmes effets.

Mais *firent mêmes effets* n'est recevable ni en vers, ni en prose.

2) Les comédiens ont retranché tout le couplet de *Livie*, et il n'est pas à regretter. Non-seulement *Livie* n'était pas nécessaire, mais elle se faisait de fête mal à propos pour débiter une maxime aussi fausse qu'horrible, qu'il est permis d'assassiner pour une couronne, et qu'on est absous de tous les crimes quand on règne.

Tous ces crimes d'état qu'on fait pour la couronne,
Le ciel nous en absout alors qu'il nous la donne;
Et, dans le sacré rang où sa faveur l'a mis,
Le passé devient juste et l'avenir permis. 1)
Qui peut y parvenir ne peut être coupable;
Quoi qu'il ait fait, ou fasse, il est inviolable.
Nous lui devons nos biens; nos jours sont en sa main,
Et jamais on a droit sur ceux du souverain.

ÉMILIE.

Aussi, dans le discours que vous venez d'entendre,
Je parlois pour l'aigrir, et non pour me défendre.
Punissez donc, seigneur, ces criminels appas,
Qui de vos favoris font d'illustres ingrats.
Tranchez mes tristes jours pour assurer les vôtres.
Si j'ai séduit Cinna, j'en séduirai bien d'autres; 2)
Et je suis plus à craindre, et vous plus en danger,
Si j'ai l'amour ensemble et le sang à venger.

CINNA.

Que vous m'ayez séduit, et que je souffre encore
D'être déshonoré par celle que j'adore!

---

1) *Le passé devient juste, et l'avenir permis.* Ce
vers n'a pas de sens. *L'avenir* ne peut signifier *les
crimes à venir*; et s'il le signifiait, cette idée serait
abominable.

2) *Si j'ai séduit Cinna, j'en séduirai bien d'autres.*
Il semble qu'*Émilie* soit toujours sûre de faire conspirer
qui elle voudra parce qu'elle se croit belle. Doit-elle dire
à *Auguste* qu'elle aura d'autres amans qui vengeront ce-
lui qu'elle aura perdu ?

Seigneur, la vérité doit ici s'exprimer.
J'avois fait ce dessein avant que de l'aimer.
A mes plus saints desirs la trouvant inflexible,
Je crus qu'à d'autres soins elle seroit sensible :
Je parlai de son père, et de votre rigueur ;
Et l'offre de mon bras suivit celle du cœur.
Que la vengeance est douce à l'esprit d'une femme ! 1)
Je l'attaquai par là, par là je pris son ame. 2)
Dans mon peu de mérite elle me négligeoit,
Et ne put négliger le bras qui la vengeoit.
Elle n'a conspiré que par mon artifice ;
J'en suis le seul auteur, elle n'est que complice. 3)

1) *Que la vengeance est douce à l'Esprit d'une femme.*
Ce vers paraît trop du ton de la comédie, et est d'autant
plus déplacé qu'*Emilie* doit être supposée avoir voulu
venger son père, non pas parce qu'elle a le caractère
d'une femme, mais parce qu'elle a écouté la voix de la
nature.

2).... *Par là je pris son ame.* Expression trop familière.

3) Pourquoi toute cette contestation entre *Cinna* et
Emilie est-elle un peu froide ? C'est que, si *Auguste*
veut leur pardonner, il importe fort peu qui des deux
soit le plus coupable ; et que ; s'il veut les punir, il im-
porte encore moins qui des deux a séduit l'autre. Ces dis-
putes, ces combats, à qui mourra l'un pour l'autre, font
une grande impression, quand on peut hésiter entre
deux personnages, quand on ignore sur lequel des deux
le coup tombera, mais non pas quand tous les deux sont
condamnés et condamnables.

ÉMILIE.

Cinna, qu'oses-tu dire? Est-ce là me chérir,
Que de m'ôter l'honneur quand il me faut mourir?

CINNA.

Mourez; mais en mourant ne souillez point ma gloire.

ÉMILIE.

La mienne se flétrit si César te veut croire.

CINNA.

Et la mienne se perd si vous tirez à vous 1)
Toute celle qui suit de si généreux coups. 2)

ÉMILIE.

Hé bien! prends-en ta part, et me laisse la mienne; 3)
Ce seroit l'affoiblir que d'affoiblir la tienne.
La gloire et le plaisir, la honte et les tourmens,
Tout doit être commun entre de vrais amans. 4)
    Nos deux ames, seigneur, sont deux ames romaines;
Unissant nos desirs nous unîmes nos haines.
De nos parens perdus le vif ressentiment
Nous apprit nos devoirs en un même moment;

1) *Si vous tirez à vous* est une expression trop peu
noble.

2) *Généreux coups* ne peut se dire d'une entreprise
qui n'a pas eu d'effet.

3) *Hé bien! prends-en ta part* est du ton de la co-
médie.

4) *Tout doit être commun entre de vrais amans.* Ce
vers est encore du ton de la comédie; et cette expression
de vrais amans revient trop souvent.

En ce noble dessein nos cœurs se rencontrèrent;
Nos esprits généreux ensemble le formèrent.
Ensemble nous cherchons l'honneur d'un beau trépas:
Vous vouliez nous unir, ne nous séparez pas.

AUGUSTE.

Oui, je vous unirai, couple ingrat et perfide,
Et plus mon ennemi qu'Antoine ni Lépide ;
Oui, je vous unirai, puisque vous le voulez ;
Il faut bien satisfaire aux feux dont vous brûlez ;
Et que tout l'univers, sachant ce qui m'anime,
S'étonne du supplice aussi-bien que du crime.
Mais enfin le ciel m'aime, et ses bienfaits nouveaux
Ont enlevé Maxime à la fureur des eaux. 1)

1) *Maxime* vient ici faire un personnage aussi inutile
que *Livie*. Il parait qu'il ne doit point dire à *Auguste*
qu'on l'a fait passer pour noyé de peur qu'on n'eût en-
voyé après lui, puisqu'il n'avait révélé la conspiration
qu'à condition qu'on lui pardonnerait. N'eût-il pas été
mieux qu'il se fût noyé en effet de douleur d'avoir joué
un si lâche personnage ? On ne s'intéresse qu'au sort de
Cinna et d'*Emilie*, et la grace de *Maxime* ne touche
personne.

SCENE DERNIERE.

AUGUSTE, LIVIE, CINNA, MAXIME, ÉMILIE, FULVIE.

AUGUSTE.

Approche, seul ami, que j'éprouve fidelle.

MAXIME.

Honorez moins, seigneur, une ame criminelle.

AUGUSTE.

Ne parlons plus de crimes après ton repentir,
Après que du péril tu m'as su garantir :
C'est à toi que je dois et le jour et l'empire.

MAXIME.

De tous vos ennemis connoissez mieux le pire.
Si vous régnez encor, seigneur, si vous vivez,
C'est ma jalouse rage à qui vous le devez.
Un vertueux remords n'a point touché mon ame;
Pour perdre mon rival j'ai découvert sa trame.
Euphorbe vous a feint que je m'étois noyé, 1)
De crainte qu'après moi vous n'eussiez envoyé.
Je voulois avoir lieu d'abuser Emilie,
Effrayer son esprit, la tirer d'Italie;

---

1) *Euphorbe vous a feint que je m'étois noyé. Feindre* ne peut gouverner le datif ; on ne peut dire, *feindre à quelqu'un.*

Et pensois la résoudre à cet enlèvement
Sous l'espoir du retour 1) pour venger son amant ;
Mais, au lieu de goûter ces grossières amorces,
Sa vertu combattue a redoublé ses forces, 2)
Elle a lu dans mon cœur. Vous savez le surplus,
Et je vous en ferois des récits superflus.
Vous voyez le succés de mon lâche artifice.
Si pourtant quelque grace est due à mon indice, 3)
Faites périr Euphorbe 4) au milieu des tourmens,
Et souffrez que je meure aux yeux de ces amans.
J'ai trahi mon ami, ma maitresse, mon maître,
Ma gloire, mon pays, par l'avis de ce traître,
Et croirai toutefois mon bonheur infini
Si je puis m'en punir après l'avoir puni.

AUGUSTE.

En est-ce assez, ô ciel ! et le sort pour me nuire
A-t-il quelqu'un des miens qu'il veuille encor séduire ?
Qu'il joigne à ses efforts le secours des enfers.
Je suis maître de moi, comme de l'univers ;

1) *Sous l'espoir du retour, etc.* Expression de comédie. *Retour pour venger ;* expression vicieuse.

2) *Sa vertu combattue a redoublé ses forces.* On dit, *les forces d'un état, la force de l'ame.* De plus, *Emilie* n'avait besoin ni de forces ni de vertu pour mépriser *Maxime.*

3) *Si pourtant quelque grace est due à mon indice. Indice* est là pour rimer à *artifice.* Le mot propre est *aveu.*

4) *Faites périr Euphorbe.* C'est un sentiment lâche, cruel, et inutile.

Je le suis, je veux l'être. O siécles, ô mémoire,
Conservez à jamais ma derniére victoire :
Je triomphe aujourd'hui du plus juste courroux
De qui le souvenir puisse aller jusqu'à vous.

    Soyons amis, Cinna ; c'est moi qui t'en convie. 1)
Comme à mon ennemi je t'ai donné la vie ;
Et malgré la fureur de ton lâche dessein
Je te la donne encor comme à mon assassin.

    1) *Soyons amis, Cinna ; c'est moi qui t'en convie.*
C'est ce que dit *Auguste*, qui est admirable ; c'est là ce
qui fit verser des larmes au grand Condé ; *larmes qui
n'appartiennent qu'à de belles ames.*

    De toutes les tragédies de *Corneille*, celle-ci fit le plus
grand effet à la cour ; et on peut lui appliquer ces vers
du vieil *Horace :*

    C'est aux rois, c'est aux grands, c'est aux esprits bien faits,

    . . . .

    C'est d'eux seuls qu'on attend la véritable gloire.

De plus, on était alors dans un tems où les esprits, ani-
més par les factions qui avaient agité le règne de
Louis XIII, ou plutôt du cardinal de *Richelieu*,
étaient plus propres à recevoir les sentimens qui rè-
gnent dans cette pièce. Les premiers spectateurs furent
ceux qui combattirent à la Marfée, et qui firent la
guerre de la fronde. Il y a d'ailleurs dans cette pièce
un vrai continuel, un développement de la constitu-
tion de l'empire romain, qui plaît extrèmement aux
hommes d'état ; et alors chacun voulait l'être.

    J'observerai ici que dans toutes les tragédies grecques,
faites pour un peuple si amoureux de sa liberté, on ne
trouve pas un trait qui regarde cette liberté ; et que *Cor-
neille*, né français, en est rempli.

Commençons un combat qui montre par l'issue
Qui l'aura mieux de nous ou donnée ou reçue.
Tu trahis mes bienfaits, je les veux redoubler;
Je t'en avois comblé, je t'en veux accabler.
Avec cette beauté que je t'avois donnée,
Reçois le consulat pour la prochaine année.
Aime Cinna, ma fille, en cet illustre rang;
Préféres-en la pourpre à celle de mon sang; 1)
Apprends sur mon exemple à vaincre ta colère.
Te rendant un époux, je te rends plus qu'un père.

ÉMILIE

Et je me rends, seigneur, à ces hautes bontés;
Je recouvre la vue auprès de leurs clartés.
Je connois mon forfait, qui me sembloit justice;
Et, ce que n'avoit pu la terreur du supplice,
Je sens naître en mon ame un repentir puissant;
Et mon cœur en secret me dit qu'il y consent.
Le ciel a résolu votre grandeur suprême;
Et pour preuve, seigneur, je n'en veux que moi-même.
J'ose avec vanité me donner cet éclat, 2)
Puisqu'il change mon cœur, qu'il veut changer l'état.
Ma haine va mourir, que j'ai crue immortelle:
Elle est morte, et ce cœur devient sujet fidelle;

1) *Préféres-en la pourpre à celle de mon sang.* La pourpre d'un rang est intolérable : cette pourpre comparée au sang parce qu'il est rouge est puérile.

2) *Me donner cet éclat...... Que le ciel veut changer l'état,* n'est pas français.

Et prenant désormais cette haine en horreur,
L'ardeur de vous servir succède à sa fureur.

C I N N A.

Seigneur, que vous dirai-je après que nos offenses
Au lieu de châtimens trouvent des récompenses?
O vertu sans exemple! ô clémence, qui rend
Votre pouvoir plus juste, et mon crime plus grand!

A U G U S T E.

Cesse d'en retarder un oubli magnamime;
Et tous deux avec moi faites grace à Maxime:
Il nous a trahis tous, mais ce qu'il a commis
Vous conserve innocens, et me rend mes amis.

(*A Maxime.*)

Reprends auprès de moi ta place accoutumée;
Rentre dans ton crédit et dans ta renommée.
Qu'Euphorbe de tous trois ait sa grace à son tour;
Et que demain l'hymen couronne leur amour.
Si tu l'aimes encor, ce sera ton supplice.

M A X I M E.

Je n'en murmure point, il a trop de justice, 1)
Et je suis plus confus, seigneur, de vos bontés,
Que je ne suis jaloux du bien que vous m'ôtez.

C I N N A.

Souffrez que ma vertu dans mon cœur rappelée,
Vous consacre une foi lâchement violée,

---

1) .... *Il a trop de justice.* Un supplice est juste; on l'ordonne avec justice. Celui qui punit a de la justice, mais le supplice n'en a point, parce qu'un supplice ne peut être personnifié.

Mais si ferme à présent, si loin de chanceler,
Que la chûte du ciel ne pourroit l'ébranler.

Puisse le grand moteur des belles destinées
Pour prolonger vos jours, retrancher nos années;
Et moi, par un bonheur dont chacun soit jaloux,
Perdre pour vous cent fois ce que je tiens de vous!

LIVIE. 1)

Ce n'est pas tout, seigneur; une céleste flâme
D'un rayon prophétique illumine mon ame. 2)
Oyez ce que les dieux vous font savoir par moi:
De votre heureux destin c'est l'immuable loi.

Après cette action vous n'avez rien à craindre;
On portera le joug désormais sans se plaindre;
Et les plus indomptés, renversant leurs projets,
Mettront toute leur gloire à mourir vos sujets.
Aucun lâche dessein, aucune ingrate envie
N'attaquera le cours d'une si belle vie.
Jamais plus d'assassins, ni de conspirateurs;
Vous avez trouvé l'art d'être maître des cœurs.
Rome avec une joie et sensible et profonde
Se démet en vos mains de l'empire du monde.

---

1) On retranche aux représentations ce dernier cou-
plet de *Livie* comme les autres, par la raison que tout
acteur qui n'est pas nécessaire gâte les plus grandes
beautés.

2) *D'un rayon prophétique illumine mon ame. Un
rayon prophétique* ne semble pas convenir à *Livie*. La
juste espérance que la clémence d'*Auguste* préviendra
désormais toute conspiration, vaut bien mieux qu'un
rayon prophétique.

Vos royales vertus lui vont trop enseigner
Que son bonheur consiste à vous faire régner.
D'une si longue erreur pleinement affranchie,
Elle n'a plus de vœux que pour la monarchie,
Vous prépare déjà des temples, des autels,
Et le ciel une place entre les immortels;
Et la postérité, dans toutes les provinces,
Donnera votre exemple aux plus généreux princes.

AUGUSTE.

J'en accepte l'augure, et j'ose l'espérer.
Ainsi toujours les dieux vous daignent inspirer!
    Qu'on redouble demain les heureux sacrifices,
Que nous leur offrirons sous de meilleurs auspices;
Et que nos conjurés entendent publier
Qu'Auguste a tout appris, et veut tout oublier.

Fin du cinquième et dernier acte.

EXAMEN

DE CINNA.

CE poëme a tant d'illustres suffrages qui lui donnent le premier rang parmi les miens, que je me ferois trop d'importans ennemis si j'en disois du mal : je ne le suis pas assez de moi-même pour chercher des défauts où 1) ils n'en ont point voulu

1) Quoique j'aie osé y trouver des défauts, j'oserais dire ici à *Corneille* : Je souscris à l'avis de ceux qui mettent cette pièce au-dessus de tous vos autres ouvrages ; je suis frappé de la noblesse, des sentimens vrais, de la force, de l'éloquence, des grands traits de cette tragédie. Il y a peu de cette emphase et de cette enflure qui n'est qu'une grandeur fausse. Le récit que fait *Cinna*, au premier acte, la délibération d'*Auguste*, plusieurs traits d'*Emilie*, et enfin la dernière scène, sont des beautés de tous les tems, et des beautés supérieures. Quand je vous compare sur-tout aux contemporains qui osaient alors produire leurs ouvrages à côté des vôtres, je lève les épaules, et je vous admire comme un être à part. Qui étaient ces hommes qui voulaient courir la même carrière que vous ? *Tristan, La Case, Grenaille, Rosiers, Boyer, Colletet, Gaumin, Gillet, Provais, La Ménardière, Magnon, Picou, De Brosse.* J'en nommerais cinquante, dont pas un n'est connu, ou dont les noms ne se prononcent qu'en riant. C'est au milieu de cette foule

voir, et accuser le jugement qu'ils en ont fait, pour obscurcir la gloire qu'ils m'en ont donnée. Cette approbation si forte et si générale vient sans doute de ce que la vraisemblance s'y trouve si heureusement conservée aux endroits où la vérité lui manque, qu'il n'a jamais besoin de recourir au nécessaire. Rien n'y contredit l'histoire, bien que beaucoup de choses y soient ajoutées; rien n'y est violenté par les incommodités de la représentation, ni par l'unité du jour, ni par celle de lieu.

Il est vrai qu'il s'y rencontre une duplicité de lieu particulier. La moitié de la pièce se passe chez

que vous vous éleviez au-delà des bornes connues de l'art. Vous deviez avoir autant d'ennemis qu'il y avait de mauvais écrivains; et tous les bons esprits devaient être vos admirateurs. Si j'ai trouvé des taches dans *Cinna*, ces défauts mêmes auraient été de très-grandes beautés dans les écrits de vos pitoyables adversaires; je n'ai remarqué ces défauts que pour la perfection d'un art dont je vous regarde comme le créateur. Je ne peux ni ajouter ni ôter rien à votre gloire : mon seul but est de faire des remarques utiles aux étrangers qui apprennent votre langue, aux jeunes auteurs qui veulent vous imiter, aux lecteurs qui veulent s'instruire.

Emilie, et l'autre dans le cabinet d'Auguste. J'au-
rois été ridicule si j'avois prétendu que cet empe-
reur délibérât avec Maxime et Cinna, s'il quitte-
roit l'empire ou non, précisément dans la même
place où ce dernier vient de rendre compte à
Emilie de la conspiration qu'il a formée contre
lui. C'est ce qui m'a fait rompre la liaison des
scènes au quatrième acte, n'ayant pu me résoudre
à faire que Maxime vînt donner l'alarme à Emilie
de la conjuration découverte, au lieu même où
Auguste en venoit de recevoir l'avis par son ordre,
et dont il ne faisoit que de sortir avec tant d'in-
quiétude et d'irrésolution. C'eût été une impudence
extraordinaire, et tout-à-fait hors du vraisembla-
ble, de se présenter dans son cabinet un moment
après qu'il lui avoit fait révéler le secret de cette
entreprise dont il étoit un des chefs, et porter la
nouvelle de sa fausse mort. Bien loin de pouvoir
surprendre Emilie par la peur de se voir arrêtée,
c'eût été se faire arrêter lui-même, et se précipiter
dans un obstacle invincible au dessein qu'il vou-
loit exécuter. Emilie ne parle donc pas où parle
Auguste, à la réserve du cinquième acte ; mais
cela n'empêche pas qu'à considérer tout le poëme

ensemble il n'ait son unité de lieu, puisque tout s'y peut passer, non-seulement dans Rome, ou dans un quartier de Rome, mais dans le seul palais d'Auguste, pourvu que vous y vouliez donner un appartement à Emilie, qui soit éloigné du sien.

Le compte que Cinna lui rend de sa conspiration justifie ce que j'ai dit ailleurs, que pour faire souffrir une narration ornée, il faut que celui qui la fait et celui qui l'écoute, aient l'esprit assez tranquille et s'y plaisent assez pour lui prêter toute la patience qui lui est nécessaire. Emilie a de la joie d'apprendre de la bouche de son amant avec quelle chaleur il a suivi ses intentions, et Cinna n'en a pas moins de lui pouvoir donner de si belles espérances de l'effet qu'elle en souhaite; c'est pourquoi, quelque longue que soit cette narration, sans interruption aucune, elle n'ennuie point. Les ornemens de rhétorique dont j'ai tâché de l'enrichir ne la font point condamner de trop d'artifices, et la diversité de ses figures ne fait point regretter le tems que j'y perds; mais si j'avois attendu à la commencer qu'Evandre eût troublé ces deux amans par la nouvelle qu'il leur apporte, Cinna eût été obligé de s'en taire ou de la conclure en six vers, et Emilie n'en eût pu supporter davantage.

Comme les vers de ma tragédie d'Horace ont quelque chose de plus net et de moins guindé pour les pensées que ceux du Cid, on peut dire que ceux de cette pièce ont quelque chose de plus achevé que ceux d'Horace, et qu'enfin la facilité de concevoir le sujet, qui n'est ni trop chargé d'incidens, ni trop embarrassé des récits de ce qui s'est passé avant le commencement de la pièce, est une des causes sans doute de la grande approbation qu'elle a reçue. L'auditeur aime à s'abandonner à l'action présente, et à n'être point obligé, pour l'intelligence de ce qu'il voit, de réfléchir sur ce qu'il a déjà vu, et de fixer sa mémoire sur les premiers actes pendant que les derniers sont devant ses yeux. C'est l'incommodité des pièces embarrassées, qu'en termes de l'art on nomme *implexes*, par un mot emprunté du latin, telles que sont Rodogune et Héraclius. Elle ne se rencontre pas dans les simples; mais comme celles-là ont sans doute besoin de plus d'esprit pour les imaginer, et de plus d'art pour les conduire, celles-ci n'ayant pas le même secours du côté du sujet, demandent plus de force de vers, de raisonnement, et de sentiment, pour les soutenir.

Nota. On peut conclure de ces derniers mots que les pièces simples ont beaucoup plus d'art et de beauté que les pièces implexes. Rien n'est plus simple que l'OEdipe et l'Electre de Sophocle, et ce sont avec leurs défauts les deux plus belles pièces de l'antiquité. Cinna et Athalie parmi les modernes sont, je crois, fort au-dessus d'Electre et d'OEdipe. Il en est de même dans l'épique. Qu'y a-t-il de plus simple que le quatrième livre de Virgile ? Nos romans au contraire sont chargés d'incidens et d'intrigues.

JULES CÉSAR,

TRAGÉDIE

TRADUITE DE SHAKESPEAR,

PAR VOLTAIRE.

AVERTISSEMENT
DU TRADUCTEUR.

AYANT entendu souvent comparer *Corneille* et *Shakespear*, j'ai cru convenable de faire voir la manière différente qu'ils emploient l'un et l'autre dans les sujets qui peuvent avoir quelque ressemblance; j'ai choisi les premiers actes de la mort de *César*, où l'on voit une conspiration comme dans *Cinna*, et dans lesquels il ne s'agit que d'une conspiration jusqu'à la fin du troisième acte. Le lecteur pourra aisément comparer les pensées, le style et le jugement de *Shakespear*, avec les pensées, le style et le jugement de *Corneille*. C'est aux lecteurs de toutes les nations de prononcer entre l'un et l'autre. Un Français et un Anglais seraient peut-être suspects de quelque partialité. Pour bien instruire ce procès, il a fallu faire une traduction exacte. On a mis en prose ce qui est en prose dans la tragédie de *Shakespear*; on a rendu en vers blancs ce qui est en vers blancs, et presque toujours vers pour vers. Ce qui est familier et bas est traduit avec familiarité et avec bassesse. On a tâché de s'élever avec l'auteur quand il s'élève; et lorsqu'il est enflé et guindé, on a eu soin de ne l'être ni plus ni moins que lui.

4

On peut traduire un poëte en exprimant seule-
ment le fond de ses pensées ; mais pour le bien
faire connaître, pour donner une idée juste de sa
langue, il faut traduire non-seulement ses pen-
sées, mais tous les accessoires. Si le poëte a em-
ployé une métaphore, il ne faut pas lui substituer
une autre métaphore ; s'il se sert d'un mot qui soit
bas dans sa langue, on doit le rendre par un mot
qui soit bas dans la nôtre. C'est un tableau dont
il faut copier exactement l'ordonnance, les atti-
tudes, le coloris, les défauts et les beautés ; sans
quoi vous donnez votre ouvrage pour le sien.

Nous avons en français des imitations, des es-
quisses, des extraits de *Shakespear*, mais aucune
traduction. On a voulu apparemment ménager
notre délicatesse. Par exemple, dans la traduction
du maure de Venise, *Yago* au commencement de
la pièce vient avertir le sénateur *Brabantio*, que
le maure a enlevé sa fille. L'auteur français fait
parler ainsi *Yago* à la française :

« Je dis, monsieur, que vous êtes trahi, et que
» le maure est actuellement possesseur des char-
» mes de votre fille. »

Mais voici comme *Yago* s'exprime dans l'ori-
ginal anglais :

« Tête et sang ! monsieur, vous êtes un de ceux

» qui ne serviraient pas Dieu si le diable vous le
» commandait : parce que nous venons vous ren-
» dre service, vous nous traitez de rufiens. Vous
» avez une fille couverte par un cheval de Bar-
» barie ; vous aurez des petits-fils qui henniront,
» des chevaux de course pour cousins-germains,
» et des chevaux de manége pour beaux-frères.

LE SÉNATEUR.

» Qui es-tu, misérable profane ?

YAGO.

» Je suis, monsieur, un homme qui vient vous
» dire que le maure et votre fille font maintenant
» la bête à deux dos.

LE SÉNATEUR.

» Tu es un coquin, etc. »

Je ne dis pas que le traducteur ait mal fait
d'épargner à nos yeux la lecture de ce morceau ;
je dis seulement qu'il n'a pas fait connaître *Sha-
kespear*, et qu'on ne peut deviner quel est le génie
de cet auteur, celui de son tems, celui de sa
langue, par les imitations qu'on nous en a données
sous le nom de traduction. Il n'y a pas six lignes
de suite dans le *Jules César* français qui se trou-
vent dans le *César* anglais. La traduction qu'on
donne ici de ce *César* est la plus fidelle, et même
la seule fidelle qu'on ait jamais faite en notre

langue d'un poëte ancien, ou étranger. On trouve, à la vérité, dans l'original, quelques mots qui ne peuvent se rendre littéralement en français, de même que nous en avons que les Anglais ne peuvent traduire; mais ils sont en très-petit nombre.

Je n'ai qu'un mot à ajouter, c'est que les vers blancs ne coûtent que la peine de les dicter. Cela n'est pas plus difficile à faire qu'une lettre. Si on s'avise de faire des tragédies en vers blancs, et de les jouer sur notre théâtre, la tragédie est perdue. Dès que vous ôtez la difficulté, vous ôtez le mérite.

JULES CÉSAR.

ACTE PREMIER.

SCÈNE I. 1)

FLAVIUS.

Hors d'ici ! à la maison ! retournez chez vous, fainéans : est-ce aujourd'hui jour de fête ? ne savez-vous pas, vous qui êtes des ouvriers, que vous ne devez pas vous promener dans les rues, un jour ouvrable, sans les marques de votre profession ? 2) Parle, toi : quel est ton métier ?

L'HOMME DU PEUPLE.

Eh mais, monsieur, je suis charpentier.

MARULLUS.

Où est ton tablier de cuir ? où est ta règle ? pourquoi portes-tu ton bel habit ? (*en s'adressant à un autre.*) Et toi, de quel métier es-tu ?

L'HOMME DU PEUPLE.

En vérité, pour ce qui regarde les bons ou-

---

1) Il y a trente-huit acteurs dans cette pièce, sans compter les assistans. Les trois premiers actes se passent à Rome. Le quatrième et le cinquième se passent à Modène et en Grèce. La première scène représente des rues de Rome. Une foule de peuple est sur le théâtre. Deux tribuns, *Marullus* et *Flavius,* leur parlent. Cette première scène est en prose.

2) C'était alors la coutume en Angleterre.

vriers,.... je suis..... comme qui dirait un savetier.

MARULLUS.

Mais, dis-moi : quel est ton métier ? te dis-je ; réponds positivement.

L'HOMME DU PEUPLE.

Mon métier, monsieur ? mais j'espère que je peux l'exercer en bonne conscience. Mon métier est, monsieur, raccommodeur d'ames 1)

MARULLUS.

Quel métier, faquin ? quel métier, te dis-je, vilain salope ?

L'HOMME DU PEUPLE.

Eh ! monsieur, ne vous mettez pas hors de vous ; je pourrais vous raccommoder.

FLAVIUS.

Qu'appelles-tu me raccommoder ? que veux-tu dire par là ?

L'HOMME DU PEUPLE.

Eh mais, vous ressemeler.

FLAVIUS.

Ah ! tu es donc en effet savetier ? l'es-tu ? parle.

1) Il prononce ici le mot de *semelle* comme on prononce celui d'*ame* en Anglais.

Il faut savoir que *Shakespear* avait eu peu d'éducation ; qu'il avait le malheur d'être réduit à être comédien, qu'il fallait plaire au peuple, que le peuple plus riche en Angleterre qu'ailleurs fréquente les spectacles, et que *Shakespear* le servait selon son goût.

LE SAVETIER.

Il est vrai, monsieur, je vis de mon alêne ; je ne me mêle point des affaires des autres marchands, ni de celles des femmes ; je suis un chirurgien de vieux souliers ; lorsqu'ils sont en grand danger, je les rétablis.

FLAVIUS.

Mais pourquoi n'es-tu pas dans ta boutique ? pourquoi es-tu avec tant de monde dans les rues ?

LE SAVETIER.

Eh ! monsieur, c'est pour user leurs souliers, afin que j'aie plus d'ouvrage. Mais la vérité, monsieur, est que nous nous faisons une fête de voir passer César, et que nous nous réjouissons de son triomphe.

MARULLUS. *(Il parle en vers blancs.)*

Pourquoi vous réjouir ? quelles sont ses conquêtes ?
Quels rois par lui vaincus, enchaînés à son char,
Apportent des tributs aux souverains du monde ?
Idiots, insensés, cervelles sans raison,
Cœurs durs, sans souvenir et sans amour de Rome,
Oubliez-vous Pompée et toutes ses vertus ?
Que de fois dans ces lieux, dans les places publiques,
Sur les tours, sur les toits, et sur les cheminées,
Tenant des jours entiers vos enfans dans vos bras,
Attendiez-vous le tems où le char de Pompée
Trainait cent rois vaincus au pied du capitole !
Le ciel retentissait de vos voix, de vos cris ;

Les rivages du Tibre et ses eaux s'en émurent.
Quelle fête, grands dieux! vous assemble aujourd'hui?
Quoi! vous couvrez de fleurs le chemin d'un coupable,
Du vainqueur de Pompée, encor teint de son sang!
Lâches, retirez-vous; retirez-vous, ingrats:
Implorez à genoux la clémence des dieux;
Tremblez d'être punis de tant d'ingratitude. 1)

FLAVIUS.

Allez, chers compagnons; allez, compatriotes;
Assemblez vos amis, et les pauvres sur-tout:
Pleurez aux bords du Tibre, et que ces tristes bords
Soient couverts de ses flots qu'auront enflés vos larmes.

(Le peuple s'en va.)

Tu les vois, Marullus, à peine repentans:
Mais ils n'osent parler, ils ont senti leurs crimes.
Va vers le capitole, et moi par ce chemin;
Renversons d'un tyran les images sacrées.

MARULLUS.

Mais quoi! le pouvons-nous le jour des lupercales?

FLAVIUS.

Oui, te dis-je, abattons ces images funestes.
Aux ailes de César il faut ôter ces plumes:
Il volerait trop haut, et trop loin de nos yeux:
Il nous tiendrait de loin dans un lâche esclavage.

1) Si le commencement de la scène est pour la po-
pulace, ce morceau est pour la cour, pour les hommes
d'état, pour les connaisseurs.

SCENE II.

CÉSAR, ANTOINE, (*habillés comme l'étaient ceux qui couraient dans la fête des lupercales, avec un fouet à la main pour toucher les femmes grosses;*) CALPHURNIA, femme de CÉSAR; PORCIA, femme de BRUTUS; DÉCIUS; CICÉRON; BRUTUS; CASSIUS; CASCA; et un astrologue. (*Cette scène est moitié en vers, et moitié en prose.*)

CÉSAR.

Ecoutez, Calphurnia.

CASCA. 1)

Paix, messieurs, hola! César parle.

CÉSAR.

Calphurnia!

CALPHURNIA.

Quoi! mylord?

CÉSAR.

Ayez soin de vous mettre dans le chemin d'Antoine quand il courra.

ANTOINE.

Pourquoi, mylord?

1) *Shakespear* fait de *Casca*, sénateur, une espèce de bouffon.

CÉSAR.

Quand vous courrez, Antoine, il faut toucher ma femme.
Nos aïeux nous ont dit qu'en cette course sainte,
C'est ainsi qu'on guérit de la stérilité.

ANTOINE.

C'est assez, César parle, on obéit soudain.

CÉSAR.

Va, cours, acquitte-toi de la cérémonie.

L'ASTROLOGUE, *avec une voix grêle.*

César!....

CÉSAR.

Qui m'appelle?

CASCA.

Ne faites donc pas tant de bruit; paix, encore une fois.

CÉSAR.

Qui donc m'a appelé dans la foule? j'ai entendu
une voix plus claire que de la musique, qui fre-
donnait César. Parle, qui que tu sois, parle; César
se tourne pour t'écouter.

L'ASTROLOGUE.

César, prends garde aux ides de Mars. 1)

1) Cette anecdote est dans *Plutarque*, ainsi que la
plupart des incidens de la pièce. *Shakespear* l'avait donc
lu : comment donc a-t-il pu avilir la majesté de l'his-
toire romaine jusqu'à faire parler quelquefois ces maîtres
du monde comme des insensés, des bouffons, et des cro-
cheteurs? On l'a déjà dit, il voulait plaire à la po-
pulace de son tems.

CÉSAR.

Quel homme est-ce là ?

BRUTUS.

C'est un astrologue, qui vous dit de prendre
garde aux ides de Mars.

CÉSAR.

Qu'il paraisse devant moi, que je voie son visage.

CASCA, *à l'astrologue.*

L'ami, fends la presse, regarde César.

CÉSAR.

Que disais-tu tout-à-l'heure ? répète encore.

L'ASTROLOGUE.

Prends garde aux ides de Mars.

CÉSAR.

C'est un rêveur, laissons-le aller, passons.

(*César s'en va avec toute sa suite.*)

SCENE III.

BRUTUS ET CASSIUS.

CASSIUS.

Voulez-vous venir voir les courses des lupercales ?

BRUTUS.

Non pas moi.

CASSIUS.

Ah ! je vous en prie, allons-y.

BRUTUS (*en vers.*)

Je n'aime point ces jeux ; les goûts, l'esprit d'Antoine

Ne sont point faits pour moi : courez si vous voulez.

CASSIUS.

Brutus, depuis un tems je ne vois plus en vous
Cette affabilité, ces marques de tendresse
Dont vous flattiez jadis ma sensible amitié.

BRUTUS.

Vous vous êtes trompé; quelques ennuis secrets,
Des chagrins peu connus, ont changé mon visage;
Ils me regardent seul, et non pas mes amis.
Non, n'imaginez point que Brutus vous néglige;
Plaignez plutôt Brutus en guerre avec lui-même;
J'ai l'air indifférent, mais mon cœur ne l'est pas.

CASSIUS.

Cet air sévère et triste, où je m'étais mépris,
M'a souvent avec vous imposé le silence.
Mais parle moi, Brutus, peux-tu voir ton visage?

BRUTUS.

Non; l'œil ne peut se voir, à moins qu'un autre objet 1)
Ne réfléchisse en lui les traits de son image.

CASSIUS.

Oui, vous avez raison : que n'avez-vous, Brutus,
Un fidelle miroir qui vous peigne à vous-même,
Qui déploye à vos yeux vos mérites cachés,
Qui vous montre votre ombre! Apprenez, apprenez
Que les premiers de Rome ont les mêmes pensées;

---

1) Rien n'est plus naturel que le fond de cette scène,
rien n'est même plus adroit. Mais comment peut-on ex-
primer un sentiment si naturel et si vrai par des tours
qui le sont si peu ? C'est que le goût n'était pas formé.

Tous disent, en plaignant ce siècle infortuné,
Ah! si du moins Brutus pouvait avoir des yeux!

BRUTUS.

A quel écueil étrange oses-tu me conduire?
Et pourquoi prétends-tu que, me voyant moi-même,
J'y trouve des vertus que le ciel me refuse?

CASSIUS.

Ecoute, cher Brutus, avec attention.
Tu ne saurais te voir que par réflexion.
Supposons qu'un miroir puisse *avec modestie*
Te montrer quelques traits à toi-même inconnus...
Pardonne : tu le sais, je ne suis point flatteur :
Je ne fatigue point par d'indignes sermens
D'infidelles amis qu'en secret je méprise.
Je n'embrasse personne afin de le trahir.
Mon cœur est tout ouvert, et Brutus y peut lire.
*(On entend des acclamations, et le son des
trompettes.)*

BRUTUS.

Que peuvent annoncer ces trompettes, ces cris?
Le peuple voudrait-il choisir César pour roi?

CASSIUS.

Tu ne voudrais donc pas voir César sur le trône?

BRUTUS.

Non, ami, non, jamais, quoique j'aime César.
Mais pourquoi si long-tems me tenir incertain?
Que ne t'expliques-tu? que voulais-tu me dire?
D'où viennent tes chagrins dont tu cachais la cause?
Si l'amour de l'état les fait naître en ton sein,

Parle, ouvre-moi ton cœur; montre-moi sans frémir
La gloire dans un œil, et le trépas dans l'autre.
Je regarde la gloire, et brave le trépas;
Car le ciel m'est témoin que ce cœur tout romain
Aima toujours l'honneur plus qu'il n'aima le jour.

CASSIUS.

Je n'en doutai jamais : je connais ta vertu,
Ainsi que je connais ton amitié fidelle.
Oui, c'est l'honneur, ami, qui fait tous mes chagrins.
J'ignore de quel œil tu regardes la vie;
Je n'examine point ce que le peuple en pense.
Mais pour moi, cher ami, j'aime mieux n'être pas
Que d'être sous les lois d'un mortel mon égal.
Nous sommes nés tous deux libres comme César :
Bien nourris comme lui, comme lui nous savons
Supporter la fatigue et braver les hivers.
Je me souviens qu'un jour, au milieu d'un orage,
Quand le Tibre en courroux luttait contre ses bords,
Veux-tu, me dit César, te jeter dans le fleuve ?
Oseras-tu nager malgré tout son courroux ?
Il dit; et dans l'instant, sans ôter mes habits,
Je plonge, et je lui dis, César, ose me suivre.
Il me suit en effet, et de nos bras nerveux
Nous combattons les flots, nous repoussons les ondes.
Bientôt j'entends César qui me crie, au secours!
Au secours! où j'enfonce. Et moi dans le moment,
Semblable à notre aïeul, à notre auguste Énée,
Qui, dérobant Anchise aux flâmes dévorantes,
L'enleva sur son dos dans les débris de Troye,

J'arrachai ce Gésar aux vagues en fureur.
Et maintenant cet homme est un dieu parmi nous!
Il tonne, et Cassius doit se courber à terre,
Quand ce dieu par hasard daigne le regarder!
Je me souviens encor qu'il fut pris en Espagne 1)
D'un grand accès de fièvre, et que dans le frisson
(Je crois le voir encor, il tremblait comme un homme;)
Je vis ce dieu trembler. La couleur des rubis
S'enfuyait tristement de ses lèvres poltronnes.
Ces yeux dont un regard fait fléchir les mortels,
Ces yeux étaient éteints : j'entendis ses soupirs,
Et cette même voix qui commande à la terre :
Cette terrible voix, (remarque bien, Brutus,
Remarque, et que ces mots soient écrits dans tes livres,
Cette voix qui tremblait disait, *Titinius*,
Titinius, à boire 2). Une fille, un enfant
N'eût pas été plus faible. Et c'est donc ce même homme,
C'est ce corps faible et mou qui commande aux Romains!
Lui notre maître, ô dieux!

1) Tous ces contes que fait *Cassius* ressemblent à un discours de *Gille* à la foire. Cela est naturel, oui; mais c'est le naturel d'un homme de la populace qui s'entretient avec son compère dans un cabaret. Ce n'est pas ainsi que parlaient les plus grands hommes de la république romaine.

2) L'acteur autrefois prenait en cet endroit le ton d'un homme qui a la fièvre, et qui parle d'une voix grêle.

B R U T U S.

　　　　　J'entends un nouveau bruit.
J'entends des cris de joie. Ah! Rome trop séduite
Surcharge encor César et de biens et d'honneurs.

C A S S I U S.

Quel homme! quel prodige! il enjambe ce monde
Comme un vaste colosse; et nous, petits humains,
Rempant entre ses pieds, nous sortons notre tête
Pour chercher en tremblant des tombeaux sans honneur!
Ah! l'homme est quelquefois le maître de son sort :
La faute est dans son cœur, et non dans les étoiles;
Qu'il s'en prenne à lui seul s'il rampe dans les fers.
César! Brutus! hé bien! quel est donc ce César?
Son nom sonne-t-il mieux que le mien ou le vôtre?
Ecrivez votre nom, sans doute il vaut le sien :
Prononcez-les, tous deux sont égaux dans la bouche :
Pesez-les, tous les deux ont un poids bien égal :
Conjurez en ces noms les démons du Tartare,
Les démons évoqués viendront également 1)
Je voudrais bien savoir ce que ce César mange
Pour s'être fait si grand! O siècle! ô jours honteux!
O Rome, c'en est fait, tes enfans ne sont plus.

1) Ces idées sont prises des contes des sorciers, qui
étaient plus communs dans la superstitieuse Angleterre
qu'ailleurs, avant que cette nation fût devenue philo-
sophe, grace aux *Bacon*, aux *Shaftsbury*, aux *Collins*,
aux *Wholaston*, aux *Dodwel*, aux *Midleton*, aux
Bolingbroke, et à tant d'autres génies hardis.

Tu formes des héros, et depuis le déluge
Aucun tems ne te vit sans mortels généreux ;
Mais tes murs aujourd'hui contiennent un seul homme.

C A S S I U S continue , et dit :

Ah! c'est aujourd'hui que Roume existe en effet ;
car il n'y a de roum (de place) que pour César. 1)

C A S S I U S achève son récit par ces vers :

Ah! dans Rome jadis il était un Brutus.
Qui se serait soumis au grand diable d'enfer
Aussi facilement qu'aux ordres d'un monarque.

B R U T U S.

Va, je me fie à toi ; tu me chéris, je t'aime ;
Je vois ce que tu veux ; j'y pensai plus d'un jour.
Nous en pourrons parler : mais, dans ces conjonctures,
Je te conjure, ami, de n'aller pas plus loin.
J'ai pesé tes discours, tout mon cœur s'en occupe ;
Nous en reparlerons, je ne t'en dis pas plus.
Va, sois sûr que Brutus aimerait mieux cent fois
Etre un vil paysan, que d'être un sénateur,
Un citoyen romain menacé d'esclavage.

1) Il y a ici une plaisante pointe ; Rome en Anglais
se prononce *ronm*, et *ronm* signifie aussi *place*. Cela
n'est pas tout-à-fait dans le style de *Cinna* ; mais chaque
peuple et chaque siècle ont leur style et leur sorte
d'éloquence.

S C E N E　I V.

CÉSAR *rentre avec tous ses courtisans, et*
BRUTUS *continue.*

CÉSAR est de retour. Il a fini son jeu.

C A S S I U S.

Crois-moi, tire Casca doucement par la manche;
Il passe ; il te dira ; dans son étrange humeur,
Avec son ton grossier, tout ce qu'il aura vu.

B R U T U S.

Je n'y manquerai pas. Mais observe avec moi
Combien l'œil de César annonce de colère.
Vois tous ses courtisans près de lui consternés.
La pâleur se répand au front de Calphurnie.
Regarde Ciceron, comme il est inquiet,
Impatient, troublé, tel que dans nos comices
Nous l'avons vu souvent, quand quelques sénateurs,
Réfutant ses raisons, bravent son éloquence.

C A S S I U S.

Tu sauras de Casca tout ce qu'il faut savoir.

CÉSAR, *dans le fond.*

Hé bien! Antoine?

A N T O I N E.

Hé bien ! César ?

CÉSAR, *regardant Cassius et Brutus qui sont*
sur le devant.

Puissai-je désormais n'avoir autour de moi
Que ceux dont l'embonpoint marque des mœurs aimables

Cassius est trop maigre, il a les yeux trop creux ;
Il pense trop : je crains ces sombres caractères.

ANTOINE.

Ne ne le crains point, César, il n'est pas dangereux ;
C'est un noble Romain qui t'est fort attaché.

CÉSAR. 1)

Je le voudrais plus gras ; mais je ne puis le craindre.
Cependant si César pouvait craindre un mortel,
Cassius est celui dont j'aurais défiance :
Il lit beaucoup ; je vois qu'il veut tout observer ;
Il prétend par les faits juger du cœur des hommes ;
Il fuit l'amusement, les concerts, les spectacles,
Tout ce qu'Antoine et moi nous goûtons sans remords
Il sourit rarement, et dans son dur sourire
Il semble se moquer de son propre génie ;
Il paraît insulter au sentiment secret
Qui malgré lui l'entraine et le force à sourire.
Un esprit de sa trempe est toujours en colère
Quand il voit un mortel qui s'élève sur lui.
D'un pareil caractère il faut qu'on se défie.
Je te dis, après tout, ce qu'on peut redouter,
Non pas ce que je crains ; je suis toujours moi-même.
Passe à mon côté droit, je suis sourd d'une oreille.
Dis-moi sur Cassius ce que je dois penser.

(*César sort avec Antoine et sa suite.*)

1) Cela est encore tiré de *Plutarque.*

SCENE V.

BRUTUS, CASSIUS, CASCA. (*Brutus tire Casca par la manche.*)

CASCA, *à Brutus.*

César sort, et Brutus par la manche me tire :
Voudrait-il me parler ?

BRUTUS.

Oui, je voudrais savoir
Quel sujet à César cause tant de tristesse.

CASCA.

Vous le savez assez ; ne le suiviez-vous pas ?

BRUTUS.

Eh ! si je le savais, vous le demanderais-je ?

(*Cette scéne est continuée en prose.*)

CASCA.

Oui-da. Hé bien ! on lui a offert une couronne ;
et cette couronne lui étant présentée, il l'a rejetée
du revers de la main. (*Il fait ici le geste qu'a
fait César.*) Alors le peuple a applaudi par mille
acclamations.

BRUTUS.

Pourquoi ce bruit a-t-il redoublé ?

CASCA.

Pour la même raison.

CASSIUS.

Mais on a applaudi trois fois. Pourquoi ce troisième applaudissement ?

CASCA.

Pour cette même raison-là, vous dis-je.

BRUTUS.

Quoi ! on lui a offert trois fois la couronne ?

CASCA.

Et pardieu oui ; et à chaque fois il l'a toujours doucement refusée ; et à chaque signe qu'il faisait de n'en vouloir point, tous mes honnêtes voisins l'applaudissaient à haute voix.

CASSIUS.

Qui lui a offert la couronne ?

CASCA.

Eh ! qui donc ? Antoine.

BRUTUS.

De quelle manière s'y est-il pris, cher Casca ?

CASCA.

Je veux être pendu si je sais précisément la manière ; c'était une pure farce ; je n'ai pas tout remarqué. J'ai vu Marc-Antoine lui offrir la couronne. Ce n'était pourtant pas une couronne tout à fait, c'était un petit coronet 1), et comme je

---

1) Les coronets sont de petites couronnes que les pairesses d'Angleterre portent sur la tête au sacre des rois et des reines, et dont les pairs ornent leurs armoiries. Il est bien étrange que *Shakespear* ait traité en

vous l'ai dit, il l'a rejeté; mais, selon mon juge-
ment, il aurait bien voulu le prendre. On le lui
a offert encore, il l'a rejeté encore; mais, à mon
avis, il était bien fâché de ne pas mettre les doigts
dessus. On le lui a encore présenté, il l'a encore
refusé; et à ce dernier refus la canaille a poussé
de si hauts cris, et a battu de ses vilaines mains
avec tant de fracas, et a tant jeté en l'air ses sales
bonnets, et a laissé échapper tant de bouffées de
sa puante haleine, que César en a été presque
étouffé: il s'est évanoui, il est tombé par terre;
et, pour ma part, je n'osais rire, de peur qu'en
ouvrant ma bouche je ne reçusse le mauvais air
infecté par la racaille.

CASSIUS.

Doucement, doucement. Dis-moi, je te prie;
César s'est évanoui?

CASCA.

Il est tombé tout au milieu du marché; sa bouche
écumait, il ne pouvait parler.

BRUTUS.

Cela est vraisemblable, il est sujet à tomber du
haut mal.

CASSIUS.

Non, César ne tombe point du haut mal; c'est

comique un récit dont le fond est si noble et si in-
téressant: mais il s'agit de la populace de Rome; et
Shakespear cherchait les suffrages de celle de Londres.

vous et moi qui tombons ; c'est nous, honnête Casca, qui sommes en épilepsie.

CASCA.

Je ne sais pas ce que vous entendez par là ; mais je suis sûr que Jules César est tombé ; et regardez-moi comme un menteur si tout ce peuple en guenilles ne l'a pas claqué et sifflé selon qu'il lui plaisait ou déplaisait, comme il fait les comédiens sur le théâtre.

BRUTUS.

Mais qu'a-t-il dit quand il est revenu à lui ?

CASCA.

Jarni ! avant de tomber, quand il a vu la populace si aise de son refus de la couronne, il m'a ouvert son manteau et leur a offert de se couper la gorge.... Quand il a eu repris ses sens, il a dit à l'assemblée, Messieurs, si j'ai dit ou fait quelque chose de peu convenable, je prie vos seigneuries de ne l'attribuer qu'à mon infirmité. Trois ou quatre filles qui étaient auprès de moi se sont mises à crier, Hélas ! la bonne ame ! mais il ne faut pas prendre garde à elles, car s'il avait égorgé leurs mères elles en auraient dit autant.

BRUTUS.

Et après tout cela il s'en est retourné tout triste ?

CASCA.

Oui.

CASSIUS.

Cicéron a-t-il dit quelque chose ?

CASCA.

Oui, il a parlé grec.

CASSIUS.

Pourquoi ?

CASCA.

Ma foi, je ne sais, je ne pourrai plus guère vous regarder en face. Ceux qui l'ont entendu se sont regardés en souriant et ont branlé la tête. Tout cela était du grec pour moi. Je n'ai plus de nouvelle à vous dire. Marullus et Flavius, pour avoir dépouillé les images de César de leurs ornemens, sont réduits au silence. Adieu : il y a eu encore bien d'autres sottises, mais je ne m'en souviens pas.

CASSIUS.

Casca, veux-tu souper avec moi ce soir ?

CASCA.

Non, je suis engagé.

CASSIUS.

Veux-tu dîner avec moi demain ?

CASCA.

Oui, si je suis en vie, si tu ne changes pas d'avis, et si ton dîner vaut la peine d'être mangé.

CASSIUS.

Fort bien ; nous t'attendrons.

CASCA.

Attends-moi. Adieu, tous deux.

(Le reste de la scène est en vers.)

BRUTUS.

L'étrange compagnon! qu'il est devenu brute!
Je l'ai vu tout de feu jadis, dans ma jeunesse.

CASSIUS.

Il est le même encor quand il faut accomplir
Quelque illustre dessein, quelque noble entreprise.
L'apparence est chez lui rude, lente et grossière;
C'est la sauce, crois-moi, qu'il met à son esprit
Pour faire avec plaisir digérer ses paroles.

BRUTUS.

Oui, cela me paraît. Ami, séparons-nous;
Demain, si vous voulez, nous parlerons ensemble.
Je viendrai vous trouver; ou vous viendrez chez moi,
J'y resterai pour vous.

CASSIUS.

Volontiers, j'y viendrai.
Allez; en attendant, souvenez-vous de Rome.

SCENE VI.

CASSIUS, seul.

BRUTUS, ton cœur est bon; mais cependant je vois
Que ce riche métal peut d'une adroite main
Recevoir aisément des formes différentes.
Un grand cœur doit toujours fréquenter ses semblables
Le plus beau naturel est quelquefois séduit.
César me veut du mal, mais il aime Brutus;
Et si j'étais Brutus, et qu'il fût Cassius,
Je sens que sur mon cœur il aurait moins d'empire.

Je prétends cette nuit jeter à sa fenêtre
Des billets sous le nom de plusieurs citoyens ;
Tous lui diront que Rome espère en son courage,
Et tous obscurément condamneront César.
Son joug est trop affreux, songeons à le détruire,
Ou songeons à quitter le jour que je respire.

   (*Cassius sort.*)

(*Les deux derniers vers de cette scène sont
rimés dans l'original.*)

SCENE VII.

(*On entend le tonnerre; on voit des éclairs.
CASCA entre l'épée à la main. CICERON
entre par un autre côté, et rencontre Casca.*)

    CICÉRON.

Bon soir, mon cher Casca ; César est-il chez lui ?
Tu parais sans haleine, et les yeux effarés.

    CASCA.

N'êtes-vous pas troublé, quand vous voyez la terre
Trembler avec effroi jusqu'en ses fondemens ?
J'ai vu cent fois les vents et les fières tempêtes
Renverser les vieux troncs des chênes orgueilleux ;
Le fougueux Océan, tout écumant de rage,
Elever jusqu'au ciel ses flots ambitieux :
Mais jusqu'à cette nuit je n'ai point vu d'orage
Qui fît pleuvoir ainsi les flâmes sur nos têtes.

Ou la guerre civile est dans le firmament,
Ou le monde impudent met le ciel en colère,
Et le force à frapper les malheureux humains.

CICÉRON.

Casca, n'as-tu rien vu de plus épouvantable ?

CASCA.

Un esclave, je crois qu'il est connu de vous,
A levé sa main gauche ; elle a flambé soudain,
Comme si vingt flambeaux s'allumaient tous ensemble
Sans que sa main brûlât, sans qu'il sentît les feux :
Bien plus (depuis ce tems j'ai ce fer à la main)
Un lion a passé tout près du Capitole ;
Ses yeux étincelans se sont tournés sur moi ;
Il s'en va fièrement, sans me faire de mal.
Cent femmes en ces lieux, immobiles, tremblantes,
Jurent qu'elles ont vu des hommes enflammés
Parcourir, sans brûler, la ville épouvantée,
Le triste et sombre oiseau qui préside à la nuit
A dans Rome en plein jour poussé ses cris funèbres.
Croyez-moi, quand le ciel assemble ses prodiges,
Gardons-nous d'en chercher d'inutiles raisons,
Et de vouloir sonder les lois de la nature.
C'est le ciel qui nous parle et qui nous avertit.

CICÉRON.

Tous ces événemens paraissent effroyables ;
Mais pour les expliquer chacun suit ses pensées :
On s'écarte du but en croyant le trouver.
Casca, César demain vient-il au Capitole ?

CASCA.

Il y viendra ; sachez qu'Antoine de sa part
Doit vous faire avertir de vous y rendre aussi.

CICÉRON.

Bon soir donc, cher Casca: les cieux chargés d'orages
Ne nous permettent pas de demeurer. Adieu.

(*Il sort.*)

SCENE VIII.

CASSIUS, CASCA.

CASSIUS.

Qui marche dans ces lieux à cette heure ?

CASCA.

Un Romain.

CASSIUS.

C'est la voix de Casca.

CASCA.

Votre oreille est fort bonne
Quelle effroyable nuit !

CASSIUS.

Ne vous en plaignez pas ;
Pour les honnêtes gens cette nuit a des charmes.

CASCA.

Quelqu'un vit-il jamais les cieux plus courroucés ?

CASSIUS.

Oui, celui qui connaît les crimes de la terre.
Pour moi, dans cette nuit j'ai marché dans les rues ;

J'ai présenté mon corps à la foudre, aux éclairs;
La foudre et les éclairs ont épargné ma vie.

CASCA.

Mais pourquoi tentiez-vous la colère des dieux ?
C'est à l'homme à trembler lorsque le ciel envoie
Ses messagers de mort à la terre coupable.

CASSIUS.

Que tu parais grossier ! que ce feu du génie
Qui luit chez les Romains est éteint dans tes sens !
Ou tu n'as point d'esprit, ou tu n'en uses pas.
Pourquoi ces yeux hagards et ce visage pâle ?
Pourquoi tant t'étonner des prodiges des cieux ?
De ce bruyant courroux veux-tu savoir la cause
Pourquoi ces feux errans, ces mânes déchaînés,
Ces monstres, ces oiseaux, ces enfans qui prédisent,
Pourquoi tout est sorti de ses bornes prescrites?
Tant de monstres, crois-moi, doivent nous avertir
Qu'il est dans la patrie un plus grand monstre encore.
Et si je te nommais un mortel, un Romain,
Non moins affreux pour nous que cette nuit affreuse
Que la foudre, l'éclair, et les tombeaux ouverts ;
Un insolent mortel dont les rugissemens
Semblent ceux du lion qui marche au capitole ;
Un mortel par lui-même aussi faible que nous,
Mais que le ciel élève au-dessus de nos têtes,
Plus terrible pour nous, plus odieux cent fois
Que ces feux, ces tombeaux et ces affreux prodiges...

CASCA.

C'est César, c'est de lui que tu prétends parler.

CASSIUS.

Qui que ce soit, n'importe. Eh quoi donc ! les Romains
N'ont-ils pas aujourd'hui des bras comme leurs pères ?
Ils n'en ont point l'esprit, ils n'en ont point les mœurs,
Ils n'ont que la faiblesse et l'esprit de leurs mères.
Les Romains dans nos jours ont donc cessé d'être homme

CASCA.

Oui, si l'on m'a dit vrai, demain les sénateurs
Accordent à César ce titre affreux de roi,
Et sur terre et sur mer il doit porter le sceptre,
En tous lieux, hors de Rome où déjà César règne.

CASSIUS.

Tant que je porterai ce fer à mon côté,
Cassius sauvera Cassius d'esclavage.
Dieux, c'est vous qui donnez la force aux faibles cœurs,
C'est vous qui des tyrans punissez l'injustice.
Ni les superbes tours, ni les portes d'airain,
Ni les gardes armés, ni les chaînes de fer,
Rien ne retient un bras que le courage anime,
Rien n'ôte le pouvoir qu'un homme a sur soi-même.
N'en doute point, Casca ; tout mortel courageux
Peut briser à son gré les fers dont on le charge.

CASCA.

Oui, je m'en sens capable ; oui, tout homme en ses mains
Porte la liberté de sortir de la vie.

CASSIUS.

Et pourquoi donc César nous peut-il opprimer ?
Il n'eût jamais osé régner sur les Romains ;

Il ne serait pas loup s'il n'était des moutons. 1)
Il nous trouva chevreuils quand il s'est fait lion.
Qui veut faire un grand feu se sert de faible paille.
Que de paille dans Rome! et que d'ordure, ô ciel!
Notre indigne bassesse a fait toute sa gloire.
Mais que dis-je? ô douleurs! où vais-je m'emporter?
Devant qui mes regrets se sont-ils fait entendre?
Etes-vous un esclave? êtes-vous un Romain?
Si vous servez César, ce fer est ma ressource.
Je ne crains rien de vous, je brave tout danger.

CASCA.

Vous parlez à Casca : que ce mot vous suffise.
Je ne sais point flatter César par des rapports.
Prends ma main; parle, agis, fais tout pour sauver Rome.
Si quelqu'un fait un pas dans ce noble dessein,
Je le devancerai; compte sur ma parole.

CASSIUS.

Voilà le marché fait : je veux te confier
Que de plus d'un Romain j'ai soulevé la haine.
Ils sont prêts à former une grande entreprise,
Un terrible complot, dangereux, important.
Nous devons nous trouver au porche de Pompée :
Allons, car à présent, dans cette horrible nuit,
On ne peut se tenir ni marcher dans les rues;
Les élémens armés ensemble confondus

1) Le loup et les moutons ne gâtent point les beautés
de ce morceau, parce que les Anglais n'attachent point
à ces mots une idée basse ; ils n'ont point le proverbe,
qui se fait brebis le loup le mange.

Sont, comme mes projets, fiers, sanglans, et terribles.

CASCA.

Arrête, quelqu'un vient à pas précipités.

CASSIUS.

C'est Cinna, sa démarche est aisée à connaître;
C'est un ami. 1)

SCENE IX.

CASSIUS, CASCA, CINNA.

CASSIUS.

Cinna, qui vous hâte à ce point?

CINNA.

Je vous cherchais. Cimber serait-il avec vous?

CASSIUS.

Non, c'est Casca; je peux répondre de son zéle;
C'est un des conjurés.

CINNA.

J'en rends graces au ciel.
Mais, quelle horrible nuit! Des visions étranges
De quelques-uns de nous ont glacé les esprits.

CASSIUS.

M'attendiez-vous?

CINNA.

Sans doute, avec impatience.
Ah! si le grand Brutus était gagné par vous!

1) Presque toute cette scène me parait pleine de
grandeur, de force, et de beautés vraies.

CASSIUS.

Il le sera, Cinna. Va porter ce papier 1)
Sur la chaire où se sied le préteur de la ville ;
Et jette adroitement cet autre à sa fenêtre :
Mets cet autre papier aux pieds de la statue
De l'antique Brutus qui sut punir les rois.
Tu te rendras après au porche de Pompée.
Avons-nous Décius avec Trébonius ?

CINNA.

Tous, excepté Cimber, au porche vous attendent ;
Et Cimber est allé chez vous pour vous parler.
Je cours exécuter vos ordres respectables.

CASSIUS.

Allons, Casca, je veux parler avant l'aurore
Au généreux Brutus : les trois quarts de lui-même
Sont déjà dans nos mains ; nous l'aurons tout entier,
Et deux mots suffiront pour subjuguer son ame.

CASCA.

Il nous est nécessaire, il est aimé dans Rome ;
Et ce qui dans nos mains peut paraître un forfait,
Quand il nous aidera, passera pour vertu.
Son crédit dans l'état est la riche alchimie
Qui peut changer ainsi les espèces des choses.

1) Un papier du tems de *César* n'est pas trop dans
le costume ; mais il n'y faut pas regarder de si près ;
il faut songer que *Shakespear* n'avait point eu d'édu-
cation, qu'il devait tout à son seul génie.

CASSIUS.

J'attends tout de Brutus, et tout de son mérite.
Allons, il est minuit, et devant qu'il soit jour
Il faudra l'éveiller et s'assurer de lui.

Fin du premier acte.

ACTE SECOND.

SCENE I.

BRUTUS, ET LUCIUS *l'un de ses domestiques,*
dans le jardin de la maison de Brutus.

BRUTUS.

Oh ! Lucius, hola !.... j'observe en vain les astres ;
Je ne puis deviner quand le jour paraîtra.....
Lucius ! je voudrais dormir comme cet homme....
Ah ! Lucius, debout ; éveille-toi, te dis-je.

LUCIUS.

M'appelez-vous, mylord ?

BRUTUS.

Va chercher un flambeau ;
Va, tu le porteras dans ma bibliothèque ;
Et dès qu'il y sera, tu viendras m'avertir.
(*Brutus reste seul.*)
Il faut que César meure :.... oui, Rome enfin l'exige..
Je n'ai point, je l'avoue, à me plaindre de lui ;
Et la cause publique est tout ce qui m'anime.
Il prétend être roi !... mais, quoi ! le diadême
Change-t-il après tout la nature de l'homme ?
Oui, le brillant soleil fait croître les serpens.
Pensons-y ; nous allons l'armer d'un dard funeste ;
Dont il peut nous piquer si tôt qu'il le voudra.

Le trône et la vertu sont rarement ensemble.
Mais quoi ! je n'ai point vu que César jusqu'ici
Ait à ses passions accordé trop d'empire.
N'importe :... on sait assez quelle est l'ambition.
L'échelle des grandeurs à ses yeux se présente ;
Elle y monte en cachant son front aux spectateurs ;
Et quand elle est au haut, alors elle se montre :
Alors jusques au ciel élevant ses regards,
D'un coup-d'œil méprisant sa vanité dédaigne
Les premiers échelons qui firent sa grandeur.
C'est ce que peut César. Il le faut prévenir.
Oui, c'est là son destin, c'est là son caractère ;
C'est un œuf de serpent, qui, s'il était couvé,
Serait aussi méchant que tous ceux de sa race ;
Il le faut dans sa coque écraser sans pitié.

L U C I U S rentre.

Les flambeaux sont déjà dans votre cabinet.
Mais lorsque je cherchais une pierre à fusil,
J'ai trouvé ce billet, monsieur, sur la fenêtre,
Cacheté comme il est ; et je suis très-certain
Que ce papier n'est là que depuis cette nuit.

B R U T U S .

Va-t-en te reposer, il n'est pas jour encore.
Mais, à propos, demain n'avons-nous pas les ides ? 1)

L U C I U S .

Je n'en sais rien, monsieur. 2)

---

1) Ce sont ces fameuses ides de Mars, 15 du mois, où *César* fut assassiné.

2) Il l'appelle tantôt *mylord*, tantôt monsieur, *sire.*

BRUTUS.

Prends le calendrier,
Et viens m'en rendre compte.

LUCIUS.

Oui, j'y cours à l'instant.

BRUTUS, *décachetant le billet.*

Ouvrons, car les éclairs et les exhalaisons
Font assez de clarté pour que je puisse lire.

(*Il lit.*)

« Tu dors ! éveille-toi, Brutus, et songe à Rome ;
» Tourne les yeux sur toi, tourne les yeux sur elle.
» Es-tu Brutus encor ? peux-tu dormir, Brutus ?
» Debout ; sers ton pays ; parle, frappe, et nous venge. »
J'ai reçu quelquefois de semblables conseils,
Je les ai recueillis. On me parle de Rome !
Je pense à Rome assez.... Rome,... c'est de tes rues
Que mon aïeul Brutus osa chasser Tarquin.
Tarquin ! c'était un roi....*Parle, frappe, et nous venge.*
Tu veux donc que je frappe ... oui, je te le promets,
Je frapperai ; ma main vengera tes outrages,
Ma main, n'en doute point, remplira tous tes vœux.

LUCIUS *rentre.*

Nous avons ce matin le quinzième du mois.

BRUTUS.

C'est fort bien ; cours ouvrir, quelqu'un frappe à la porte.

(*Lucius va ouvrir.*)

Depuis que Cassius m'a parlé de César,
Mon cœur s'est échauffé, je n'ai pas pu dormir.
Tout le tems qui s'écoule entre un projet terrible

Et l'accomplissement n'est qu'un fantôme affreux,
Un rêve épouvantable , un assaut du génie
Qui dispute en secret avec cet attentat ; 1)
C'est la guerre civile en notre ame excitée.

LUCIUS.

Cassius votre frère est là qui vous demande. 2)

BRUTUS.

Est-il seul ?

LUCIUS.

Non, monsieur ; sa suite est assez grande.

BRUTUS.

En connais-tu quelqu'un ?

LUCIUS.

Je n'en connais pas un.
Couverts de leurs chapeaux 3) jusques à leurs oreilles,
Ils ont dans leurs manteaux enterré leurs visages ;
Et nul à Lucius ne s'est fait reconnaître :
Pas la moindre amitié.

BRUTUS.

Ce sont nos conjurés.
O conspiration , quoi ! dans la nuit tu trembles !
Dans la nuit favorable aux autres attentats !
Ah ! quand le jour viendra, dans quels antres profonds

1) Il y a dans l'original , *le génie tient conseil avec
ces instrumens de mort.* Cet endroit se retrouve dans
une note de *Cinna* , mais moins exactement traduit.

2) *Votre frère* veut dire ici *votre ami.*

3) *Hats ,* chapeaux.

Pourras-tu donc cacher ton monstrueux visage ?
Va, ne te montre point, prends le masque imposant
De l'affabilité, des respects, des carresses,
Si tu ne sais cacher tes traits épouvantables,
Les ombres de l'enfer ne sont pas assez fortes
Pour dérober ta marche aux regards de César.

SCÈNE II.

CASSIUS, CASCA, DÉCIUS, CINNA,
MÉTELLUS, TRÉBONIUS, *enveloppés*
dans leurs manteaux.

TRÉBONIUS, *en se découvrant.*

Nous venons hardiment troubler votre repos.
Bon jour, Brutus ; parlez, sommes-nous importuns ?

BRUTUS.

Non ; le sommeil me fuit ; non, vous ne pouvez l'être·
(*A part, à Cassius.*)
Ceux que vous amenez sont-ils connus de moi ?

CASSIUS.

Tous le sont ; chacun d'eux vous aime et vous honore.
Puissiez-vous seulement, en vous rendant justice,
Vous estimer, Brutus, autant qu'ils vous estiment !
Voici Trébonius.

BRUTUS.

Qu'il soit le bien venu.

CASSIUS.

Celui qui l'accompagne est Décius Brutus.

BRUTUS.

Trés-bien venu de même.

CASSIUS.

Et cet autre est Casca.
Celui-là c'est Cimber ; et celui-ci Cinna.

BRUTUS.

Tous les très-bien venus.... Quels projets importans
Les mènent dans ces lieux entre vous et la nuit ?

CASSIUS.

Puis-je vous dire un mot ?

(*Il lui parle à l'oreille ; et pendant ce tems-là*
les conjurés se retirent un peu.)

DÉCIMUS.

L'orient est ici ; le soleil va paraître.

CASCA.

Non.

DÉCIMUS.

Pardonnez, monsieur, déjà quelques rayons,
Messagers de l'aurore, ont blanchi les nuages.

CASCA.

Avouez que tous deux vous vous êtes trompés :
Tenez, le soleil est au bout de mon épée ;
Il s'avance de loin vers le milieu du ciel ,
Amenant avec lui les beaux jours du printems.
Vous verrez dans deux mois qu'il s'approche de l'ourse
Mais ses traits à présent frappent au capitole. 1)

1) On a traduit cette dissertation , parce qu'il faut
tout traduire.

BRUTUS.

Donnez-moi tous la main, amis, l'un après l'autre.

CASSIUS.

Jurez tous d'accomplir vos desseins généreux.

BRUTUS.

Laissons là les sermens. Si la patrie en larmes,
Si d'horribles abus, si nos malheurs communs,
Ne sont pas des motifs assez puissans sur vous,
Rompons tout ; hors d'ici, retournez dans vos lits,
Dormez, laissez veiller l'affreuse tyrannie ;
Que sous son bras sanglant chacun tombe à son tour.
Mais si tant de malheurs, ainsi que je m'en flatte,
Doivent remplir de feu les cœurs froids des poltrons,
Inspirer la valeur aux plus timides femmes,
Qu'avons-nous donc besoin d'un nouvel éperon ?
Quel lien nous faut-il que notre propre cause ?
Et quel autre serment que l'honneur, la parole ?
L'amour de la patrie est notre engagement ;
La vertu, mes amis, se fie à la vertu. 1)
Les prêtres, les poltrons, les frippons et les faibles,
Ceux dont on se défie, aux sermens ont recours.
Ne souillez pas l'honneur d'une telle entreprise ;
Ne faites pas la honte à votre juste cause
De penser qu'un serment soutienne vos grands cœurs.
Un Romain est bâtard s'il manque à sa promesse.

1) Y a-t-il rien de plus beau que le fonds de ce discours ? Il est vrai que la grandeur en est un peu avilie par quelques idées un peu basses ; mais toutes sont naturelles et fortes, sans épithètes et sans langueur.

CASSIUS.

Aurons-nous Cicéron ? voulez-vous le sonder ?
Je crois qu'avec vigueur il sera du parti.

CASCA.

Ah ! ne l'oublions pas.

CINNA,

Ne faisons rien sans lui.

CIMBER.

Pour nous faire approuver, ses cheveux blancs suffisent,
Il gagnera des voix ; on dira que nos bras
Ont été dans ce jour guidés par sa prudence.
Notre âge jeune encor et notre emportement
Trouveront un appui dans sa grave vieillesse.

BRUTUS.

Non, ne m'en parlez point ; ne lui confiez rien.
Il n'achéve jamais ce qu'un autre commence ;
Il prétend que tout vienne et dépende de lui.

CASSIUS.

Laissons donc Cicéron.

CASCA.

Il nous servirait mal.

CIMBER.

César est-il le seul que nous devions frapper ?

CASSIUS.

Je crois qu'il ne faut pas qu'Antoine lui survive ;
Il est trop dangereux ; vous savez ses mesures,
Il peut les pousser loin ; il peut nous perdre tous ;
Il faut le prévenir : que César et lui meurent.

BRUTUS.

Cette *course* 1) aux Romains paraîtrait trop sanglante :
On nous reprocherait la colère et l'envie ,
Si nous coupons la tête, et puis hachons les membres;
Car Antoine n'est rien qu'un membre de César.
Ne soyons point bouchers , mais sacrificateurs. 2)
Qui voulons-nous punir ? c'est l'esprit de César.
Mais dans l'esprit d'un homme on ne voit point de sang.
Ah! que ne pouvons-nous, en punissant cet homme,
Exterminer l'esprit sans démembrer le corps !
Hélas ! il faut qu'il meure.... O généreux amis ,
Frappons avec audace , et non pas avec rage ;
Faisons de la victime un plat digne des dieux ,
Non pas une carcasse aux chiens abandonnée :
Que nos cœurs aujourd'hui soient comme un maître habile
Qui fait par ses laquais commettre quelque crime ,
Et qui les gronde ensuite. Ainsi notre vengeance
Paraîtra nécessaire, et non pas odieuse.
Nous serons médecins, et non pas assassins.
Ne pensons plus , amis, à frapper Marc Antoine ;
Il ne peut, croyez-moi, rien de plus contre nous

1) Le mot *course* fait peut-être allusion à la course
des lupercales. *Course* signifie aussi, *service de plats
sur table.*

2) Observez que c'est ici un morceau des plus ad-
mirés sur le théâtre de Londres. *Pope* et l'évêque *War-
burton* l'ont imprimé avec des guillemets pour en faire
mieux remarquer les beautés. Il est traduit vers pour
vers avec exactitude.

Que le bras de César, quand la tête est coupée.

CASSIUS.

Cependant je le crains ; je crains cette tendresse
Qu'en son cœur pour César il porte enracinée.

BRUTUS.

Hélas ! bon Cassius, ne le redoute point ;
S'il aime tant César, il pourrait tout au plus
S'en occuper, le plaindre, et peut-être mourir :
Il ne le fera pas, car il est trop livré
Aux plaisirs, aux festins, aux jeux, à la débauche.

TRÉBONIUS.

Non, il n'est point à craindre, il ne faut point qu'il meure
Nous le verrons bientôt rire de tout ceci.

(*On entend l'horloge sonner ; ce n'est pas que*
les Romains eussent des horloges sonnantes,
mais le costume *est observé ici comme dans*
tout le reste.)

BRUTUS.

Paix, comptons.

CASSIUS.

Vous voyez qu'il est déjà trois heures.

TRÉBONIUS.

Il faut nous séparer.

CASCA.

Il est doutеux encore
Si César osera venir au capitole.
Il change, il s'abandonne aux superstitions.
Il ne méprise plus les revenans, les songes ;

Et l'on dirait qu'il croit à la religion.
L'horreur de cette nuit, ces effrayans prodiges,
Les discours des devins, les rêves des augures,
Pourraient le détourner de marcher au sénat.

DÉCIUS.

Ne crains rien : si telle est sa résolution,
Je l'en feraï changer. Il aime tous les contes;
Il parle volontiers de la chasse aux licornes;
Il dit qu'avec du bois on prend ces animaux,
Qu'à l'aide d'un miroir on attrape les ours,
Et que dans des filets on saisit les lions :
Mais les flatteurs, dit-il, sont les filets des hommes.
Je le louerai sur-tout de haïr les flatteurs.
Il dira qu'il les hait, étant flatté lui-même. 1)
Je lui tendrai ce piége, et le gouvernerai.
J'engagerai César à sortir sans rien craindre.

CASSIUS.

Allons tous le prier d'aller au capitole.

BRUTUS.

A huit heures, amis; à ce tems au plus tard.

CINNA.

N'y manquons pas au moins, au plus tard à huit heures.

CIMBER.

Caius Ligarius veut du mal à César :
César, vous le savez, l'avait persécuté
Pour avoir noblement dit du bien de Pompée.

1) L'évêque *Waburton* dans son commentaire sur
Shakespear, dit que cela est admirablement imaginé.

Pourquoi Ligarius n'est-il pas avec nous ?

BRUTUS.

Va le trouver, Cimber; je le chéris, il m'aime :
Qu'il vienne ; à nous servir je saurai l'engager.

CASSIUS.

L'aube du jour paraît ; nous vous laissons, Brutus.
Amis , dispersez-vous ; songez à vos promesses ;
Qu'on reconnaisse en vous des Romains véritables.

BRUTUS.

Paraissez gais, contens, mes braves gentilshommes ; 1)
Gardez que vos regards trahissent vos desseins;
Imitez les acteurs du théâtre de Rome.
Ne vous rebutez point ; soyez fermes , constans.
Adieu : je donne à tous le bon jour; et partez.

(Lucius est endormi dans un coin.)

BRUTUS.

Eh ! garçon !.... Lucius !.... Il dort profondément.
Ah! de ce doux sommeil goûte bien la rosée.
Tu n'as point en dormant de ces rêves cruels
Dont notre inquiétude accable nos pensées.
Nous sommes agités , ton ame est en repos.

1) On traduit exactement.

S C E N E   I I I.

BRUTUS, et PORCIA sa femme.

PORCIA.

Brutus!.... mylord!....

BRUTUS.

Pourquoi paraître si matin?
Que voulez-vous? songez que rien n'est plus mal sain,
Pour une santé faible ainsi que vous l'avez,
D'affronter le matin la crudité de l'air.

PORCIA.

Si l'air est si mal sain, il doit l'être pour vous.
Ah Brutus! ah! pourquoi vous dérober du lit?
Hier quand nous soupions vous quittâtes la table,
Et vous vous promeniez pensif et soupirant:
Je vous dis, Qu'avez-vous? Mais en croisant les mains,
Vous fixâtes sur moi des yeux sombres et tristes.
J'insistai, je pressai, mais ce fut vainement:
Vous frappâtes du pied en vous grattant la tête.
Je redoublai d'instance; et vous, sans dire un mot,
D'un revers de la main, signe d'impatience,
Vous fîtes retirer votre femme interdite.
Je craignis de choquer les ennuis d'un époux,
Et je pris ce moment pour un moment d'humeur
Que souvent les maris font sentir à leurs femmes. 1)

1) C'est encore là un de ces endroits qu'on admire,
et qui sont marqués avec des guillemets.

Non , je ne puis, Brutus, ni vous laisser parler ,
Ni vous laisser manger , ni vous laisser dormir ,
Sans savoir le sujet qui tourmente votre ame.
Brutus, mon cher Brutus!.... Ah ! ne me cachez rien.

BRUTUS.

Je me porte assez mal, c'est là tout mon secret.

PORCIA.

Brutus est homme sage , et, s'il se portait mal ,
Il prendrait les moyens d'avoir de la santé.

BRUTUS.

Aussi fais-je : ma femme , allez vous mettre au lit.

PORCIA.

Quoi ! vous êtes malade , et pour vous restaurer
A l'air humide et froid vous marchez presque nud ,
Et vous sortez du lit pour amasser un rhume !
Pensez-vous vous guérir en étant plus malade ?
Non , Brutus : votre esprit roule de grands projets ;
Et moi, par ma vertu , par les droits d'une épouse ,
Je dois en être instruite, et je vous en conjure.
Je tombe à vos genoux.... Si jadis ma beauté
Vous fit sentir l'amour, et si notre hyménée
M'incorpore avec vous, fait un être de deux,
Dites-moi ce secret, à moi votre moitié,
A moi qui vis pour vous , à moi qui suis vous-même.
Hé bien ! vous soupirez ! parlez : quels inconnus
Sont venus vous chercher en voilant leurs visages?
Se cacher dans la nuit ! pourquoi ? quelles raisons?
Que voulaient-ils ?

BRUTUS.

Hélas! Porcia, levez-vous.

PORCIA.

Si vous étiez encor le bon, l'humain Brutus,
Je n'aurais pas besoin de me mettre à vos pieds.
Parlez : dans mon contrat est-il donc stipulé
Que je ne saurai rien des secrets d'un mari ?
N'êtes-vous donc à moi, Brutus, qu'avec réserve ?
Et moi, ne suis-je à vous que comme une compagne,
Soit au lit, soit à table, ou dans vos entretiens,
Vivant dans les faubourgs de votre volonté ?
S'il est ainsi, Porcie est votre concubine, 1)
Et non pas votre femme.

BRUTUS.

　　　　　　Ah! vous êtes ma femme,
Femme tendre, honorable, et plus chère à mon cœur
Que les gouttes de sang dont il est animé.

PORCIA.

S'il est ainsi, pourquoi me cacher vos secrets ?
Je suis femme, il est vrai, mais femme de Brutus,
Mais fille de Caton : pourriez-vous bien douter
Que je sois élevée au-dessus de mon sexe,
Voyant qui m'a fait naître, et qui j'ai pour époux? 2)

---

1) Il y a dans l'original, *whore*, putain.

2) *Corneille* dit la même chose dans *Pompée. César*
parle ainsi à *Cornélie* :

　　Certes, vos sentimens font assez reconnoître
　　Qui vous donna la main, et qui vous donna l'être ;

Confiez-vous à moi, soyez sûr du secret.
J'ai déjà sur moi-même essayé ma constance ;
J'ai percé d'un poignard ma cuisse en cet endroit:
J'ai souffert sans me plaindre, et ne saurai me taire !

BRUTUS.

Dieux! qu'entends-je? Grands dieux, rendez-moi digne d'el
Ecoute, écoute, on frappe ; on frappe, écarte-toi.
Bientôt tous mes secrets, dans mon cœur enfermés
Passeront dans le tien. Tu sauras tout, Porcie.
Va, mes sourcils froncés prennent un air plus doux.

S C E N E I V.

B R U T U S , L U C I U S , L I G A R I U S.

L U C I U S , *courant à la porte.*

Qui va là ? répondez.

L U C I U S ,
en entrant, et adressant la parole à Brutus.
Un homme languissant,
Un malade qui vient pour vous dire deux mots.

B R U T U S , *à part.*

C'est ce Ligarius dont Cimber m'a parlé.

> Et l'on juge aisément, au cœur que vous portez,
> Où vous êtes entrée, et de qui vous sortez, etc.

Il est vrai qu'un vers suffisait, que cette noble pensée perd de son prix en étant répétée, retournée ; mais il est beau que *Shakespear* et *Corneille* aient eu la même idée.

(A Lucius.)

Garçon, retire-toi..... Hè bien , Ligarius ?

LIGARIUS.

C'est d'une faible voix que je te dis bon jour.

BRUTUS.

Tu portes une écharpe ! hélas ! quel contre-tems !
Que ta santé n'est-elle égale à ton courage !

LIGARIUS.

Si le cœur de Brutus a formé des projets
Qui soient dignes de nous, je ne suis plus malade.

BRUTUS.

J'ai formé des projets dignes d'être écoutés,
Et d'être secondés par un homme en santé.

LIGARIUS.

Je sens, par tous les dieux vengeurs de ma patrie,
Que je me porte bien. O toi , l'ame de Rome ,
Toi, brave descendant du vainqueur des Tarquins,
Qui, comme un exorciste 1) as conjuré dans moi
L'esprit de maladie à qui j'étais livré ,
Ordonne , et mes efforts combattront l'impossible ;
Ils en viendront à bout. Que faut-il faire ? dis.

BRUTUS.

Un exploit qui pourra guérir tous les malades.

LIGARIUS.

Je crois que des gens sains pourront s'en trouver mal.

1) *L'exorciste* dans la bouche des Romains est sin-
gulier. Toute cette pièce pourrait être chargée de pa-
reilles notes ; mais il faut laisser faire les réflexions au
lecteur.

BRUTUS.

Je le crois bien aussi. Viens, je te dirai tout.

LIGARIUS.

Je te suis; ce seul mot vient d'enflammer mon cœur.
Je ne sais pas encor ce que tu veux qu'on fasse;
Mais viens, je le ferai : tu parles, il suffit.

(*Ils s'en vont.*)

SCENE V.

*Le théâtre représente le palais de CÉSAR. La
foudre gronde, les éclairs étincellent.*

CÉSAR.

La terre avec le ciel est cette nuit en guerre;
Calphurnie a trois fois crié dans cette nuit,
Au secours ! César meurt; venez, on l'assassine !
Hola, quelqu'un.

UN DOMESTIQUE.

Mylord.

CÉSAR.

Va-t-en dire à nos prêtres
De faire un sacrifice, et tu viendras soudain
M'avertir du succès.

LE DOMESTIQUE.

Je n'y manquerai pas.

CALPHURNIE.

Où voulez-vous aller? vous ne sortirez point,
César, vous resterez ce jour à la maison.

CÉSAR.

Non , non , je sortirai ; tout ce qui me menace
Ne s'est montré jamais que derriére mon dos : 1)
Tout s'évanouira quand il verra ma face.

CALPHURNIE.

Je n'assistai jamais à ces cérémonies ;
Mais je tremble à présent : les gens de la maison
Disent que l'on a vu des choses effroyables.
Une lionne a fait ses petits dans la rue.
Des tombeaux qui s'ouvraient des morts sont échappés.
Des bataillons armés combattans dans les nues
Ont fait pleuvoir du sang sur le mont Tarpeïen ;
Les airs ont retenti des cris des combattans ;
Les chevaux hennissaient ; les moyrans soupiraient.
Des fantômes criaient et hurlaient dans les places.
On n'avait jamais vu de pareils accidens :
Je les crains.

CÉSAR.

Pourquoi craindre ? on ne peut éviter
Ce que l'arrêt des dieux a prononcé sur nous.
César prétend sortir. Sachez que ces augures
Sont pour le monde entier autant que pour César.

CALPHURNIE.

Quand les gueux vont mourir, il n'est point de comètes,
Mais le ciel enflammé prédit la mort des princes.

CÉSAR.

Un poltron meurt cent fois avant de mourir une ;

1) Encore une fois , la traduction est fidelle.

Et le brave ne meurt qu'au moment du trépas.
Rien n'est plus étonnant, rien ne me surprend plus
Que lorsque l'on me dit qu'il est des gens qui craignent
Que craignent-ils? la mort est un but nécessaire.
Mourons quand il faudra.

(Le domestique revient.)

CÉSAR.

Que disent les augures?

LE DOMESTIQUE.

Gardez-vous, disent-ils, de sortir de ce jour.
En sondant l'avenir dans le sein des victimes,
Vainement de leur bête ils ont cherché le cœur.

(Il s'en va.)

CÉSAR.

Le ciel prétend ainsi se moquer des poltrons.
César serait lui-même une bête sans cœur,
S'il était au logis arrêté par la crainte.
Il sortira, vous dis-je, et le danger sait bien ₁)
Que César est encor plus dangereux que lui.
Nous sommes deux lions de la même portée;
Je suis l'aîné; je suis le plus vaillant des deux;
Je ne sortirais point !

CALPHURNIE.

Hélas ! mon cher mylord,
Votre témérité détruit votre prudence.
Ne sortez point ce jour. Songez que c'est ma crainte,
Et non la vôtre enfin, qui doit vous retenir.

1) Traduit mot à mot.

Nous enverrons Antoine au sénat assemblé ;
Il dira que César est aujourd'hui malade.
J'embrasse vos genoux , faites-moi cette grace.

C É S A R.

Antoine dira donc que je me trouve mal ;
Et pour l'amour de vous je reste à la maison.

S C E N E   V I.

D É C I U S *entre.*

C É S A R , *à Décius.*

Ah ! voilà Décius , il fera le message.

D É C I U S.

Serviteur et bon jour, noble et vaillant César ;
Je viens pour vous chercher , le sénat vous attend.

C É S A R.

Vous venez à propos, cher Décius Brutus.
A tous les sénateurs faites mes complimens.
Dites-leur qu'au sénat je ne saurais aller.

(*A part.*)

Je ne peux (c'est très-faux,) je n'ose (encor plus faux.)
Dites-leur, Décius, que je ne le veux pas.

C A L P H U R N I E.

Dites qu'il est malade.

C É S A R.

Eh quoi ! César mentir !

Ai-je au nord de l'Europe étendu mes conquêtes,
Pour n'oser dire vrai devant ces vieilles barbes ?

Vous direz seulement que je ne le veux pas.

DÉCIUS.

Grand César, dites-moi du moins quelque raison ;
Si je n'en disais pas, on me rirait au nez.

CÉSAR,

La raison, Décius, est dans ma volonté :
Je ne veux pas, ce mot suffit pour le sénat :
Mais César vous chérit ; mais je vous aime, vous ;
Et pour vous satisfaire il faut vous avouer
Qu'au logis aujourd'hui je suis malgré moi-même
Retenu par ma femme.... Elle a rêvé la nuit
Qu'elle a vu ma statue, en fontaine changée,
Jeter par cent canaux des ruisseaux de pur sang ;
De vigoureux Romains accouraient en riant,
Et dans ce sang, dit-elle, ils ont lavé leurs mains.
Elle croit que ce songe est un avis des dieux.
Elle m'a conjuré de demeurer chez moi.

DÉCIUS.

Elle interprète mal ce songe favorable :
C'est une vision très-belle et très-heureuse.
Tous ces ruisseaux de sang sortant de la statue
Ces Romains se baignant dans ce sang précieux,
Figurent que par vous Rome vivifiée
Reçoit un nouveau sang et de nouveaux destins.

CÉSAR.

C'est très-bien expliquer le songe de ma femme.

DÉCIUS.

Vous en serez certain, lorsque j'aurai parlé.
Sachez que le sénat va vous couronner roi ;

Et s'il apprend par moi que vous ne venez pas,
Il est à présumer qu'il changera d'avis.
C'est se moquer de lui, César, que de lui dire,
» Sénat, séparez-vous, vous vous rassemblerez
» Lorsque sa femme aura des rêves plus heureux. »
Ils diront tous, César est devenu timide.
Pardonnez-moi, César, excusez ma tendresse ;
Vos refus m'ont forcé de vous parler ainsi :
L'amitié, la raison, vous font ces remontrances.

CÉSAR.

Ma femme, je rougis de vos sottes terreurs,
Et je suis trop honteux de vous avoir cédé.
Qu'on me donne ma robe, et je vais au sénat.

SCENE VII.

CÉSAR, BRUTUS, LIGARIUS, CIMBER, TRÉBONIUS, CINNA, CASCA, CALPHURNIE, PUBLIUS.

CÉSAR, *continuant.*

Ah ! voilà Publius qui vient pour me chercher.

PUBLIUS.

Bon jour, César.

CÉSAR.

Soyez bien venu, Publius.
Eh quoi ! Brutus aussi, vous venez si matin !
Bon jour, Casca. Bon jour, Caïus Ligarius.
Je vous ai fait, je crois, moins de mal que la fièvre,

Qui ne vous a laissé que la peau sur les os.
Quelle heure est-il ?

BRUTUS.

César, huit heures sont sonnées.

CÉSAR.

Je vous suis obligé de votre courtoisie.

(*Antoine entre , et César continue.*)

Antoine dans les jeux passe toutes les nuits ,
Et le premier debout ! Bon jour, mon cher Antoine.

ANTOINE.

Bon jour, noble César.

CÉSAR.

Va , fais tout préparer :
On doit fort me blâmer de m'être fait attendre.
Cinna , Cimber , et vous, mon cher Trébonius ,
J'ai pour une heure entiére à vous entretenir.
Au sortir du sénat venez à ma maison ;
Mettez-vous près de moi pour que je m'en souvienne.

TRÉBONIUS , *à part.*

Je n'y manquerai pas.... Va , j'en serai si près ,
Que tes amis voudraient que j'eusse été bien loin.

CÉSAR.

Allons tous au logis , buvons bouteille ensemble, 1)
Et puis en bons amis nous irons au sénat.

BRUTUS , *à part.*

Ce qui paraît semblable est souvent différent.

1) Toujours la plus grande fidélité dans la traduction.

Mon cœur saigne en secret de ce que je vais faire.

(Ils sortent tous , et César reste avec Cal-
phurnie.)

SCENE VIII.

Le théâtre représente une rue près du capitole.
Un devin nommé ARTÉMIDORE arrive
en lisant un papier dans le fond du théâtre.

ARTÉMIDORE, *lisant.*

« César , garde-toi de Brutus ; prends garde à Cassius ;
ne laisse point Casca t'approcher ; observe bien Cinna ;
défie toi de Trébonius ; examine bien Cimber ; Décius
Brutus ne t'aime point ; tu as outragé Ligarius ; tous
ces gens-là sont animés du même esprit , ils sont aigris
contre César. Si tu n'es pas immortel , prends garde à
toi. La sécurité enhardit la conspiration. Que les dieux
tout-puissans te défendent ! »

Ton fidelle ARTÉMIDORE.

Prenons mon poste ici. Quand César passera ,
Présentons cet écrit ainsi qu'une requête.
Je suis outré de voir que toujours la vertu
Soit exposée aux dents de la cruelle envie.
Si César lit cela , ses jours sont conservés ,
Sinon la destinée est du parti des traîtres.

(Il sort, et se met dans un coin.)

(*Porcia arrive avec Lucius.*)

PORCIA, *à Lucius.*

Garçon, cours au sénat, ne me réponds point, vole.
Quoi! tu n'es pas parti?

LUCIUS.

Donnez-moi donc vos ordres.

PORCIA.

Je voudrais que déjà tu fusses de retour,
Avant que t'avoir dit ce que tu dois y faire.
O constance, ô courage, animez mes esprits,
Séparez par un roc mon cœur d'avec ma langue.
Je ne suis qu'une femme, et pense comme un homme.

(*à Lucius.*)

Quoi! tu restes ici?

LUCIUS.

Je ne vous comprends pas.
Que j'aille au capitole, et puis que je revienne,
Sans me dire pourquoi, ni ce que vous voulez!

PORCIA.

Garçon... tu me diras... comment Brutus se porte;
Il est sorti malade... attends... observe bien....
Tout ce que César fait, quels courtisans l'entourent.....
Reste un moment, garçon...Quel bruit, quels cris j'entends!

LUCIUS.

Je n'entends rien, madame.

PORCIA.

Ouvre l'oreille, écoute;
J'entends des voix, des cris, un bruit de combattans,
Que le vent porte ici du haut du capitole.

LUCIUS.

Madame, en vérité je n'entends rien du tout.

(*Artémidore entre.*)

SCENE IX.

PORCIA, ARTÉMIDORE.

PORCIA.

Approche ici, l'ami. Que fais-tu? d'où viens-tu?

ARTÉMIDORE.

Je viens de ma maison.

PORCIA.

Sais-tu quelle heure il est?

ARTÉMIDORE.

Neuf heures.

PORCIA.

Mais, César est-il au capitole?

ARTÉMIDORE.

Pas encor, je l'attends ici sur son chemin.

PORCIA.

Tu veux lui présenter quelque placet sans doute?

ARTÉMIDORE.

Oui; puisse ce placet plaire aux yeux de César!
Que César s'aime assez pour m'écouter, madame!
Mon placet est pour lui beaucoup plus que pour moi.

PORCIA.

Que dis-tu? l'on ferait quelque mal à César?

ARTÉMIDORE.

Je ne sais ce qu'on fait ; je sais ce que je crains.
Bon jour, madame, adieu : la rue est fort étroite ;
Les sénateurs, préteurs, courtisans, demandeurs,
Font une telle foule, une si grande presse,
Qu'en ce passage étroit ils pourraient m'étouffer ;
Et j'attendrai plus loin César à son passage.

(*Il sort.*)

PORCIA.

Allons, il faut le suivre.... Hélas ! quelle faiblesse
Dans le cœur d'une femme ! Ah Brutus ! ah Brutus !
Puissent les immortels hâter ton entreprise !
Mais cet homme, grands dieux ! m'aurait-il écoutée ?
Ah ! Brutus à César va faire une requête
Qui ne lui plaira pas. Ah ! je m'évanouis.

(*A Lucius*).

Va, Lucius, cours vîte, et dis bien à Brutus....
Que je suis très-joyeuse ; et revole me dire.....

LUCIUS.

Quoi ?

PORCIA.

Tout ce que Brutus t'aura dit pour Porcie.

Fin du second acte.

ACTE TROISIÈME.
SCENE I.

Le théâtre représente une rue qui mène au capitole : le capitole est ouvert. CÉSAR *marche au son des trompettes avec* BRUTUS, CASSIUS, CIMBER, DÉCIUS, CASCA, CINNA, TRÉBONIUS, ANTOINE, LEPIDE, POPILIUS, PUBLIUS, ARTÉMIDORE, *et un autre devin.*

CÉSAR, *à l'autre devin.*

Hé bien! nous avons donc ces ides si fatales?

LE DEVIN.

Oui, ce jour est venu, mais il n'est pas passé.

ARTÉMIDORE, *d'un autre côté.*

Salut au grand César, qu'il lise ce mémoire.

DÉCIUS, *du côté opposé.*

Trébonius par moi vous en présente un autre ;
Daignez le parcourir quand vous aurez le tems.

ARTÉMIDORE.

Lisez d'abord le mien, il est de conséquence ;
Il vous touche de près ; lisez, noble César.

CÉSAR.

L'affaire me regarde? elle est donc la dernière.

A R T É M I D O R E.

Eh! ne différez pas, lisez dès ce moment.

C É S A R.

Je pense qu'il est fou.

P U B L I U S, *à Artémidore.*

Allons, maraud, fais place.

C A S S I U S.

Peut-on donner ainsi des placets dans les rues?
Va-t-en au capitole.

P O P I L I U S, *s'approchant de Cassius.*

Ecoutez, Cassius:
Puisse votre entreprise avoir un bon succès!

C A S S I U S, *étonné.*

Comment! quelle entreprise?

P O P I L I U S.

Adieu, portez-vous bien.

B R U T U S, *à Cassius.*

Que vous a dit tout bas Popilius Léna?

C A S S I U S.

Il parle de succès et de notre entreprise.
Je crains que le projet n'ait été découvert.

B R U T U S.

Il aborde César, il lui parle, observons.

C A S S I U S, *à Casca.*

Sois donc prêt à frapper, de peur qu'on nous prévienne.
Mais si César sait tout, qu'allons-nous devenir?
Cassius à César tournerait-il le dos?
Non, j'aime mieux mourir.

CASCA, *à Cassius.*

Va, ne prends point d'alarme,
Popilius Léna ne parle point de nous.
Vois comme César rit, son visage est le même.

CASSIUS, *à Brutus.*

Ah! que Trébonius agit adroitement!
Regarde bien, Brutus, comme il écarte Antoine.

DÉCIUS.

Que Metellus commence, et que dès ce moment
Pour occuper César il lui donne un mémoire.

BRUTUS.

Le mémoire est donné; serrons-nous près de lui.

CINNA, *à Casca.*

Souviens-toi de frapper, et de donner l'exemple.

CÉSAR *s'assied ici, et on suppose qu'ils sont*
tous dans la salle du sénat.

Hé bien! tout est-il prêt? est-il quelques abus
Que le sénat et moi nous puissions corriger?

CIMBER, *se mettant à genoux devant César.*

O très-grand, très-puissant, très-redouté César,
Je mets très-humblement ma requête à vos pieds.

CÉSAR.

Cimber, je t'avertis que ces prosternemens,
Ces génuflexions, ces basses flatteries,
Peuvent sur un cœur faible avoir quelque pouvoir,
Et changer quelquefois l'ordre éternel des choses
Dans l'esprit des enfans; ne t'imagine pas
Que le sang de César puisse se fondre ainsi.
Les prières, les cris, les vaines simagrées,

4   30

Les airs d'un chien couchant, peuvent toucher un sot;
Mais le cœur de César résiste à ces bassesses.
Par un juste décret ton frère est exilé.
Flatte, prie à genoux, et lèche-moi les pieds;
Va, 1) je te rosserai comme un chien. Loin d'ici.
Lorsque César fait tort, il a toujours raison.

CIMBER, *en se retournant vers les conjurés.*

N'est-il point quelque voix plus forte que la mienne
Qui puisse mieux toucher l'oreille de César,
Et fléchir son courroux en faveur de mon frère ?

BRUTUS, *en baisant la main de César.*

Je baise cette main, mais non par flatterie ;
Je demande de toi que Publius Cimber
Soit dans le même instant rappelé de l'exil.

CÉSAR.

Quoi, Brutus !

CASSIUS.

Ah! pardon, César : César, pardon :
Oui, Cassius s'abaisse à te baiser les pieds,
Pour obtenir de toi qu'on rappelle Cimber.

CÉSAR.

On pourrait me fléchir si je vous ressemblais.
Qui ne saurait prier résiste à des prières.
Je suis plus affermi que l'étoile du nord,
Qui dans le firmament n'a point de compagnon 2)
Constant de sa nature, immobile comme elle.
Les vastes cieux sont pleins d'étoiles innombrables :

1) Traduit fidellement.
2) Traduit avec la plus grande exactitude.

Ces astres sont de feux, tous sont étincelans ;
Un seul ne change point, un seul garde sa place.
Telle est la terre entière ; on y voit des mortels
Tout de chair et de sang, tout formés pour la crainte.
Dans leur nombre infini sachez qu'il n'est qu'un homme
Qu'on ne puisse ébranler, qui soit ferme en son rang,
Qui sache résister ; et cet homme c'est moi.
Je veux vous faire voir que je suis inflexible :
Tel je parus à tous quand je bannis Cimber,
Et tel je veux paraître en ne pardonnant point.

CIMBER.

O César !

CÉSAR.

Prétends-tu faire ébranler l'Olympe ?

DÉCIUS, *à genoux.*

Grand César !

CÉSAR, *repoussant Décius.*

Va, Brutus en vain l'a demandé.

CASCA, *levant la robe de César.*

Poignards, parlez pour nous.

(*Il le frappe, les autres conjurés le secondent.
César se débat contr'eux ; il marche en chan-
celant, tout percé de coups, et vient jusqu'au-
près de Brutus, qui, en détournant le corps
le frappe comme à regret. César tombe, en
s'écriant :*)

Et toi, Brutus, aussi !

CINNA.

Liberté ! liberté !

CIMBER.

La tyrannie est morte.
Courons tous, et crions, liberté! dans les rues.

CASSIUS.

Allez à la tribune, et criez, liberté!

BRUTUS, *aux sénateurs et au peuple qui arrivent.*

Ne vous effrayez point, ne fuyez point; restez.
Peuple, l'ambition vient de payer ses dettes.

CASSIUS.

Brutus, à la tribune.

CIMBER.

Et vous aussi, volez.

BRUTUS.

Où donc est Publius?

CINNA.

Il est tout confondu.

CIMBER.

Soyons fermes, unis; les amis de César
Nous peuvent assaillir.

BRUTUS.

Non, ne m'en parlez pas.
Ah! c'est vous, Publius: allons, prenez courage;
Soyez en sureté; vous n'avez rien à craindre,
Ni vous, ni les Romains; parlez au peuple; allez.

CASSIUS

Publius, laissez-nous; la foule qui s'empresse
Pourrait vous faire mal, vous êtes faible et vieux

BRUTUS.

Allez; qu'aucun Romain ne prenne ici l'audace

De soutenir ce meurtre et de parler pour nous ;
C'est un droit qui n'est dû qu'aux seuls vengeurs de Rome.

SCENE II.

LES CONJURÉS, TRÉBONIUS.

CASSIUS.

Que fait Antoine ?

TRÉBONIUS.

　　　　　　Il fuit, interdit, égaré ;
Il fuit dans sa maison : pères, mères, enfans,
L'effroi dans les regards, et les cris à la bouche,
Pensent qu'ils sont au jour du jugement dernier.

BRUTUS.

O destin, nous saurons bientôt tes volontés.
On connaît qu'on mourra, l'heure en est inconnue.
On compte sur des jours dont le tems est le maître.

CASSIUS.

Hé bien ! lorsqu'en mourant on perd vingt ans de vie,
On ne perd que vingt ans de craintes de la mort.

BRUTUS.

Je l'avoue : ainsi donc la mort est un bienfait ;
Ainsi César en nous a trouvé des amis ;
Nous avons abrégé le tems qu'il eût à craindre.

CASCA.

Arrêtez ; baissons-nous sur le corps de César,
Baignons tous dans son sang nos mains jusques au coude ; 1)

1) C'est ici qu'on voit principalement l'esprit diffé-

Trempons-y nos poignards, et marchons à la place ;
Là, brandissant en l'air ces glaives sur nos têtes,
Crions à haute voix, paix ! liberté ! franchise !

CASSIUS.

Baissons-nous, lavons-nous dans le sang de César.

(*Ils trempent tous leurs épées dans le sang du mort.*)

Cette superbe scène un jour sera jouée
Dans de nouveaux états en accens inconnus.

BRUTUS.

Que de fois on verra César sur les théâtres,
César mort et sanglant aux pieds du grand Pompée,
Ce César si fameux, plus vil que la poussière !

CASSIUS.

Oui, lorsque l'on jouera cette pièce terrible,
Chacun nous nommera vengeurs de la patrie.

Fin du troisième et dernier acte.

rent des nations. Cette horrible barbarie de Casca
n'eût jamais tombé dans l'idée d'un auteur français ;
nous ne voulons point qu'on ensanglante le théâtre, si
ce n'est dans des occasions extraordinaires, dans les-
quelles on sauve autant qu'on peut cette atrocité dé-
goûtante.

OBSERVATIONS
DU TRADUCTEUR.

VOILA tout ce qui regarde la conspiration contre César. On peut la comparer à celle de Cinna et d'Emilie contre Auguste, et mettre en parallèle ce qu'on vient de lire avec le récit de Cinna et la délibération du second acte. On trouvera quelque différence entre ces deux ouvrages. Le reste de la pièce est une suite de la mort de César. On apporte son corps dans la place publique. Brutus harangue le peuple : Antoine le harangue à son tour ; il soulève le peuple contre les conjurés ; et le comique est encore joint à la terreur dans ces scènes comme dans les autres. Mais il y a des beautés de tous les tems et de tous les lieux.

On voit ensuite Antoine, Octave et Lépide, délibérer sur leur triumvirat, et sur les proscriptions. De là on passe à Sardis sans aucun intervalle. Brutus et Cassius se querellent. Brutus reproche à Cassius qu'il vend tout pour de l'argent, et *qu'il a des démangeaisons dans les mains.* On passe de Sardis en Thessalie. La bataille de Philippes se donne. Cassius et Brutus se tuent l'un après l'autre.

On s'étonne qu'une nation célèbre par son génie, et par ses succès dans les arts et dans les sciences, puisse se plaire à tant d'irrégularités monstrueuses, et voie souvent encore avec plaisir d'un côté César s'exprimant quelquefois en héros, quelquefois en capitan de farce; et de l'autre, des charpentiers, des savetiers, et des sénateurs même, parlant comme on parle aux halles.

Mais on sera moins surpris quand on saura que la plupart des pièces de Lopez de Vega et de Calderon en Espagne sont dans le même goût. Nous donnerons la traduction de l'*Héraclius* de Calderon à côté de l'*Héraclius* de Corneille; on y verra le même génie que dans Shakespear, la même ignorance, la même grandeur, des traits d'imagination pareils, la même enflure, des grossièretés toutes semblables, des inconséquences aussi frappantes, et le même mélange du béguin de Gilles et du cothurne de Sophocle.

Certainement l'Espagne et l'Angleterre ne se sont pas donné le mot pour applaudir pendant plus d'un siècle à des pièces qui révoltent les autres nations. Rien n'est plus opposé d'ailleurs que le génie anglais et le génie espagnol. Pourquoi donc ces deux nations différentes se réunissent-elles dans un goût si étrange ? Il faut qu'il y en ait une raison, et que cette raison soit dans la nature.

Premièrement, les Anglais, les Espagnols n'ont jamais rien connu de mieux. Secondement, il y a un grand fond d'intérêt dans ces pièces si bizarres et si sauvages. J'ai vu jouer le *César* de Shakespear, et j'avoue que dès la première scène, quand j'entendis le tribun reprocher à la populace de Rome son ingratitude envers Pompée, et son attachement à César vainqueur de Pompée, je commençai à être intéressé, à être ému. Je ne vis ensuite aucun conjuré sur la scène qui ne me donnât de la curiosité ; et, malgré tant de disparates ridicules, je sentis que la pièce m'attachait.

Troisièmement, il y a beaucoup de naturel : ce naturel est souvent bas, grossier et barbare. Ce ne sont point des Romains qui parlent ; ce sont des campagnards des siècles passés qui conspirent dans un cabaret ; et César qui leur propose de boire bouteille ne ressemble guère à César. Le ridicule est outré ; mais il n'est point languissant. Des traits sublimes y brillent de tems en tems comme des diamans répandus sur de la fange.

J'avoue qu'en tout j'aimais mieux encore ce monstrueux spectacle, que de longues confidences d'un froid amour, ou des raisonnemens de politique encore plus froids.

Enfin, une quatrième raison, qui jointe aux trois autres est d'un poids considérable, c'est que les hommes en général aiment le spectacle; ils veulent qu'on parle à leurs yeux; le peuple se plaît à voir des cérémonies pompeuses, des objets extraordinaires, des orages, des armées rangées en bataille, des épées nues, des combats, des meurtres, du sang répandu : et beaucoup de grands, comme on l'a déjà dit, sont peuple. Il faut avoir l'esprit très-cultivé, et le goût formé, comme les Italiens l'ont eu au seizième siècle, et les Français au dix-septième, pour ne vouloir rien que de raisonnable, rien que de sagement écrit, et pour exiger qu'une pièce de théâtre soit digne de la cour des Médicis, ou de celle de Louis XIV.

Malheureusement Lopez de Vega et Shakespear eurent du génie dans un tems où le goût n'était point du tout formé; ils corrompirent celui de leurs compatriotes, qui, en général étaient alors

extrêmement ignorans. Plusieurs auteurs drama-
tiques en Espagne et en Angleterre tâchèrent
d'imiter Lopez et Shakespear ; mais, n'ayant pas
leurs talens, ils n'imitèrent que leurs fautes, et
par là ils servirent encore à établir la réputation
de ceux qu'ils voulaient surpasser.

Nous ressemblerions à ces nations, si nous avions
été dans le même cas. Leur théâtre est resté dans
une enfance grossière, et le nôtre a peut-être ac-
quis trop de rafinement. J'ai toujours pensé qu'un
heureux et adroit mélange de l'action qui règne
sur le théâtre de Londres et de Madrid avec la
sagesse, l'élégance, la noblesse, la décence du
nôtre, pourrait produire quelque chose de par-
fait, si pourtant il est possible de rien ajouter
à des ouvrages tels qu'*Iphigénie* et *Athalie*.

Je nomme ici *Iphigénie* et *Athalie*, qui me
paraissent être, de toutes les tragédies qu'on ait
jamais faites, celles qui approchent le plus de la
perfection. Corneille n'a aucune pièce parfaite :
on l'excuse sans doute ; il était presque sans mo-
dèle et sans conseil ; il travaillait trop rapidement ;
il négligeait sa langue, qui n'était pas perfec-
tionnée encore ; il ne luttait pas assez contre les

difficultés de la rime , qui est le plus pesant de
tous les jougs , et qui force si souvent à ne point
dire ce qu'on veut dire. Il était inégal comme Sha-
kespear , et plein de génie comme lui : mais le
génie de Corneille était à celui de Shakespear ce
ce qu'un seigneur est à l'égard d'un homme du
peuple né avec le même esprit que lui.

TABLE DES PIECES

CONTENUES

DANS LE TOME QUATRIÈME.

L'ILLUSION COMIQUE,
COMÉDIE EN CINQ ACTES. /

HORACE, TRAGÉDIE EN CINQ ACTES.

CINNA, ou LA CLÉMENCE D'AUGUSTE,
TRAGÉDIE EN CINQ ACTES.

Fin de la table du tome quatrième.

𝓛.

Check Out More Titles From HardPress Classics Series In this collection we are offering thousands of classic and hard to find books. This series spans a vast array of subjects – so you are bound to find something of interest to enjoy reading and learning about.

Subjects:
Architecture
Art
Biography & Autobiography
Body, Mind &Spirit
Children & Young Adult
Dramas
Education
Fiction
History
Language Arts & Disciplines
Law
Literary Collections
Music
Poetry
Psychology
Science
…and many more.

Visit us at www.hardpress.net

CPSIA information can be obtained
at www.ICGtesting.com
Printed in the USA
BVHW041518140819
555665BV00058B/1046/P